U0526926

张中行 著

流年碎影

下

北京出版集团
北京十月文艺出版社

汉语课本

我说或写，多次提到机遇，说想到机遇就感到可怕，因为已然者不可改，未然者不可知，而穷达、顺逆、祸福、得失、苦乐等都像是由它那里来。关于机遇，限于己身，可说的也太多了，这里只说与汉语课本有关的。记得由1954年2月参加编写起，到1958年4月汉语课撤销止，连续四年多，经历的事不少，所得也不少。纵使够不上千头万绪，也总是百头千绪，说就要从头来。

头是中学语文课分为文学、汉语两门。分，仍有头，是：一，希望这门课有高效率，主要是学生毕业后能用笔准确通顺地表情达意，可是效率总是高不上去；二，其时任何事都向苏联老大哥学习，这件事自然也不能例外，他们是分为文学、俄语两门，推想这必是灵丹妙药，于是决定分为文学、汉语两门。一分为二上课，先要有教材。编教科书是大事，要请专家主持其事。文学选定吴伯箫，社内的副总编辑，由延安来的文学家兼作家。汉语选定吕叔湘，因为不久前，他和朱德熙合写了供大家学习的《语法修辞讲话》。吕先生是中科院语言研究所的人，主持编汉语课本，社里送一顶副总编辑的帽子，名义上也就成为社里人。估计开始组编写班子必在我参加之前的两三个月，因为我第一次去，已经在语言研究所的院内设置了麻雀虽小、五脏俱全的办公地点。那是面西大门内以北的几间西房，室内放几个办公桌。吕先生之下还有负全面之责兼动笔的，是张志公。此外还有语言研究所的陈治文，也是负责写；吕先生的夫人程师母，说是只管抄抄写写。以参加时间早晚为序，我排行第五。其后调来参加编写的还有来于哈尔滨的吕冀平，来于福州的洪心衡，来于苏州的郭翼舟，来于北京的徐枢。办公地点曾两移，先移教育部（在西单北二龙路郑王府）内小红楼，再移景山东街原北京大学第二院的工字楼。移小红楼的时候，程师母和陈治文不参加了。移景山东街，编写工作结束前后，洪心衡、吕冀平、徐枢也陆续离开，最后剩下张志公、郭翼舟和我，并入语文室工作，还是偏重编汉语知识那部分。

一直到现在我还不知道，是谁出的主意，调我去编汉语课本。选定我，像是没有来由，因为：一，我没研究过语法；二，如果人只能分作光彩和不光彩两堆，我是属于不光彩那一堆的。不知为不知，是至圣先师的主张；我则有更进一步的悟解，是与己有关的许多事，至少是其中一部分，与其知道，不如不知道。先师俞平伯词有句云，"闻道同衾还隔梦"，同衾人另有梦，你想知道，问，如果有如庄周，"梦为蝴蝶"，据实陈述，可皆大欢喜，如果所梦非草木虫鱼之类，那就还是以不问为好，盖不知心里可以安然，所以我至今还是没有问。言归正传，是从受命兼编汉语课本之后，每周的公务我就分而治之，出同一家门，骑同一辆自行车，一、三、六西南行，到西单北进大木仓口，入教育部小红楼内的检查科，做检查书稿或修润书稿的工作；二、四、五东南行，过北大红楼，进东厂胡同转北到太平胡同，入语言研究所之门，做编写汉语课本的工作。以下专说这东南行的生活。

吕叔湘先生我见过几次，张志公先生同我很熟，程师母和陈治文先生则是初次见面。感觉都富于文气和古风，所以名为上班，却颇像到相知的书斋里小坐，心情是愉快而安然。吕先生学问和文章为人所共见，用不着说；为人则是多交往之后，有更进一步的认识，借用孟子的话说是不失其赤子之心，朴实，真率，没有一点学者架子。见面，当然要谈谈工作。重点是编汉语语法的教材（还有文字、语音等方面的知识），动笔之前，先要决定采用什么语法体系（包括语法术语），因为汉语语法虽然还很年轻，却也出现了不同的看法。推想吕先生是了解我乃十足的门外汉，所以布置工作，开卷第一回是温课，即看看已问世的语法（主要是现代汉语）著作，然后考虑采用什么体系。这就我说是急来抱佛脚，因为不抱就没有能力动笔，也就只好抱。幸而这方面的著作并不很多，连外国的以及住在外国的也算在内，举其大要，不过是高本汉、赵元任、马建忠、陈承泽、刘复、黎锦熙、何容、王力、吕叔湘、语言研究所（合编《语法讲话》）等若干家。记得上班就翻看，大致用了两三个月，该看的都过了目。所得呢，是存于心的三种：一，他们都讲了什么；二，由看法不同而来的一些问题；三，孰高孰下的一点己见。是后来，还多了一些深的悟解，可以总括为两种。其一是学这一门知识（不求通晓深一层的理论）比较容易，即如我这中下之才，合为全月计，只是一两个月，也就可以在人前夸夸其谈，在纸上说三道四，让惯于耳食的人看作门内汉了。其他门类，不要说入室，就是升堂，也总是非几年苦功不可。其二，语言现象，作为文化的一种重要成分，当然有研究的价值。但语言来于约定（如此约，如此定，大致有规律可循）俗成（俗是由偶尔变为通行，有脱离规律的任意性），想学好，就不能多寄希望于语法知识，就是说，语法知识的价值主要是学术性的，不是实用性的。

我们编，主观的想法是学术和实用兼顾。动手写，就要变主观为客观，这，学术的关不好过，实用的关更不好过，因为，比如体系和术语，虽然很难做到天衣无缝，究竟还可以尽人力，至于学了真就能够变笔下的不通为通，就只能听天命了。这学术和实用的二分法，是我（主要是后来）的认识，至于吕先生和张先生二位，其时大概还是合二为一的。实用不可见，或说还要听下回分解；尽人力，现在当下，就只能在体系和术语的选定，以及讲说的详略上下功夫。记得在这方面，由于常常举棋不定，甚至后想的推翻先想的，耗时间不少。但终于不得不动笔，最后也就只能择一而从。未必是博善而从，譬如析句，成分指单词不指词组，我就认为一定要带来很多麻烦。大计决定以后，人力逐渐增加，上下一齐动手，因为是教材，不能不慎重，编写工作不慢不快地进行。一册，二册，三册，四册，陆续印出来了。还是为慎重，先交一部分学校试教，然后推广。可惜的是，试教，推广，这文学、汉语的二分法究竟好不好，很难证明，调查，问人，人各有见，正如一切其他的大小事，好不好，可行不可行，最后只能看在上者的脸色。不知道是谁表示了反对意见，文学、汉语出生不久就都停止，合为语文一种，已编成的文学课本和汉语课本成为新古董，陈之高阁了。勉强说，汉语课本还有余韵，是汉语课停止之后，人（郭翼舟和我）和书（课本）废物利用，由吴伯箫（领导语文室的副总编辑）布置，编了一本《汉语知识》，正式出版发行，也许有一些人买了看看吧。

俗话说，凡事有得必有失，这句话经常对，却不是永远对，即如我参加编写汉语课本的几年，回想，算得失之账，至少是自己觉得，是只有得而没有失。得还不止一种，而且有的分量不轻，所以就不能不多费些笔墨。为眉目清楚，分项。

其一是关于学的。我一向认为，凡是可信的学问（言外意是有不可信的，如用《易经》占卜，用气功治病之类），多学一种比少学一种好。我一生用语言（说和写），有机会亲近语法，可以有大得，是较清楚地了解语言是怎么回事；还可以有小得，是小名小利，小名者，有的人宽厚，开语法学者的名单，会大笔一挥写上我，小利者，可以写以语法为题材的文章换有大用的钱（以后还要专题说）。其二是关于人的。是借编写汉语课本的机缘，我认识一些人，至今还记在心里，以得识荆为幸的。由内而外说几位。

457

吕叔湘先生。关于吕先生，我写过一篇文章（标题为《吕叔湘》，收入《月旦集》），主要是谈他的治学和为人，都值得学习，这里不想重复。还说些什么呢？我想，是应该加说，我多有机会学而没有学，或没有学好。可是借吕先生的光却不少。能够参与编写汉语课本可能是最大的。其次是八十年代初，我写了几篇谈学习文言的文章，愿意借此换些小名小利，把文稿送给他看，他不只通读，提些修改意见，而且惠以书名为《文言津逮》，写了序。（1984年福建教育出版社出版）其后不久，承他不弃，让我同他合编《文言读本续编》，完稿，由上海教育出版社出版（1988年），我就真是附骥尾以传了。曹公孟德有句云："越陌度阡，枉用相存。契阔谈䜩，心念旧恩。"我这里说一点点与吕先生的交往，也只是心念旧恩而已。附带说说吕先生夫人程师母，她朴实、温厚，性格之好，在旧时代也是罕见的。

张志公先生。由五十年代前期起，到不久前我往医院看他止，连续四十年有零，我们的交往，以及他给我的帮助，太多了。多，万言难尽，也就只好走间道，只写一点点我认为值得说说的。有几个熟人，都小于我九岁，他是其中之一。但他年龄虽小，处理世事的本领却高于我千百倍，以是，碰到大道多歧，我不知道应该走上哪一条的时候就找他。他总是能够衡量轻重，明确指出应该如何如何，而照做，虽然未必冠冕，却总是平安的。这就可证，我们的交谊已非一般。还可以补说个小事，以形容这非一般。是在凤阳干校接受改造时期，我和他都是常常受批受斗的，记得一次他受批斗，是因为过节，根据通知，买了剩余的酒。而就在这之后，我们碰巧在一起吃饭，看看左近没人，就共同喝了我珍藏的二三两剩余的酒。真想不到，在无理可讲的压力之下，犯"法"竟也成为至乐。何以称为至乐？是暴风刮过之后，我们曾对坐喝茅台，却感到，外，酒之味，内，心之乐，都远不如彼时了。

吕冀平先生。论年岁，我同这位小吕先生，相差二十有余，可是他调来北京，在同一室工作之后，没有几天就成为忘年的莫逆之交。口，谈得来，还要加上无话不说。笔，也是合得来，一直到合写文章换砂锅白肉钱。单说砂锅白肉，是因为他特别爱吃这一味。他还好游，为公，同游过大明湖、泰山等地可以不说；还有私，是同游圆明园遗址的西洋楼（正名远瀛观）等地。汉语停了，他故土难离，回哈尔滨的黑龙江大学，人远了，情谊却还是如共朝夕之时。值得记下来的有两件事。一件，是八十年代前期，我写了些回忆的小文，集为《负暄琐话》，当然想出版，可是人微言轻，谁肯接受呢？语云，在家靠父母，出门靠朋友，只好寄给他。是靠他明写序文，暗大吹捧，哈尔滨才有个出版社认赔钱印了。另一件，是缘于半个世纪前的一段经历，有人在背后反反复复说抑人扬己的话，他怕我旧病复发，"情动于中而形于言"，来信一再说："要沉默，而且到底。"我觉得这才是"爱人以德"，值得长记于心的。

说起爱人以德，还要大书特书一件，是"朋友"的"与朋友共"，具体说是因为他，我才得结识张铁铮先生。他和张先生是同住哈尔滨的多年好友，好到一生结交许多人，排队，最近的一名，吕的一方必是张铁铮，张的一方必是吕冀平。解放以后，张先来北京，到《教育报》，吕略晚来京，到人民教育出版社。他们仍如在哈尔滨，有机会就一起喝啤酒，外加砂锅居的砂锅白肉。人之性，吃喝时必佐以闲谈，于是就说到我。记得第一次是张先生来看我，也如与吕，我们很快就成为忘年的莫逆之交。五十年代晚期，吕先生回哈尔滨，至少是行迹上，我和张先生就成为最亲近并常聚会的朋友。情谊有浅的，是对坐闲谈，上天下地，同喝白酒，同为郊外之游，等等；还有深的，是风风雨雨之时，唯恐对方不能安身立命。到八十年代，风雨停了，我们还合力，编注了三本《文言文选读》。书完成，见面的"理由"少了，可是他至多隔两三周，必推门而入，照例说："我没事，只是来看看您。"不幸是天不给他好身体，心脏出了毛病，以致只能在家里静养。通信通电话不难，只是我有时进城，坐办公室，就再也听不到他的叩门声了，想到世上稀有的像他这样的古道热肠，心未远而不能常会面，不禁为之凄然。

陈治文先生。论年龄，陈先生也是小字号，可是人老练，学问扎实，为人同样是古道热肠，我敬重他，愿意同他交往。我们在语言研究所相处时间不很长，只是一年多，可是情谊很厚，比如他知道我喜欢欧词，就把他有的影印宋刻欧的词集送给我。他的更大的恩德是介绍我拜谒他的尊人陈保之（名邦怀）先生。陈老先生是镇江人，在天津文史馆工作，其时为了整理文字学方面的书稿，常到北京来，来就住在语言研究所。第一次见，印象是高身材，消瘦，质朴如"三家村"的农父。交谈，雅驯，更多的是谦和。这样的风度当然会使人愿意亲近。时间稍长我才知道，陈先生原来精通旧学，尤其专的是古文字。也就因为治学偏于稽古，还精于文物鉴定。此外，诗词也写得好，没有新时代的气味；书札和文稿用毛笔写行写楷，劲而秀，使人想到姜白石。可是"良贾深藏若虚"，给人看的一面，像是不会什么的样子。我一生见到学术界的前辈不少，其中有两位，是世俗之名远不如学业之实，一位是顾随先生，另一位就是陈先生。两位还可以相比，是顾先生还有些名士气；陈先生呢，如果一定也要说有什么气，那就是乡土气。我说句狂妄的话，是陈先生这些高不可及的造诣，我都看清了，所以就愿意常趋前请教。早期，他在天津，1976年地震以后他来北京住，我总是有机会就去问安，不敢说想学什么，是亲承謦欬感到心安。使我心不安的是不以后辈待我，比如去看他，辞出，他一定要送到大门以外。有时还送我估计我会喜爱的长物，记得有方药雨（名若）画的《南塘读书图》、顾二娘制砚的拓片等，可惜那幅图，因为上有罗振玉题，"文化大革命"中怕惹来杀身之祸，付之丙丁了。八十年代后期，陈先生年九十，作了古，我为又少一个师表而很悲伤。幸而还存有他的不少手迹（包括书札），以及两三种书。书的一种是1989年齐鲁书社出版的《一得集》，收考证文百余篇，我总是放在书橱中的易见处。何以要这样？是有时拿出来翻翻，可以助我保持"自己毫无所知"的自知之明。

几位语言学大师。一位是罗常培先生，当时任语言研究所所长。我上北京大学时期，罗先生在中国语言文学系任教，讲语言方面的课，我畏难，没听过。这次在语言研究所相遇，他念同出入北大红楼之谊，还来看看我，寒暄几句。另一位是陆志韦先生。陆先生是学界的大名人，曾任燕京大学校长。时移事易，到语言研究所做研究汉语的工作。人中等身材，偏于瘦，言谈举止都轻快，没有大学校长的架子。他在美国是学心理的吧，思路清晰而细密，记得分辨词和词组的界限，考虑到各方面，可谓深入底里。才高，表现为思路（定形于文字）的跳跃，所以读他的作品，就要慢，想想夹缝中省略了什么。人还有刚正的一面，不记得听谁说，某次受批斗，施的一方曾勒令他跪下，他挺到终场，没有跪。人各有见，应该怎样看？我这里不想作制艺文，是以有机会认识这样一位为荣的。再一位是丁声树先生。丁先生也出身于北京大学中国语言文学系，比我早两年。如其时的千家驹、卞之琳等，在校门内就露了头角。他是前辈，又小有名，在学校我和他没有交往。在语言研究所看见他，是在乒乓球台前。推想是为锻炼身体，他常参加打，却打得不高明。他高大身材，平时寡言语，只是拿起球拍，也说说笑笑。在学术方面，他有如钱玄同先生，有高造诣，作得却不够多。1956年以后，他主持编《现代汉语词典》的工作，用旧说法是为他人作嫁衣裳，实际是完成了一项大事业，即如我，老了，常常提笔忘字，就要翻开这本书，向它请教，也就常常想到他。最后说一位是李荣先生。论年岁，他小于我，因为讲出身，他已经是西南联大。可是才和学,至少我睁眼看,就高不可及。他学的是语言,尤其方言,著作很多,我视为天书,不能赞一辞。单说文章,一次听吕叔湘先生说,审《中国语文》清样,就怕看李荣的,比如为调整版面,想减去一行,反复看,竟是一个字也不能去。这就真可以上比祢衡,文不加点了。说起祢衡,不由得想到另一点的相似,是因有点狂而有些怪。比如上上下下,出入语言研究所之门,像他这样年龄的,只有他,有时穿长袍。我一向认为,怪是赤诚的一种表现,所以愿意亲近他,听他的高论。他少有许可,关于书,他最赏识的是《幼学故事琼林》。人呢,称赞过什么人,不记得了;只记得一次提到郭沫若,他冲口而出,说:"不通,不通,不通!"所说对错暂可不管,像这样的不为时风所左右,心口如一,总是应该点头称叹的。

黄盛璋先生。也是乒乓球台前常看见的,人小个头儿,活泼,因为没有架子,拿起球拍,对手就惯于同他开玩笑。他多才,还表现为治学,涉猎的方面广。不久前见一篇介绍他的文章,说他在许多冷僻的部门也有不同凡响的贡献。我只记得他写过考证李清照是否再嫁的文章,根据史料说话,主张确曾再嫁张汝舟,而不囿于保全名节的主观愿望,总可以算是有见识的。

再说得的其三,是关于游的。游是私话,说官话是为了解汉语教学的情况而出去调查。我参加的计有两次:先是1956年11月下旬往济南、泰安两地,同行者为郭翼舟和吕冀平;后是1957年5月中旬往保定、徐水、定兴、涿县、良乡、昌黎六地，同行者为郭翼舟。为什么单说私话？是因为：一，脱离政治的本性难移，不想说官话；二，行之前就确信，调查必没有"真"的结果，因为一切评论都决定于"草上之风"，在上者主张分为文学、汉语，汉语教学就必有好效果，在上者主张合为语文，汉语教学就必没有好效果。还有，撇开顺风的情况，实事求是，效果要表现在学生执笔为文，通顺的程度上，这岂是一年两年能够看出来的？不可能，还要做，是大家都已经习惯，在上者有什么不可行甚至荒唐的想法，装作心悦诚服，重则可以得福，轻则可以消灾。关于得福，还有由顺风而滋生的奥秘，比如你不喜欢出去开会，分配你去，你就应该装作信受奉行，而碰巧，时为夏季，地为北戴河，你就可以拿出真精气神去游鸽子窝、姜女庙等地，到会场上去"恢复疲劳"。等因奉此，济南等地之行，我们用了半月有余，保定等地之行，我们用了两周，公事，写了调查报告，交上去了事，至今还记得的却是一些游的所得，任其泯灭可惜，所以择我认为可存的写下来。

先说济南等地之行。我到过济南，可是没有这次心静，且时间长。也可算作走运，住的地方好，后宰门的明湖旅馆，出向北的店门，西行一箭之远就是大明湖南岸的鹊华桥。我们都看过《老残游记》，由鹊华桥就想到明湖居。问左近闲坐晒太阳的老者，说是在沿湖往西走路南，简陋的建筑，早拆了。自然，不拆也不会再见到白妞、黑妞，所谓"去日苦多"是也。逝者如斯，不免有"前不见古人"之叹。叹完了,还想看看物方面的遗迹,于是找老残下榻的高升店。居然找到,在大明湖南,原小布政司街东口外,一条南北向街路东一短巷内路南,今改为某单位的宿舍。遗迹,最好是能有李清照的,传说在金线泉旁,可惜是距今太远,什么也找不到了。于是只能躲开史,单说游,计前前后后,游了大明湖、千佛山、趵突泉、金线泉、黑虎泉等名胜。语云,听景别看景,果然,看完,印象是不过尔尔,即如千佛山,就俗陋而没有一点山林气。泰山就不同,虽然就海拔说不很高,可是沿路景物变化多,或雄伟,或幽静,驻足凝眸,颇像欣赏名家的青碧山水。惭愧的是我和郭君畏难,只到中天门就向后转,任吕君一个人继续走上去。但我们也不是无所得,是找到经石峪,在石刻的斗大字上坐一会儿,足足发了一阵思古之幽情。还是转回来说济南,我以为,到济南,第一值得欣赏的应该是水。多种泉,水也。同样应该大书特书的是《老残游记》说的"家家泉水",我就看见不少人家门前有个石砌的小渠,不过半拃宽,泉水在里面流。说起这水,其不同凡响之处是"清"到无以复加。可以举我们的一次闹笑话为证,是到商埠的铭新池去洗澡,到澡盆那里,见盆内空空,就喊服务员,责问还没放水,服务员说有水,用手去摸才知道果然有,这是已经清到不能以目验,推想无锡的惠泉、玉泉山的玉泉,也要拜下风吧?由水又联想到口腹之欲。城西商埠地区有个大观园,性质同于北京的东安市场,其中有个饭馆名赵家干饭铺,米饭(估计是用焖法)和三吃黄河活鲤鱼(一条鱼三种做法,装在一个椭圆盘内)味道绝美，我们吃了几次，至今想起来，限于自己见识过的，还是应该推那一家为第一。还有一家名百花洲饭馆，个体小铺，离鹊华桥不远，我们常去吃，总是饺子，实惠，味道也不坏。主人姓贾，章丘人，朴厚热情，有古风。店里有个小女孩，名小翠，活泼天真，我们吃饭时候常到桌前来玩。其时她七八岁，算算，现在是年将知命了，不会还记得我们吧？

再说次年初夏的保定等地之行。其时省政府在保定，我们先到保定，是找教育厅介绍地方，目的是看看县级以下中学汉语教学的情况。商酌，迁就交通的方便，由保定北行，看沿铁路的四个县。然后往昌黎，参加汉语课本的修改意见会。以下还是略去公事，只说游。我在保定住过将近一年，没有尝新的要求；但正如周大夫之歌黍离，还想看看七七战火之后的旧。混饭吃的地方，育德中学，住过的地方，皂君庙街，操场营坊，以及游乐的地方，莲池，紫河套，马号（商场），等等，都看了，所得只是失落感。还是以口腹之欲为例，曾到马号内的两益馆，想吃昔年的美味荞麦面饸饹条，要，说早没有了。勉强凑一得，是住招待所，同室有个乡下来的，鼾声之大，超过社内公推为呼噜大王的朱美昆不啻十倍，也可以说是一种"观止矣"吧。然后断断续续北行，四县，几处中学，也间以游观，可是留有清晰印象的却很少。也勉强凑，说两处。一处是第一站的徐水，只记得吃第一顿的招待饭，觉得盛馒头的盘子很别致，灰黄色，细看，才知道是一层灰尘，也可以说是一种"观止矣"。可是就是这个徐水县，不久之后就出了大名，大小人物都去参观，取经。据说"大跃进"，一跃就跃到玉皇大帝的南天门，棉株都长成树，粮食更不用说，产量增到数学家也说不清。吃饭当然不要钱，单此一项就成为全世界的奇迹，因为如北欧的一些福利国家，吃饭也得花钱。唯一的遗憾是好景不长，也是不久之后，就都不再有饭吃，花钱不花钱反而成为无关紧要的事了。再一处是到了涿县，住城外东北方第一中学，晚饭后无事，与郭君为郊野之游。东行，因为远望有个土丘，上面有房屋和塔。走到，上去，知道是个废寺，名清凉寺。房屋残破不堪，院里有个金大定年间的碑却很好，字可入逸品，也许不见于《金石萃编》一类书吧？可惜我没有拓的工具和技艺，只能望碑兴叹了。还有更深的叹，是西房三间，竟有一个人住，其时日已下山，土丘前有老树，上有乌鸦叫，不知怎么我就想到岑寂，无依，直到出世间的冰冷。就在这时候，我更加感叹，知的"无"，行的"舍"，终是太难了。离开涿县，良乡停一下，我们回到北京，但只是一停，就往天津，再东北行到昌黎。在昌黎，没有游，也就没什么可说的。但关于口腹之欲，也可以说一点点，那是听人说，有一家卖葱油饼，是昌黎名产，应该去尝尝，我们去尝了，记得是个小铺，在一条街的路南（？），味道果然不坏。又近午到站下车，见手端竹盘叫卖熟对虾的不少，都是一角钱一对。用我们家乡话说，人就是贱骨头，一角钱一对，我们竟连看也不看，及至三十年之后，变为二三十元一只，我们羡其名，反而很想分得席上的一只，回家"骄其妻妾"（引四书文，如引今代之最高指示,不敢更动,实际是只有妻而没有妾)。在昌黎无游,但昌黎之外却有游,那是忙里偷闲,乘火车往返,到北戴河海滨看看。我是平生第一次见到海,水无边,波涛大,一时惊为奇观。又那里的滨海土地为石质,没有泥沙下流,所以能够保持远近一片浓绿。塘沽就不然,站在海河口东望,一片昏黄,与北戴河相比,就有西施、东施之别了。写到此,想到适才说的第一次见到海,有的人迷信小说家者流,会以为我是健忘甚至故意"将真事隐去"吧?所以这里要掏心窝子说,第一次到北戴河,确是在1957年5月29日的中午,相伴者是长于我四岁的男子汉郭翼舟。其时郭君年过知命,我年将知命,两个半老泥做的,不够浪漫吗?那就请只醉心浪漫的诸才子诸佳人仍旧耳食去好了。

　　就内容说,这一篇说"得",还应该有个其四,是写了一些有关语法的文字,换来一些供孩子上学的钱,因为情况复杂,而且有其他牵扯,附庸宜于蔚为大国,就只好留待另一个题目说了。

小红楼

记得约十年以前，我曾求人刻一个闲章，文曰"几度红楼"。此章有浪漫的一面，是身在杜工部的茅屋而幻想大观园的潇湘、栊翠。但主要还是写实，不提后话，到五十年代初，我出入红色之楼已经有三度，北京大学红楼是一，鼓楼是二，本篇说的小红楼是三。这小红楼是教育部（其前身先为郑王府，后为中国大学）内的一处不很大的建筑，在中路（原王府正殿一路）以西，两层，坐西向东，其略东坐北向南是一座高五层的大楼，大概名红星楼吧，是教育部的办公地点。人民教育出版社初成立，算是出版总署的一部分，可是编印教材就不能离开教育部门的领导，估计是与教育部的关系越来越密切，所以到1952年的6月，干脆就迁入教育部。楼不大，主要安置编辑人员，出版方面的职工安置在南面不远的石驸马大街。我在检查科，算编辑人员，就到小红楼上班。计在这个红色小楼待了三年（1952年2月起每周一半往语言所，至1955年3月止），到1955年6月迁到景山东街。三年，风风雨雨，也该有些可记的吧，列个题目，试试。

由环境说起。北京的王府，建筑格式大致相同，郑王府也是这样,中间一路是殿堂,最后有两层的后楼。据我所知,这样的后楼,除佛住的大寺以外,只有王公的府第有,清帝逊位后存世的已经不多。物以稀为贵,所以我到那里上班,院里转转,看见它,就不免有得见丁令威城郭如故之感。遗迹还有更值得看的,是西侧的一个小花园。有没有芳名或雅名,不记得了。面积不大,大致是方形,北面高基上建房,西端转南迤逦而下,下部中间还有山洞,像是还有水,其前植一些花木。这都没什么奇怪,所奇者是入其内就觉得有一种阴森之气,说严重些是不禁毛骨悚然。这感觉也许有一半来于传说,是北京有四大凶宅,郑王府是其中之一,列为凶,就是因为在这个小花园里,常有婢妾之流来上吊。但不是都来于传说,还是说感觉,园北是部里的图书馆,我有时到那里去,穿过小花园,总是觉得气氛阴冷,不宜于流连。不记得听谁说或看什么笔记,说这个小园,同于麟庆宅中的半亩园,都出于李笠翁之手。如果竟是这样,这位写《闲情偶寄》的,又如果出于有意,难道是一阵发奇想,反他的闲情主义吗?就是这个小园,算来也是三十年以上不见了,经过"文化大革命",还能存在吗?连类而及,再说其身后的图书馆,我进去的次数不很多,因为是初建,藏书不丰富,但有一本,清楚地记得曾借出来看。那是一本英文的《罗素哲学》,美国一书店出版。内容别致,是前部,由许多名家评介他哲学的各方面,后部,作者谈他读后的意见。翻看目录,评介知识论的竟是爱因斯坦。先看这部分,至今还记得罗素回报文的第一句是:"承爱因斯坦先生评论我的知识论,我感到荣幸。"

这是把学识看作至上,掩卷,想到我们的对有力者山呼万岁,对无力者多方整治,不禁为之三叹。

环境之后想说说人。我是戴着贪污分子的帽子走入小红楼的,新时代,推行的处世之道是两极分化,对有加冠之权的是绝对服从加歌颂,对被加冠的是划清界限,哪怕关系是父子、夫妻之类的,因而我就除公事之外,几乎同任何人没有来往。那么,这写人的部分如何才能完篇呢?用挤之法,想到三个人,也无妨说说。第一位是部长杨秀峰。说他,还有点远的因缘,那是我上通县师范时期,听说时间略靠前,他在女师范教历史,教得好,为人正派,思想开明先进。果然,三十年之后,升了高官,还有不少书呆子气。重要的表现是严于律己,说所见或所闻的三件事。一件,也因为住得不远吧,上班,总是步行,后面一个人提着书包,跟着他。另一件,是什么小运动,领导要带头检查,他挖空心思,说出去住宾馆,曾凭证由小卖部买几包纸烟,惹得台下听的人都破颜为笑。还有一件,是听说,部里来一批剩余物资,职工可以看单子,先圈后买,他出去了,家里人圈个大件,是冰箱吧,他回来,坚决退了,说:"这种高级用品,要尽人家买,咱们不能买。"我见了听了这些,想到通县的一点点同住之雅,心里感到安慰。第二位是黄秀芬。是个女的,其时二十岁上下,在小学语文编辑室工作。大概就是为小学语文的事,我初次和她交谈。人小个头儿,略丰满,可以算是漂亮。更突出的特点是和气,表现为唯恐人家不高兴。我受到意外的优遇就愿意多说几句,没话找话,问她:

"你是北京人吧?"她说不是,是福建人。问什么时候来北京的,她说不到一年。我大吃一惊,因为闽粤一带人,改说普通话,时间不长,让我这半老北京听不出是外地人,确是个奇迹。其后我们交往很多,直到在干校挨整,一同和泥抹墙,我才知道,在语言的天赋方面,上帝给她的,不知道超过一般人多少倍。例如福建话若干种,她几乎都会,凡是她到过的地方,只要住三个月,就说当地话,当地人听不出不是本地人。可是就是这样一个人,竟局促于一个出版社,编大狗叫、小狗跳之类终其身。这有时使我想到社会问题的一种,是如何才能人尽其才。人尽其才来于人人有机会自由发展,而说起"自由",在尾部会加上"主义"的时代,又有谁敢想呢!再说个第三位是李克俊。是总编室的一个普通职工吧,三十多岁,身材偏于高,枯瘦。好活动,尤其书方面的,记得曾组织卖书的事,还求马叙伦部长写个牌子。没有视我为贱民,同我来往,像对故交一样。我知恩思报,记得曾送他一本钱玄同先生著的《说文部首今读》,他立即由西单商场淘一本辜鸿铭的《清流传》(用英文写的)作为回报。万没想到,1955年6月下旬出版社迁景山东街之后不到十天,他自杀了,据说是出了什么问题,可能是胡风问题吧。人生百年,终于不免一死,但在人的观感中,自然动手(用不治之症)与自己动手(用数尺白绫)终归不能等同。分别在于前者不可免而后者可免。由治于人的绝大多数人看,还不只是"可"免,而且是"应"免。如何免?就理说很简单,不过是不"使民战栗"而已。胡风问题使一些人战栗,但其中有"强"

者，可以用自打自骂加忍之法保住命；李克俊走了数尺白绫的路，可证是弱者。我更弱，是直到现在才有胆量写这么几句，以表示还没有忘记他而已。

　　人说完，还可以说点杂事。语云，自求多福，挑挑拣拣，想只收赏心悦目的。这也有一些，是因为到小红楼上班，经常出入大木仓口，近水楼台，也就有所得。所得也许不少，可惜绝大部分由记忆库里溜走，只能说两件还记得的。先远后近。大木仓东口过大街的东面是西单商场，还有些旧书店和旧书摊，旧习难改，有机会就去看看。以常情推之，零零星星的，总会买一些。其中一种是戚本《红楼梦》有正书局印的大字本，只有上函（脂批都在上函），价才一元，买了。其后几年我又买到全套的小字本，库存新书，一部三元，有个学生也爱（乾隆年的）红书，就送她了。另一种是书画之书，迷恋文物的人会视为珍品的，清嘉道年间金石家张廷济写的一件手迹。先说来路。大木仓东口外偏北路西第一家是个私营小书铺，一间门面，铺主姓刘，健壮，面黑，人称黑刘。货来路杂，有旧书，间或还有旧书画，像我这样的人当然就愿意过门而入，看看有没有可要的。是一次入内，问有什么新货，他拿出个裱好的卷，打开看，横幅，藏经纸色洒金笺，朱丝阑，先是张廷济赠瑞少梅（名元，铁保之子）的两首七律，字作行楷，很精，后有三个人的和诗，其中一人是张的长子张庆荣，诗都规矩，字工整。我多年浏览法书，喜欢张廷济的金石气，收了几件，这一件写自作诗，更有特点，当然愿意收，问价，才一元，

473

收了。到执笔的现在,四十年过去,其间还经过"文化大革命",箧中的长物损失不少,这一件却还保存着,就算作出入小红楼三年的纪念吧。

最后还要说一件可以称为"士冠礼"之尾声的事,是1953年的夏季,仍是在小红楼,宣布解除管制,依运动法之法,我又成为"人民"。其实实质性的变动并不很大,只是少写几次汇报、多参加一些会而已。但就是这一点也来之不易,因为,也是依运动之法,先要面对稿纸,表示有罪,而且服罪,然后面对群众,表示有罪,而且服罪。显然,这仍是旧套,只要翻过史书,就不会感到新奇。但究竟是一次灾难,过去了,如果不掐头去尾,则应该说是起于1952年2月的受命交代与大众书店以及《语文教学》的关系,终于1953年8月的当众宣布我复位为"同志",时间恰好是一年有半。《论语·阳货》篇记宰我问三年之丧的事,说"期(读jī,一整年)已久矣",所以接着说"期可已矣",我会不会追随这位"朽木不可雕"的人物,说一年有半过于长了呢?曰不然,因为四五年之后,大批的士加右派之冠,有不少是经历了二十年才复位为同志的,则采纳李笠翁的退一步法为养生秘诀,我就应该谢天谢地了。

旧二院

上一篇说我供职的出版社于1955年6月迁到景山东街。依"昔孟母，择邻处"的三字之经，就我个人说是三迁，也就成为最后之迁。不再迁，住的时间就会长，计到目前执笔时为止，已经超过四十年。"人生七十古来稀"，八十必更稀，在一个处所过了一半，就是平平静静，由壮及老，也当有不少可记的吧，何况自1956年以后，更大的暴风雨纷至沓来，难得平静呢。但是，仍由己身下笔，我是借了内，无名无位兼谨言慎行，外，有幸碰到个比较温和的环境（热爱扬鞭甚至扬刀的小英雄很少）之光，虽然未能得平静，却实实在在得了平安。昔人一饭之恩终生不忘，况水深火热之后今日仍能安坐寒斋写些回忆之文乎？所以我回顾这景山东街的断续四十年，心情的主流是安慰，是感谢。心情好，就愿意多唠叨几句。也确是应该多说几句，因为这第三次之迁，已经不再是漂流，而是有回家之感。何以言之？是因为这新迁入之地乃母校的一部分，北京大学第二院（理学院及校办公处）。

恕我不能减少恋母之情，介绍新环境，愿意从旧状貌说起。我是文学院学生，在第一院（通常说的红楼）上课，可是与第二院的关系不少，——还应该加上更早。开始上课听讲之前，投考报名，录取看榜，报到交费，都是在第二院。上课之后，普修课，听讲演，以及不时的集会，在大讲堂，也是在第二院。直到见识见识学术界名流，如地质学家葛利普，数学家奥斯古，以及校长蒋梦麟的夫人、公认的江南佳丽陶曾榖，都要到第二院。如果从新风，查三代，第二院还有独占的光荣历史，是清末维新，立京师大学堂，拨乾隆四女儿和硕和嘉公主府为校址，就是这个地方。地在景山之东，街名马神庙（确有庙，推测原在路北，建公主府时移东口外），民国年间改景山东街，"文化大革命"后改沙滩后街。出版社迁入时，院里的格局同于旧二院，只是变清爽为杂乱。因为房子多，文字改革委员会也挤进来，占东路靠南的方形两层楼（原北大数学系）和西路一部分宿舍。出版社部门和职工多，房也多，就英雄有了用武之地。大致是，编辑部用东路偏北的工字形楼（原北大生物馆），出版部用大门内、大讲堂外由东到西的筒子平房（原北大物理、化学实验室），图书馆用西路最后一层房，食堂用大门内的西房，其他用作职工宿舍（带家属或单身）。

仍改为由己身下笔。工字楼上下两层，大门向南，后面向西有角门。检查科占大门内楼下偏东一间，门向北。中学语文编辑室占楼上西北部，文学人多，占偏南的大屋，汉语人少，占偏北的小屋。我的固定座位在检查科，为兼编汉语，有时要上去，到汉语室打游击。在楼下坐了差不多两年，不知道为什么，这为了提高产品质量的检查科撤销了，科之长隋树森先生转文学室，我变游击战为阵地战，入汉语室，即楼上西北小屋。其后约半年，也停了，人并入语文室，座位依然，不记得过多长时候，座位也移到大屋。在这个大屋，坐到1969年8月，工作早停了，终于教育部连带出版社，也撤了，人都到朱元璋的龙兴之地凤阳干校去"学习"。我不得不与这母校的二院告别，而一别就是十年以上。

总是在女霸江青等人倒台之后，长期抽风不得不变为清醒，白卷英雄过时了，又启用教育。孩子们需要上学读书，就仍要有人编书。人民教育出版社复活了，干校结业，早已处理的职工陆续回社。我是1979年初回社，真成为废物利用。其时虽刚改革开放，却已是走向发展，以前的乾隆加清末民初的建筑落伍了，要改为与天兼与空地争地盘，靠外的房屋都拆掉，改为楼，人入内工作的五层，书入内立或卧的七层。还有人入内过柴米油盐日子的，后部两座，都是五层，前部偏右两座，都是三层。中路最后的公主楼（公主住西路大房，所以应理解为公主府的楼，十间两层，楠木骨架）拆了，改为加宽向东伸展到府墙的两层红砖楼。岔出一笔，这公主楼院，是"文化大革命""斯文扫地"时期我受勒令清扫的，想不到十几年之后，楼和院都化为空无，闭目想想往昔，心里也不免热乎乎的。且说我废物得利用之时，新楼还没交工，我就随着语文编辑室，先在香山饭店，继在西苑饭店，上班，直到1979年的接近年终才回到旧二院，据说是照顾老朽，分配在二楼，而且是阳面。在这座楼里也曾三迁。一迁到同层的斜对面,自然有北窗而无南窗,所以曾效辛稼轩《永遇乐》词"北固亭"之颦,自封为北顾楼。再迁降了级,到一楼,仍只可北顾,但有大优点,是入室之前可以免去登楼,所以曾得到许多来客的称颂。可惜好景不长,大概是为了调整或交换房屋,又须三迁,而且是连升三级,到了四层的阳面,也有优点,是除了多有上下楼锻炼的机会之外,住在社里,侵晨入其内,东南望,想象霞光之下即出生之县,可以温若干旧梦是也。

适才说住在社里,就还要说说,在旧二院,除了工作有个座位之外,由1981年5月起,还多了个可以卧治的地方。这是在工字楼大门内以西转南有两个南窗的一间,先是安置由辽宁借调的两位女士住,两位女士工作结束,回辽宁,为了照顾我和孙玄翁二老,就把这一间给了我们。从有了这个白天可以休息、夜里可以梦见周公的地方,我就不日日挤公交车,早晚就可以多干许多事。大致过了两年,玄翁回晋南运城,我就成为单干户。这样住到1988年4月,工字楼改造,成为高级的办公室,我迁现3号楼地下室的招待所,住了差不多两年,迁到靠府北墙的5号楼楼上,就是前面说的那个由公主楼扩大的红色砖楼,因为是红色,也就可以在那个"几度红楼"的闲章中占一席之地。

最后总的说说,这曾是公主府、曾是京师大学堂的一个院落,自1955年起我故地重游,前前后后,出出入入,竟延续了超过四十年。心情呢,上面说,是有回家之感,是安慰,是感谢,难道就没有不如意的吗？当然有，因为整风，"大跃进"时挨饿，"文化大革命"中清扫厕所、请罪等，都是在这里过的。但我有个严分内外的理论，是那些无理无礼的荒唐事是外来的，或说由上边压下来的，并非旧二院之内的土生土长。而在之内，大致说，人，通情达理，地，争上游，宜于干点什么，研究点什么（因为有个好图书馆），甘居中下游，也可以养生。所以依狐死首丘的心理，我生地的故居早已化为空无，那就把这旧二院看作家吧。

稻粱谋

前面写"本",末尾说,这一篇说"得",还应该有个其四,是因为有编本的机缘,卖文的路多了,就解决了一些生计问题。这卖文,其中还有三本小书,恰好与龚定盦《咏史》诗"著书都为稻粱谋"的意义合拍,就截取一部分为题目。关于生计问题,这五十年代中而偏后的时期,特点是"过犹不及",老的一代过了,不再有自己养自己的能力,幼的一代还未成年,也就不能自食其力。未成年,是学习知识和技能的时期,因而比供给衣食还要重要的是送到学校去受教育,小的入小学,中的入中学,大的入大学。其时上学收费很少,但总要比家里蹲多开销一些,尤其是大学。为了量入为出,开只有我们夫妻参加的家庭会议,决定让最大的孩子舍己为人(三个妹妹),具体说是初中毕业后考医士学校,两年半毕业,分配工作,也挣工资,供三个妹妹上大学。照决定实行,大的入了医士学校。没想到念了只两年,1954年暑期,学校保送考河北医学院,录取后问家里怎么办。我只好咬咬牙,说"上吧"。就这样,大的还没挣工资,二的就考入北京大学。其后,大的挣工资之后,三的考入农业大学;二的挣工资之后，最小的也考入北京大学。上大学，住校，带一块丝糕当午饭、早晚在家里吃的办法不成了，就不得不多花钱。钱从哪里来？除每月的工资（1956年起定为125.5元，一生未变）之外，只能靠白纸上写黑字，卖。而字，不太难，难的是有主顾肯买，汉语课本的大功德是送来肯买的主顾。详情留到以下说，这里想岔出一笔，步韩文公之后，写一篇反他的《颂穷文》，内容是，至少是限于教育子女，穷也不是没有好处，这好处是有助于专心向学。现身说法，我的四个女儿，食无鱼，出无车，因为无钱，入门就不想抱什么绒缝制的大熊猫，玩电动汽车，出门不想玩电子游戏机，进卡拉OK（其时也许还没有），甚至过卖冰棍之摊而目不敢斜视，总之是无乐可享，就只好啃书本。结果呢，用世俗的名利之秤衡之，考大学就都没有费力，而且混上一顶教授的帽子，后来居上（我没有混上）了。我说这些，是因为近年的所见，几乎都是，领带、高跟的一对，用钱，用自己的低声下气，把孩子娇惯成小皇帝或小公主，而剥夺了孩子学习知识和技能的机会，我不以为然，但花钱，钱是他们所有，低声下气，声气是他们所有，旁观者又能怎样呢，至多只能求孔老夫子代言，曰："其愚不可及也！"

言归正传，说本带来挣教育孩子之资的机会。这资由师资问题来。专就语文课说，师资一直是个不容易解决的问题，总的说，教学生，要求学生拿起笔能通，先就要教师能通，分着说，教文言，教师要通文言，教语法，教师要通语法，等等，可是教师，有些，甚至有不少是不通的,这就成为问题。有问题,要解决,办法,理论上简而明,是提高教师的业务水平,变不通为通。降为实际可行,有两条路:一条是大举,办什么班,让教师补学;另一条是小举,编写适用的读物,供教师自学。显然,专就说,我们一些编者只能走后一条路。设想是某一门知识,上课讲,只是十之一二就够了,可是教师只知道这十之一二就讲不透彻,或说讲不好;想讲得好,就要知道十之十,至少是十之七八。所以最好是能够编写容纳十之十的读物,供教师先读,读后,比喻说有森林在胸,然后上课讲三株五株树,自然就可以应付裕如了。这想法的结果是,都认为应该火速编印一套全面介绍汉语知识的书,以辅助汉语课的推行。

语云,有买的就有卖的,或者说,有人求,就会有人供,因为依照经济规律或交易习惯,买者和求者必肯出钱,卖者和供者就有利可图。于是新由上海来语言研究所工作的徐君萧斧(也写肖父)就自告奋勇,编一套"汉语知识讲话"丛书,一只手拉作者,分头写其中的各册,一只手拉新知识出版社,承担出版这套丛书。拉作者,我们编写本的当然是最合格的,于是我先后分到三本:《简略句、无主句、独词句》(八十年代初修订,由上海教育出版社出版,改名《非主谓句》,其中三部分,简略句改为省略句,无主句仍旧,独词句改为单词句)、《紧缩句》、《词组和句子》。三本合起来十几万字,由1956年后半年起,断断续续写了两年多,因为其间插入不少别的事,又刮来整风之风。写完,交稿,出版,稿酬从优,所得,今天看来数目不大，可是顶了大用。三本小书之外，还有三条路，进了些工资以外的钱。一条路是"汉语知识讲话"的审稿费，也是徐君萧斧分配，比如某君写了《主语和谓语》，完稿，交我读一遍，提些审读意见，由原作者处理后算定稿，按劳取酬，也就会有些收入。记得颇看了几本，积少成多，也就可以解决一些生计问题。另一条路是写些汉语知识（主要是语法知识）方面的文章，给《语文学习》《中国语文》之类的期刊。这方面的文章好写，因为既可以脱离政治，又不必担心祸从口出；也好卖，因为有汉语课本编者的帽子，又很多教师在讲汉语，大量的学生在学汉语。又是积少成多，或零星多了就成为整，也就可以帮助我解决不少困难。还有一条路是为叶圣陶先生整理文稿，我出力不多，可是叶先生宽厚，总是多给报酬，并且严命照收，不许退，现在还记得，有一次是让秘书送来八百元，譬如大女儿到保定（后移石家庄）上学，每次开学离家都是带一百元（我一月的工资就所余无几），八百元就真是天文数字了。以上多种额外收入，到长女和次女都有了工资收入，我的母亲于1963年作古之后，生活有了喘口气的余裕，也就有了算账的闲情，不知道老伴是根据什么记录（纸片？记忆？），就说出个约数，是六千元，等于多拿四年的工资。

困难过去了，但有时回顾，就不免有些感慨。这是想到为衣食、为养育孩子而写自己本不想写的，终于不能不感到心酸。如前面所说，我不通语法，对这门学问也没什么兴趣，可是为了活，就耗费了不少时间和精力。而所得呢？一些钞票，早已化为空无；文，零篇的，也殆等于化为空无，成书的，是连自己也不想看了。这使我常常想到《毛诗序》所说，"情动于中而形于言"，古人如此说是意在描述实况，而到我们头上就成为可望而不可即的理想。情动于中，不得形于言，原因有礼俗的，问题像是小一些；有威权不许的，问题就不只大，而且难于解决。我昔年择术不慎，走上率尔操觚的一条路，写语法文换钱的时期早过去了，挨到八十年代，文网渐疏，但如我所常说，也只能是"所想未必写，所写必为所想"而已。

谈到语法文，还要说说徐君萧斧。他精干，有事业心，也就容易露锋芒，学问不坏，并肯帮助人。记得他离开北京，到芜湖什么大学，还来信告诉我，我注文言某篇，解"举"为考中是错了。说起他离开北京，是后来才听说，因为整风时期说了什么心里话，加了右派之冠，才押出国门的。但出国门，徙南冥而未徙北冥，也就算幸运了。可是又随来不幸，是听吕叔湘先生说，他得了什么病，不求医而自己开药方，吃错了药，作古了，其时是六十年代前期，总过了知命之年吧。其实早作古也不无好处，是可以免去"文化大革命"的折磨。"文化大革命"之后，又一次听到他的名字，是八十年代初上海教育出版社重印"汉语知识讲话"，旧本本要照新语法系统修订，其中《复指和插说》一本找不到原作者"叶南薰"，疑惑是徐君萧斧而无从证实，就委托我看一遍。我看了，如果原作者竟是徐君萧斧，他过早地走了，我能替他做一点小事，人死如灯灭，他不能知道，我却可以因此稀有的合作而得一点点安慰。

整风之风

记得是1957年五六月间，又来一次运动，曰整风。这使我先是惶惑，紧接着就心惊胆战，或者说，因惶惑而引来心惊胆战。惶惑，是因为不知道这应整之风都包括什么内容，更不知道要整成什么样子才可以符合要求。这两种不知道，前一种显然更值得忧虑，因为，比如说，有了新的法律，可是律条恍兮惚兮，又比如说，你前天闲谈，引经据典，曾经提到康德，昨天卖废品，其中夹一本过时的政治学习的小册子，你就不能知道算不算犯法。不知道，根据"万安公墓"的处世哲学，凡事要往最坏处想，你就只好设想为已经犯法。犯法即有罪，其后随着来的又是个不知道，岂可不心惊胆战哉！但心惊胆战是唯心论，钦定属于无用一类；要唯物，想趋福避祸的办法。想，自己能有多大力量呢？只能但行好事，莫问前程；万一前程不平坦，就退一步祭起祖传的法宝，忍加认命。于是怀着这样的心情，眼观六路，耳听八方，如临深渊，如履薄冰，度日如年地往下混。

观，听，起初是整党内之风，党外人可参加可不参加。我幸而还没有忘记学过的逻辑，知道不参加就等于自认为己身没有不正之风，也就不需要整；还有，说可不参加，是"客"气，其前还有"主"气，是可参加，而如果真不参加，那就成为自视为客，未尊重主。等因奉此，我立即表示参加，而且装作踊跃。其他党外之人也都是这样。只有孙君功炎（其时编《语文学习》，坐在我的邻屋，来往多，合得来），到我的西北小屋里来，看看屋里没有其他人，说："说可以不参加，我就不参加，看看怎么样。"我晓以利害，说不可有较量的心理。他先是还有不采纳的意思，我说了句推心置腹的话："你不听，将来后悔就晚了。"他听而从了，可是心里还存有傲气的根，后来终于加了右派之冠，押出国门，到晋南安家落户去了。在这方面，我可以破例吹一下牛，是能够把各种气都深藏若虚，外面只留一种，曰奴气，用我的一位小学老师王先生的名言形容，是"我就是绝对服从，看你把我怎么样"。

王老师对付的人是校长，对付的情境是今天叫你教这班，明天叫你教那班，用绝对服从的高招应付，轻而易举。如我，对付整风，就变容易为大难。因为参加之后，进一步，要求对党提意见，说党有什么缺点。说党有缺点？不要说真动口，就是想也不敢想。这使我不由得想到《庄子·列御寇》篇的一句话，是"知道易，勿言难"，道，此地可以指避祸之道，言就成为说党的缺点。这期间，我曾见到邓念观老先生，谈到整风让提意见的事，他千叮嘱万叮嘱，说："千万别说话，逆耳，抓住把柄就不得了。"我们不是英雄所见略同，是弱者所见略同，于是制定战略，是争取不说话。想不到听取意见的诚意或热情竟表现为天网恢恢，疏而不漏，办法是由党办公室安排次序；每天请一些人去开会，一个一个发言，提意见，党的书记面对小本，记录。这一关不好过，但总得过，也就只好下降为战术，挖空心思，想想说什么。惯用的只是歌颂成为文不对题，因为人家要求说的是缺点。为这件事，记得有几天，钻到被窝里不能入梦，因为要翻来覆去编造。丑媳妇终于不免见公婆，是有那么一天，接到开会的通知，让去给党提意见。会开始，我退避三舍，只倾耳，不动口。到了晚饭之时，还有两三个人没发言，书记宣布散会。我怀着侥幸心理，以为这样也许就算过去了，但也拿不准，所以还是有些心不安。只是一两天就明白，因为又接到通知，还是要参加会，提意见。应该感谢我的胆战心惊，迫使我到发言之时，竟至扔开作文教程，你让我说缺点，我还是以歌功颂德为主，记得最重要的一句是"成绩是主要的"，末尾夹带一点点鸡毛蒜皮。书记照样记了，没说我的大作文不对题。其时还没有所谓右派之冠，我过了函谷之关，怀着胜利的喜悦，下班回家，面对妻女，喝二锅头一杯。

不知道是不是因为发言文不对题，还是另有老尺加一的布置，语文党小组的鲍君，还长于我一岁，曾找我谈话，也是征求意见。这次是化整为零，化泛泛为具体，提出我在"三反""五反"运动中受处分的往事，问我有什么意见。唯恐我不愿意说，用启发式，或引蛇出洞法，他先说，是我实在没做什么坏事，而予以这样重的处分，明显不合适，现在党诚心诚意征求意见，我有意见，应该说，帮助党整风，改进工作。还得感谢我的心惊胆战，用不着迟疑，我就以下笔千言、倚马可待的"高才"，一转瞬就作成对策八股，大意是：我来于旧社会，缺点很多，错误的思想包袱很重，"三反""五反"使我受到一次深刻的教育，使我有可能脱胎换骨，重新做人，所以每次想到"三反""五反"，我都感谢党挽救的大恩。对策读完，他听完，沉吟一下，辞去。沉吟，表示未必尽信，果然，过了几天，他又来，还是启发我吐露对"三反""五反"的不平之气，措辞中还加了新调料，是不要有什么顾虑。其时我记忆力还未大坏，就把上次的对策八股背诵一遍，末尾也加点新调料，是我确是这样想的，也就只能这样说。他听完，又是沉吟一下，然后辞去，此后就没有再来。我后来想，不再来追问，一种可能是借了戈培尔的高论（假话多说几遍就成为真的）的光，他信了；另一种可能是借了衙门口刑名师爷的光，他们笔下常如此写，"虽事出有因而查无实据"，半信半疑，上交，也就只能凭字面了。

难关，大一小一，都闯过，还有些小的崎岖，是鸣放，也要谨小慎微地走。这次的战术是从阮步兵那里学来，曰"不臧否人物"。张贴于席墙上的大字报，能不写就不写，万不得已，也说些不痛不痒的。所求，是天覆地载，有我这样一个人，却像是没有我这样一个人，即在周围人的心目中消失，祸从天上来，也就不会落在头上了。谢天谢地，这个崎岖的羊肠小道，也走过来了。

但是还有"来日大难"，是情势告知，已经制作了"右派"之冠，正在背后研究各个人的出于口之言和出于笔之言，看哪一位宜于加冠。宣布的办法是印发言为材料，由党办公室的人送到每个职工的办公桌上，标题是"关于某某的右派言论"（？）。然后是开批判某某的会，至于如何处理，自然只有天知道。"天道远，人道迩"，我每天上班，坐的还是那个椅子，心却像是要跳到胸膛以外，因为总有可能，脚步声移近，进来的是送材料的，上面的名字正是自己。又来一次，不是自己。心想，强调"成绩是主要的"，歌颂的话不少，而且是大声说的，也许不至于加冠吧？但终归后边还有鸡毛蒜皮，也可能视芥子为须弥，那就仍不免有加冠的危险。就这样，疑神疑鬼，如坐针毡，总有几个月，收到多份材料，其中没有自己，心才慢慢回到胸膛以内。

此外还有些小关口，对比之下不太难过的，计有三种。一种是参加批判会，不能总是听而不述。可是述，就要先编造，然后装作义愤填膺。可惜我没上过话剧院表演系，已经用了十二分力，连自己听着也像是在应付；还有，即使心照不宣，被批判的人知道我是在演戏，面对自己尊重甚至亲近的友人咒骂，也总不能不感到难堪。另一种是泛论性质的，要写反右之文。这可以抄，也只能抄，因为，比如说，文件或准文件说罪恶共有十项，你自作聪明，给加或减了一项，也许就惹来麻烦。但是抄也要费心思，应该求内容全同而外貌有异，没有异就像是做文抄公，心并没有参加反右。总之，虽然做的是毫无意义的事，却也不能不费力。同样费力的，记得还写过反浪费、反教条的大字报，至于这算作反右之内还是之外，就说不清了。最后还有一种，记得是1958年夏天，加冠，发往北大荒诸事已经做完之后才开始的，其名为"交心"。推想这是求反右的加深和彻底，因为右是错误思想，加冠者有而且严重，已经用加冠、批判、改造诸法解决了，未加冠的呢，思想就清而且纯吗？显然，没有人敢这样说，甚至没有人敢这样想。有，就算是不很严重吧，总不能任它在头脑里盘踞着。要清除，不幸是天命或上帝所定，它是只能推想为有却视而不能见，怎么办？语云，言为心声，只好请他或她自己说。说，限定说思想之错误者，曰交心。记得这项小运动也如暴风雨之来，动员之后就全体并全身心投入，小组会上说，散会之后写。这文章是自怨自艾性质，闯祸的可能性小，但不是绝无，比如你异想天开，用夸张法，说曾有反什么的想法，结果如何就很难说了。所以这交心八股就要既可以称为错误，又关系不大，此是不能不具备的慧心之一。还有之二是要得体，就是戴在自己头上，人家看着合适，不像借来的。还要加个之三，是数量不能少，比如能凑几百条，就会给人一种印象，是毫无保留，可见有诚意改造自己，也就可信赖。这个小运动放在整风的结尾，时间不长就过去。所得呢，以己之心度人之心，多数人交，不得已而编造假话；少数人受，也未必有兴致看，即使看，信不信，也是只有天知道。

说到"信"，还想说一些可以称为既可笑又可悲的情况。信有程度之差。上上品是《使徒行传》中人物，至上说往东走好，出向南之门立刻向左转，没走多远，又传来至上的声音，说往西走好，立即向后转，往西，而不想为什么向东或向西就好。至于中下之士，闻道，反应就没有这样快，——甚至只是惶惑。也可以举两个实例。一是形式逻辑有没有阶级性，某日之前，说没有是反革命，之后变为说有是反革命，因为就是在某日，斯大林说没有，其前都说上层建筑无一例外，都有阶级性。二是林彪是好人还是坏人，也是一日之隔就性质大变。像这类的一刹那就变，要求"尽信"，一般人就苦于跟不上。跟不上也有程度之差，如加右派之冠的诸位就是走在前面的，整风，说诚意接受意见，以便改进工作，他们信了，于是把憋在心里的话都倒出来。万没想到，"言者无罪"之声犹在耳，冠加在头上了，你辩解吗，不低头认罪，处分就更重了。所以，至少是在这件事上，走在后面的诸位就有福了。走在后面有多种情况，其中一种，推想数量不会小，是不信。这就产生一种阴错阳差的情况，是好心人倒了霉，有机心的人占了便宜。这也可以称为"偶然"吗？也真有所谓偶然，我的两位治语法的同行，张君和徐君，都在某学院工作，参加提意见会，张先发言，长篇大论，晚饭时散会，徐的发言推到次日，碰巧，第二天，在《人民日报》上"工人说话了"，徐看到，顿悟，说："工人说了，我就不说了。"于是变多牢骚为多歌颂，张加了冠，他就还可以坐在家里喝白干。因信而加冠而困顿的张君是门外的，再说两位门内的。一位是凌伶，与我同龄，旧学底子厚，通诗书画篆刻，任图书科科长。其时旧书多，价廉，社里买书舍得花钱，他经手买了大量的国学方面的书。我们交往不少,合得来。可是不知道他何以会不检点,说了逆耳之言,加了冠,发往北大荒。他是湖州人,由江南移到漠北,身体不能适应,受了冻伤,到医院割掉脚趾,入残疾之列,才得妇唱夫随,回了太仓。另一位是龙在田,据说通俄语英语,在外语室工作。有在国民党军事部门工作过的经历,也许在肃反运动中受些打击吧,整风来了,号召鸣放,他就鸣放。记得看过他的大字报,说某运动中整他,他冤枉,我替他捏一把汗。果然,过了不久,他加了冠,成为双料的反。不知道为什么没发出去,在社里劳动,"文化大革命"来了,常看见他在工字楼右边的空地上砸煤。头上有两顶帽子,小红卫兵当然不会放过,对待的办法是用棍子打骂,兼以往脸上啐唾沫。天天如此,他没有娄师德唾面自干的修养,终于有一天过午,溜到街西口外,蹲到无轨电车之下,解脱了。

由"信"迤逦而下,我想置身于现在,即差不多四十年之后,再说几句。这一回"真"交心:我是万不得已才说假话的;如果说真话不算犯罪,我同于一切还没有丧尽良心的人一样,是愿意以真面目见人的。以下就以真面目,先说对整风,后说对自己的一些想法。

借禅宗的语言来说明,用运动之法求改善,是相信有顿悟的可能,立意也许不坏,至于实效,那就成为另一回事。即以整风为例,设想是敲打几下,酣睡的可以猛醒,身上有些小泥点的可以揩掉,所谓朝中一呼,普天之下震动,不合己意者顷刻间变为合己意,岂不妙哉。可是发动之后,事与愿不尽合,或大不合,回报的声音竟有说自己身上也有泥点的。依理,已经宣扬"言者无罪,闻者足戒",就应该平心静气,或对镜,反观诸己,看看有没有泥点。可惜没有这样的雅量,甚至没有分辨是非,至少是衡量轻重的再思之量,就由不快而大怒。其后又是走老路,用压力求一切不如意变为如意。压力的功效有直接的,是加冠者受苦难,未加冠者战栗,有间接的,是都三缄其口,不再有人敢说真话。表面看,人都服了,但属于假冒伪劣,真想用就未必顶用。所以我还是老脑筋,总觉得还是孟老夫子的想法对,是"以德服人者,中心悦而诚服也"。以德,德之中有感情,是爱人如己的感情,不是仇视并诉诸压力的感情。严格讲,治国平天下,要靠理智,"众志成城",信任理智就要远离个人的感情冲动。其实,靠压力进行的运动都来于个人的感情冲动,因为非众志,不理智,所得就必是事与愿违。仍说整风,作为因,果很多,其中之一,也许是最大者,其后许多举措,如"文化大革命",也没有一个人敢说个"不"字,总是值得还没有忘记国家前途、人民幸福的人想想了。

再说说对自己,算是"一"省吾身吧。与凌伶、龙在田诸君比,我是幸运者,或用夸张说法,胜利者。但如一切胜利,来之不易。也分为思想和感情两个方面说。由思想而产生战略战术。这战略战术还来头大,曹阿瞒尊重的《孙子兵法》,曰:"知彼知己者,百战不殆。"先说知己,是确信自己是弱者,一怕苦,二怕死,还要加上兼怕自己的亲近人受苦和死;对压力呢,不要说没有抗的力量,是连逃的力量也没有。再说知彼,也有来头。可以分为两个方面,书本和现实。

书本，当年喜欢杂览，除了东方的"学而时习之""道可道"等之外，还看了些西方的。专说西方的，也是杂，其中有些是谈治平的，读了，对于制度、治术之类就略有所知，联系实际说，对于"权"，就不只有所知，还有些怕。再说现实，有所闻，有所见，还是权的问题，常常是不只不能抗，还不能测。这样，知己和知彼相加，趋福避祸之道就成为装作心悦诚服，百依百顺。思想如此，就真换来平安。改为说感情就情况大变。前几年写一篇《直言》(收入《负暄续话》)，末尾曾说这种心情，为偷懒，抄在这里：

> 至于我们一般人，放弃直言而迁就世故，就要学，或说磨炼。这很难，也很难堪，尤其明知听者也不信的时候。但生而为人，义务总是难于推卸的，于是，有时回顾，总流水之账，就会发现，某日曾学皇清某大人，不说话或少说话，某日曾学凤丫头，说假的。言不为心声，或说重些口是心非，虽然出于不得已，也总是哑巴吃黄连，苦在心里。苦会换来情有可原。但这是由旁观者方面看；至于自己，古人要求"躬自厚"，因而每搜罗出一次口是心非，我就禁不住想到我的乡先辈"难说好"先生（案有宁可挨打也不说假捧场话的轶事），东望云天，不能不暗说几声"惭愧"。

惭愧完了，想想，难道一年有余，就没有一点可以算作不"可怜无补费精神"的吗？用力搜索，也只能找到三宗。其一，大概是1958年，整风的后半段，我和郭翼舟坐在工字楼上西北小屋，无事可做，废物利用，简化不再试用的本，编一本《汉语知识》，于1959年出版。其二，我忙里偷闲，苦中作乐，有时还到书画店看看，就在这时期，从琉璃厂宝古斋买到一件高南阜（凤翰）的书札，六开，左手，至精，语云，自求多福，我的发明，更上一层，还可以化苦为乐，此即其一正也。其三，还是初期，右派之冠可能还没设计，鼓励鸣放，就出现不同形式的鸣放，其中一种是演出此前不准或不宜于演出之戏，我看了一次，是小翠花的双出，双怕婆和活捉三郎，在东安市场的吉祥戏院。花旦戏，表现人生的不拘谨一面，大道多歧，似也不无可取。还有可取，是功夫纯熟至于出神入化，其后不鸣不放，就如嵇叔夜之《广陵散》，再也看不到了。

末次省亲

我从1925年暑后到通县上学,寒假暑假都回家,其时心情是以家乡为"家",就是不能衣锦而还,衣褐走入家门,看见以摇尾表示欢迎的狗,心里也是安然的。1931年暑后离开通县,走入北京大学红楼,自己没觉得身价升高,可是生活渐渐变为复杂,或者说,不知不觉地增加了独立性,关于家,就像是旧和新平分了天下。但这是就心情说,改为就时间说,情况就大异,是长期在外,间或回家乡也只是住三天五天。唯心论,纵使是三天五天,还多有叶落归根之感,因为父母健在,幼小在生长,就是鸡犬,也没有改变长鸣、摇尾的老样子。1947年土改带来大变化,先是全家逃亡,其后回去,只剩下几间空房,也就不再有自己院里的鸡鸣犬吠声。但人之性,故土难离,又离乡背井谋生不易,也就只好用忍和挣扎的两条腿走路。幸而亲友邻里还有些不阶级的旧思想意识,明或暗,援之以手,渐渐,也就又建立个仍旧日出而作、日入而息的家。我是中间人物,其表现之一是,对上一代,封建主义,要生养死葬;对下一代,社会主义,尽完养、教义务之后,不求还报。这样,父母在家乡,除不断寄点钱之外,有时就还要回去看看。不能勤,也总要不少于一年一次。眼所见不同了,但旧形貌还多有,就还可以温昔年的美梦。1952年又来个大变化,父亲于元旦之晨病故,依旧礼,家无主,就更不像儿时的家了。记得曾劝母亲移北京住,她仍是农民的感情,由清光绪十几年就食息于其地的这个家,纵使已经残破不堪,还是舍不得。在这种地方,我是唯心论加自由主义者,也就不勉强。幸而家里还有长嫂等,思想没有进步为社会主义,晨昏,三餐,不改旧家风,敬老,照顾,我就可以放心到另外一个家,去专心吹整风之风。当然,每年还要找机会,到家乡去看看。由1952年到1957年,如果恰好是一年回去一次,那就是共回去六次。本篇是说1958年的一次,何以偏爱这一次?是因为就在这一年的春夏之交,家乡改为吃公共食堂,不久就成为都吃不饱,胞妹在天津,亲骨肉连心,把母亲接到天津去了,以后就不再有回家乡省亲的事。

以上帽戏演完,改为说这末次省亲的情况。时间选在2月16日,旧历丁酉年十二月二十八日(这一年十二月小),想是因为在运动中,请假不方便,所以利用春节的休息日子。其时公路和汽车都远不如现在,我六时起床,由北京乘长途汽车沿京津公路东南行,只能坐到家乡之西略偏南二十里的大孟庄。然后向东开步走,十几里,过侯庄子马姓表妹(三姑母之次女)家,扰了午饭,休息一会儿,再向北走,约下午五点钟才走入家门。母亲当然格外高兴,因为儿子回到跟前,在一起过年。长嫂等也一如既往,热心关照。次日是旧年的最后一天，本来有旧梦可温，如东行一里到河北屯镇，东南角空地炮仗市听鞭炮声，街中心路南关帝庙内看年画，可是估计也许不会有，又因为有更重要的事要做，就没有去赶集。这更重要的事是看亲长和一些熟人。我们张姓是外来户，一分为三，青壮大部分外出，老一辈（我的叔父辈）还有些。南院二叔父最孤单，二婶母土改时被打死，儿女都不在跟前。去看他，尽量少提旧事，只问问目前的生活情况。说是自己做饭吃，一天烧一次火，晚饭吃点剩的。问为什么不到天津四弟那里去吃现成的，也是因为舍不得这几间房。三叔父与我父亲是胞兄弟，为人很像我祖父，朴实温和。三婶母是续弦，漂亮，精明，待我也很好，我每次回去，定招待我吃一顿饭。张姓三家，只有三叔父家还多有些旧风貌。二十年代与我父亲分居，三叔父分的是老宅，外院南房靠西一间，推想就是我降生的地方。里院北房西间，我随着母亲住过，一直记得西北墙角垛着制钱串。东间是祖父住的地方，记忆更清晰，是冬夜，我们孩子们围着他，听他讲黄鼠狼的故事。后来，1920年前后，他就死在这间屋里。这里，我何以又有兴趣翻这旧账呢？是因为1971年我被动还乡，这旧貌已经化为空无，改为新建的一排北房，房前成为菜园了。所以可以说，这次入内看叔父、婶母，是与儿时住处告别的一次，只是当时未料到罢了。

下午出村，往西南不及半里的冯庄，看刘玉田表叔和韩大叔（人称傻韩）。刘表叔是我大祖母胞弟刘舅爷的儿子，多年在天津同源彩染坊任经理，我1935年到1936年在天津南开中学教书，以及其后常到天津办事或小住,多得他关照。他思想未能安于"不识不知",信一种道门曰一贯道,解放后加了反动会道门之冠,到茶淀改造了几年,放还,表婶早归天,一个人度日。情况自然就非复当年,总得靠忍过日子了。此次一面,以后就没有再见到他,听说处境日下,身体不能支持,一次往水井旁取水,倒地死了。傻韩的情况正好相反,昔年,一直到我上大学,他都在我家做长工,所以与我有同吃同劳动之雅。他在天津拉过洋车(天津曰胶皮),常同我谈他愿意拉窈窕淑女不愿意拉肥头大耳商人的壮举。解放后,他虽然未能迎娶个窈窕淑女,却总是有了妻室,院里还拴着一头牛。我回家,总要去看他,因为他虽呼我为二先生,却还是把我看作当年在棉花地里一同说说笑笑的孩子。

由冯庄回来,已经是晚饭之时,看本村的熟人只好往后推。除夕,儿时是最兴奋的时候,与三五小朋友,手提纸灯笼,到满是灯火的长街去放鞭炮。累了,回家,屋里院里也是灯光通明。现在不同了,至少是家门之内,变为岑寂。幸而年将及知命而早已知命,也就没有什么不安然。又早已没有守夜的习惯,因为更习惯的是渴望现在当下的时间尽快过去。一夜无话,依旧俗,元旦不能晚起,因为侵晨本村男性会结大队闯到院里拜年(女性初二上午,三五为群,扭入室内拜)。大队一眨眼就过去。之后,吃过早饭,还会有些人,为了表示敬重和亲近,单独来,入室拜。接待,也不免劳累,但在这个日子口儿,读《乡党》之篇,心里总是热乎乎的,也大有可取。

行礼如仪过去，可以抒私情了，是去看有些怀念的熟人。每次回家必看的计有几位，由（住处）近及远说说。排在第一位的总是隔一户的西邻王家。弟兄五人，长与我同龄，刚成年故去。行二的名福顺，人朴厚，与我关系最深，总是视我为亲兄长。他的妻室也是朴厚超过一般人，见我走入，看得出来，是心里比口说的还要热。孩子多，很穷困，是名副其实的家徒四壁。可是我愿意到这样的屋里多坐一会儿，所求呢，是这个世界还有善意，还有温暖，也就还可以安心活下去。万没想到，大概是不久之后吧，女的下地劳动，脚被什么刺破，医疗条件差，得破伤风死了，其后不到一年，男的也随着走了，带走了此后就难得再见的品德，扔下四个未成年的孩子。再两位是斜对门的石家，叔石卓卿、侄石俊玉，都是小学同学，叔石卓卿长我一岁，并且是同班。叔侄个性相差很远。叔规矩，懦弱，娶个运河边陈庄的姑娘，长身玉立，眉目含愁，在村里拔了尖儿。他只念了小学，功课好，记得我们还曾有争第一的英雄事迹。小学毕业后困守家园，曾帮助本村一布商赶集卖布，因而可以常吃烙大饼、炒肉丝。这福气也给他带来小祸，是后半生馋而食无肉，懒而必须干农活。更大的不幸是这姣美的夫人先他而去，其后由壮而老，不得不到儿子屋里吃饭，而长媳非《列女传》中人物，经常在饭桌之旁指桑骂槐。他，如不少人的受批受斗，只好低头，听说也活过古稀，自愿去见上帝了。其侄石俊玉属于没出息一类，不知何谓规矩，得乐且乐。可是天官不赐福，娶个我外祖父那村杨家场的姑娘，很难看，后又得病，如样板戏中之反面人物，脸色变为黄绿。也因为家中无可留恋，长年到外边跑，而总是无所遇。有时过北京，必来看我，对我是一贯尊重，亲近，也就不客气，讨三块五块作饭费或路费。到新时代，路更窄，无声无息地死在家里，也许年未及知命吧？再说一位，是偏东斜对门的薄玉，也是小学同学，略长于我。他生活是两栖，农忙时在家，农闲时到北京，在西直门内草厂做关东糖。我去看他，是不敢忘同窗之谊，其实感兴趣的反而是他的令堂，村中官称薄二奶奶，为长于说闲话的三巨头之一。另两位是绰号大能人的石某某和剃头老婆子。这合于曹公雪芹的高论，女性占了上风。单说长于说闲话，是据村里人说，如果这三位巧遇于街头，就是立着说，三天三夜也不会收场。此亦一种马拉松也，可惜跨入新时代，有祸从口出的新规，连这三位也就不再张口，广陵真散矣，念及不禁为之凄然。最后还要说一位必看的，是背后官称为怪物老爷的石侠。他是张宗子《五异人传》式的人物，我曾以"怪物老爷"为题，写他的高风或轶事，收入《负暄续话》。就是己之文，翻来覆去抄也有骗稿酬之嫌，所以这里只说，去看他，在他的窗纸破了不糊的"空"堂里对坐喝清茶，就会有他已经打破逐鹿、雕虫之类的羁绊，而自己则"未能免俗"的感受，虽望道而未之"见"，能够"闻"不是也比未曾闻好吗？

这次省亲，除了看人之外，还赶了一次集。是石俊玉的令弟石俊金陪着去的，也许因为是新正，卖者、买者都很少。这也关系不大，重要的是想看一次旧貌，踏一次故土，看了，踏了，也就如愿以偿了。也有个小不足,是返途,过药王庙(小学所在地)之门而未入。是不敢入,因为由门外往里望,昔日的建筑都不见了,还是闭眼走开,保留一些旧梦为是。

其时已经是回家的第四天,北京还有"风"等着,应该尽快起程,因非家乡的家。原拟20日由原路返京,听说大孟庄路不通,改为21日,与薄玉等结伴,北行十几里到刘宋镇,乘长途汽车回来。没想到这一别,不久母亲离开,这故土的家就基本上没了,其后十有八年,唐山地震,这故土的房屋倒塌,家就彻底没了。

跃进的动荡

由1957年前期到1958年后期，笼罩全国的风云是整风。这是运动，鉴往知来，谁（甚至包括发号施令的人在内）也不知道将如何发展；除极少数人以外，还不知道是否会整到自己头上。但总得活，也就只能谨慎加相机应付，往下过。因为还有"相机"，有些人头脑发热，一阵兴奋，忘了谨慎，以致祸从口出，加了冠。随着时间的流动，发展的情况逐渐明朗，加了冠的大部分散而之四方，不再说话了，未加冠的也经一事，长一智，知道应该说什么，不应该说什么。总之，胜利的果实是，除颂帝力、唯命是从之外，不再有别的。推想这就会给人一种幻觉，是这样的大一统之力有大用，应该顺水推舟，利用。所求呢，是变慢条斯理为一日千里，以期从速实现社会主义的天堂。

一日千里的精神是跃进，真要跃，就还要有措施。这很多，只能举其大端。跃要人跃，想是因为考虑到这方面，所以由组织方面下手。于是传来消息，说是要成立人民公社，都不再小家小户柴米油盐，改为吃公共食堂。这是大变，因为，至晚由有文献记载的《殷虚书契》起，社会的基本单位是"家"，一日三餐，日入而息，都是在家门之内。现在是要加入公社，不在家门之内起火，究竟如何运行？又是谁也不知道。只好"多闻阙疑"，嘴里说好好好，心里打鼓，随大流而见机行事。古谚云，城中好高髻，城外高一尺，这次像是农村也跑到前面。总的情况如何，没有能力询问，也不敢询问，怕疑为找缺漏，居心不良。只是由天津胞妹家传来一点点消息，是由1958年8月起，母亲改为吃公共食堂，很快就感到吃不饱，大外甥是母亲养大的，听到就心急如火，骑自行车，带着一兜馒头，到家里，自己一路饿着，把母亲接到天津，过不多久，三叔父和三婶母也出来，到女儿家寄食。其余外面无处投奔的呢？人都自顾不暇，也就只能不知为不知了。其实就是近在眼前的北京，我的所知也很少。像是没有雷厉风行地动，比如成立人民公社，吃公共食堂，至少是我住的那个街道，就述而不作，每日上班，还是回到家里吃饭。但都相信不久就会变，因为一贯是有令必行，而且先闻后见，西城区福绥境建了样板居民楼，八层，住室都没有厨房，楼的第一层如康有为《大同书》所想，无界，用作公共食堂。这将大变的情况不能不反映于民心，是很多富厚之家处理不易隐藏或转移的家当，只举一例，是德胜门内某空地，硬木家具堆得满坑满谷，听一个人说，几间房之家，花几十元钱，就可以使各屋都变为花梨、红木、紫檀。可是谁也没有后眼，比如现在，一件像样的要几万，后悔当时没买就晚了。当时不买，或有而不留，是因为，纵使读过《礼记·礼运》，向往大同，人之性，还是不能忘掉自己。所以这"二公"(人民公社和公共食堂),即使立意不坏,也总是过于脱离实际,必不能通行无阻的。

再一项措施是大炼钢铁。所谓大,是家家炼,人人炼,而且求快,一声令下,总动员,日夜干。已有的铁矿、钢厂如何飞跃,不知道;家家,人人,原来与冶炼毫无关系的,就要拼凑多种条件,原料,燃料,设备,技术,等等,闻令的当日就动起来。谁也不敢说困难,并要进一步,装作没有困难。实际是有困难,怎么办?只好为能演出而不择手段,不计后果。比如原料,据所闻,农村是砸锅,还可以加说个理由,是吃公共食堂,各家的锅已经无用,应该废物利用。据所见,或所经历,就更可怜,是搜罗星星点点废铁,直到踏长街寻铁钉子。燃料呢,找不到煤就烧木料,干木料不够就伐树。然后是费力弄到个坩埚,如我所见,比人头还小,许多人围着烧。一天两天,三天五天,也许居然由坩埚中倒出一块,如手指大小,为钢为铁自然只有天知道,大炼的人群就狂热地庆祝胜利。这是千金,竟是万金买一笑(笑话之笑,嘲笑之笑)!可是没有人敢嘲笑,因为那就成为反最高指示,现行反革命。隔着肚皮,完全出于善意,会有算账的吧?那就会发现,实际是以须弥换芥子,过于不合算。算也罢,不算也罢,反正谁也不敢表示有一点怀疑的情绪。就这样,全民随着幻想如醉如痴,炼,炼,炼,直到不吃五谷杂粮更有大力的经济规律表了态,才用时移事异的形式(不是知过必改的形式),不言不语地停止了。

还有一项总的,就名为"大跃进"。所求是全国上下,各行各业,都放卫星,比如常态能生产一个,要跃进,变为生产十个,百个,甚至千个万个。表现最突出的是农业。各地如何跃,自然只有当地人能知道。只说所闻并还记得的一点点。单位组织去参观,计有两处,徐水和天津附近某村。我看看形势,不参加不至加不积极之冠,就没有参加,因为我既不信能跃,又不愿意看人群发疯。想是未去看的人不少,所以要由去看的人报告所见和所闻。这我去听了。徐水亩产多少,不记得了,只记得棉株长到树那样大,因为生产过多,生活就成为社会主义的天堂式,公共食堂,白吃,顿顿成席(农村习惯,红白事招待亲友,几盘几碗,鸡鸭鱼肉,曰摆席)。天津某村稻田,用合多亩为一亩之法密植,为通风,用电扇吹,计划亩产十万斤。十万还是小巫,据陈毅报告,广东白薯是亩产五十万斤。如何劳动才能有这样的善果呢?据《语文学习》的小于(名金陵?)到通县参加劳动回来说,种冬小麦之前深翻土地,要求深到一米,要昼夜不停地干,不许睡,下种之前施底肥,要家家把食油拿出来,否则次年收麦不分给粮食。结果呢,也是据报告,不再是动员报告,而是反浮夸报告,是徐水,两个月之后就成为都不再有饭吃,天津某村水稻颗粒未收。这证明浮夸有大害;至于为什么会出现浮夸,当然,心照不宣,谁也不敢追问原因。

农业之外,还有多种行业,当然都要跃进,语云,隔行如隔山,只好不知为不知,单说己身经历的。做编辑工作,跃而进,只能表现于编写快，出书多。不得不说大话，记得胆量没有农业那样大，没敢说笔下由日一两千高升为日一万甚至十万。出书呢，空想了一些，幸而借都有些常识的光，只是小声吹几句，并没认真地进行。这样，与农业相比，我们就像是在原地踏步。要表示不是在原地踏步，不容易拿出成品，只得用"干劲冲天"来弥补。干劲，在稿纸上也不容易表现，只好乞援于"时间"，办法是不休息。记得差不多是1960年一年，都是晚上和星期日（或上午半天）加班，直到年底，因为早就食不能饱，很多人浮肿，才来个新口号，曰劳逸结合，宣布恢复正常，不再加班。但我仍要谢天命，走入这个出版社，人虽然也要随大流发疯，却疯得不厉害，甚至如梅兰芳之演《宇宙锋》，装疯。何以知之？可以举二事为证。一是只求名不求实，比如实际并不忙，晚上加班如何打发？就只好下午少干点，留一些，让晚上像是有事可做。这情况，估计上下都明白，心照不宣，也就可以平平安安地应付过去。二是无论喊得如何响，还是承认人人有睡眠的需要，晚上加班只到九时左右，而不要求通夜。有人会说，总不能连睡眠也不许吧？那我就反问一句，"大跃进"，如果要求中包括不睡眠一项，人人都在秉烛待旦，你敢独自上床去梦周公吗？

如此说，这样大而复杂的运动，我就没有受到一些影响吗？语云，天塌砸众人，显然不会是这样。计大大小小，也颇可以说几种。其一是唯心的，即确信是发疯、不愿意看发疯，而必须从众，歌颂之不足，还要装疯。言不为心声，行为己所厌憎，用佛家语说是烦恼。幸而已经有十年之久的锻炼,心里存真的,嘴里说假的,以求能活,而且平安,成为习惯,用不着费大力就可以忍过去。其二,还可以再说个唯心的,是发疯引来大饥荒,有些亲属条件更差,未能熬过来,过早地往生西方净土,我是常人,无理由地相信生比死好,看到或听到,就不能免于悲伤。其三,转为说唯物的,是大炼钢铁时期,合理分工,年轻的围着坩埚转,我们年及知命或超过知命的,废物利用,依照分配,午饭后到大街小巷去寻找废铁。大块的早已绝迹,只能搜罗细小的,如锈铁钉之类。这有二难。一是难找,如果竟至找不到,每空手回去,就有未用力找的嫌疑;二是午饭后不能休息就带来大苦,因为多年来习惯,脑力工作,午饭后不躺一会儿,下午必昏昏沉沉,不能拿笔。可是决不敢以此为理由,午饭后头亲枕,不去找废铁。转大街小巷,身忙心闲,有时就不免慨叹,在只有压力而不讲理的环境中生活竟是如此之难!但慨叹只能偷着,为了能活,也只能注视地面,寻锈铁钉。其四,仍是唯物的,是除了应该钻入被窝之时以外,无所谓下班,也就不再有自由活动的时间。其结果是除疲惫不堪以外,还感到烦腻,因为时间拉长,并没有什么重要事可做。还可以加个其五,是参加体力劳动,我并未轻视,只是因为拿笔惯了,体力差,不习惯,比喻为让梅兰芳演窦尔敦,也就要吃些苦。记得地点分南北,南是京津铁路安定站西的农场,北是八达岭之下三堡车站略南路东山坡上的林场,都是"大跃进"的产物。先说小举的农场,记得去过几次,都是乘大面包车,当日往返。干的是农活,种和收之类。

跃进的风刮过去就不再去，想是也下马了吧？着重说北的大举，记得先是听动员报告，说是由国务院各部委承担，把由南口到八达岭几十里的关沟建设成为花果山，教育部承担其中一段，要先建房，后植树。后来规定，职工一年劳动一个月，分两次去。照规定，我去了两次，第一次是1959年1月，冬季最冷的时候；第二次是同年9月，一年间山中气候最好的时候。生活条件艰苦，活很累，可是有个优点，吃饭不限量。所记呢，只说苦乐各一。苦是冬季大风，温度降到零下二十摄氏度，出去，很有不能支持之感。乐是秋天那一次，利用星期日休息，与北大教育系同学王光汉等三四个人，下行游居庸关云台，寻李凤姐墓。墓虽未找到，也大可以发一次思佳人之幽情，实践一次苦中作乐法。说几句后话，是不知道什么高层人物考虑到什么情况而领悟，没有公开宣布，决定放弃这个花果山计划，连平地起的房子也扔了。人力、物力（包括财力）又赔了不少吧？旧传统，走错路，失败，必不说，其实还有更甚者，是必不承认。最后还有个其六，饥饿，因为分量重，宜于附庸蔚为大国，决定另标个题目说。

关于"大跃进"，记事之外，出于关心国家、民族的前途之诚，还想提两个久藏于心中的问题，请也不忘国家、民族前途的人想想。其一是，全国上上下下，战战兢兢，随着一个人的幻想打转转，明知不可行而不敢表示，且不说合理不合理，专计后果，合算吗？其二，何以竟至容许或有这样的现象存在，不追寻原因，讳疾忌医，对吗？两个问题，多年存在，到"文化大革命"时期就更突出了。

饥饿

上一篇说多方面跃进,"人不堪其忧",终于经济规律表了态。这所表之态是"四海困穷",其中一个最鲜明的是,除少数高高在上者以外,都感到吃饭困难。伟大哉经济规律,神秘哉经济规律!说神秘,也因为我不懂。记得而立前后念西方的,也翻过政治经济学,可是觉得,反而不如知识论、逻辑之类具体,往里钻,像是门户、堂室,都有迹可循。经济,涉及面太广,变动过于灵活,苦于抓不着个小辫子。于是知难而退,心里说,让高才的人士去钻研吧。可是躲开"学"容易,躲开它管辖的无孔不入就办不到。比如你午饭想吃西红柿炒鸡蛋,清晨提篮去买西红柿,一问价,比昨天涨了一倍,问另一个摊,也是如此,你不放弃吃,就只好忍痛多出钱。神秘的是这涨一倍,并不是某一人所定,或多数人讨论所定。无言而能行,此经济规律之所以能够既伟大又神秘。单说这伟大,而且是无上的,具体说是竟至在最高指示之上。不信吗?可以纵看历史,横看五洲,许多专制统治者,咳嗽一声,四海之内震动,可是仍不敢向经济规律挑战;如果发疯,竟敢倒行逆施,与经济规律对阵,则至多一两个回合,必

"弃甲曳兵而走"。因为就是秦始皇,权大于天,滥用,也只是强迫人民去筑长城,修阿房宫,造兵马俑,而不敢说"你们都去死"。原因之关键者是都死了,"权"就不再有用武之地,而经济规律则赫然一怒,能够使人民难得活下去。

以上泛论是想说明,为什么跃进跃得时间不很长就不言不语地下了马。下马是出于万不得已,上马靠幻想,比喻是玻璃瓶,实况是石头,两者一撞,幻想就碎了。实况,全国各地,表现万端,语云,没有调查就没有发言权,又因为耳食不如身受亲切,所以想只说自己的一点点饥饿经历。我生于中产的农家,又受天之祜,离开家之前,没遇见大荒年,所以,虽然许多想吃的吃不着,却总是能够勉强果腹。离开家之后,三十年风风雨雨,外多动荡而内多穷困,可是粗茶淡饭,总没有感到困难,或说还没有经历过饿得难受。经验考零分,未免遗憾,勉强凑一次,是1926年春天避兵乱,与郭士敬同学由通县回家,路上买不到吃的,饿得想到村里去乞讨的感受,但也只是多半天就过去了。而"大跃进",是食不能饱,估计不少于两年。有人,也许是小说家者流吧,说多一种经历,拿起笔就可以多一种手法。这大概是真的,不过我不止一次说,我是常人,无大志,一怕苦,二怕死,如果一定要有饥饿的经历才能写好饥饿的小说,我是宁可不写这样的小说的。

写小说,可以编造;不写小说就只能如马、班之著史。写实况,缩小到我,而且是自己的。这也不很少,由何时说起呢?想到一种情况，是若干年来，农村的人总是往城里挤，根据不合时宜的人性论可以推断，是都市的生活条件好于农村。这情况也鲜明地表现在饥饿的程度（时间长短、饿莩多少等）上。仍说家门之内，母亲因食不饱而移住天津，时间是1958年10月，我住北京，也感到食不能饱，大概要晚一年。不能饱属于内，是只有天知、地知、己知的事，所知是浑身无力，渴想吃荤的（红烧肉、炸油饼之类）甜的（糕点之类），将到饭时就起急，恨不得立刻端起碗。还有属于外的，是买食品（尤其肉类）难了，接着牛奶不能订了，粮食定量还要减。肚子不好受，影响心里也不好受，但不能说，还要装作若无其事。实际是真有其事，怎么办？许多人是用高价之法买一些较好的营养，记得杨丙辰先生就曾劝我这样做，而且助以人生之道的理论，是保命第一，要舍得花钱。我同意他的理论，但信受而不能奉行，因为有困难，而且不止一层：近的一层是没有多余的钱；远的一层是，即使可以挤出一些钱，七口之家（其时长女已工作，不在家），比如破釜沉舟，买半斤高级点心，往嘴里送，想到那六口都在饥肠辘辘，实在咽不下去。总之是理论上并非毫无办法，而实际只能忍，听天由命。

但在家门之内就还要尽点人力，求合理合法。合理，是求仅能得的一点点食品（主要是粮食）仍"大跃进"，显身手，一斤能够发挥一斤多之力。记得最小的女儿从小学学来一种蒸饭法，是米一斤，蒸熟能出五斤。在当时，这是比气功还玄妙的奇迹，就照做，结果呢，根据反物质不灭（即不能无中生有）的定律，饭中多的那些水分终归不能代替粮食，饥饿的情况并没有改善。再说合法，是因为人的定量相差不多，而饭量则相差不少，主要是两位母亲，年高，吃不多，如果吃大锅饭，我们下两代就会多吃多占。这不合法（人各有粮食定量之法），我们先进，其时就实行法治，办法是同锅而分炊，以早饭为例，都是粮一两，出锅，七个人平分。显然，二老就感到差不多，我们下两代就只能拖着半空的肚子各干各的去了。这合法的措施不由得使我想到《韩非子·五蠹》篇的话："饥岁之春，幼弟不饷。"不饷，亲友往来怎么办？成为习俗，或不成文法，清茶之后如果还要吃，就要交出定量的粮票。但这样的法治也不是毫无缺漏，因为如果敞开肚皮吃，就会侵夺主人的份额，性质同于抢劫了。所以适应这种新形势，亲友间就尽量少往来，此亦跃进之一种后果，可怜亦复可叹。

怜，叹，只能在心里，属于唯心。但正如新学所昭示，还是唯物力量大，不管我怎样努力装作若无其事，身体却有了变化，专看外貌，是胖（其后承启功先生指示，应读平声）了，医生另有个称呼，曰浮肿。感觉呢，是浑身更无力，尤其腿，像是皮肉里抽去筋骨，也就更想吃有油水的，甜的。还要歌颂唯物的力量大，这一回可以不必隐瞒（也无法隐瞒），只要装作不知道原因，并毫无怨气就行了。仍是语云，天塌砸众人，许多人同我一样，也胖了。这情况，推想会向上反映，但上到什么程度，不能知道。专就邻近的上说，很着急，但巧妇难为无米之炊，办法却有限。记得办法之一是轮流到崇文门外东兴隆街教育部招待所去休养。我轮到一次，时间是1961年1月27日到2月7日，共十天。休养，不工作之外，饭食还略有改善，记得副食中有些带鱼。显然，仍不能填满肚皮；还有，即使能够吃所欲吃，正如今日许多丰满佳人之减肥，也决不能十天八天就立竿见影。糟糕的是还带来意外的苦，是便秘，有一天最厉害，凝聚在直肠里不下，憋得心慌意乱，最后还是自己动手，才过了这一关。祸不单行，家门之内，妻也胖了。街道也推行改善副食之法，妻可以自带主食，中午往街道食堂去吃一些带鱼。记得一天中午，窝头出锅，她拿三个（粮三两），将要起程，我实在饿极了，忍不住，说："我尝一口行吗？"她递给我一个，说："你吃吧！"我咬了一口，约是一个的三分之一，还没下咽，唯心的恻隐之心忽然冒出来，也就不敢再咬第二口。这件小事使我有所得，是如果还有机会面对学生，讲"民以食为天"，自信必比别人讲得好。也有所失，是妻记忆力并不很好，唯有这一件却记得清清楚楚，而且喜欢重述，述则绘影绘声，以换取听客的欢笑，我则只能陪着苦笑。

古籍有云，"穷则变，变则通"，浮肿，长期不愈，终于来了转机，是1961年年底，领到一个"乙字购买证"，凭证，每月到指定地点，可以买肉二斤（可以折合量稍减的猪油，北京通称为大油），鸡蛋二斤，黄豆二斤，糖一斤。证不是发给人人，我们社只发到编辑七级。1956年评级，六级及以上算高级知识分子，我评七级，是低级知识分子，不知道为什么，这次的照顾竟由高级下降一级。但既已占了意外的便宜，也就可不问原因，安然享之。其后是珍品买到家，如何利用，还要费斟酌，因为门内能吃之口有七，其中还有二老。谢贤妻英明，处理此事，未用《孝经》而用《孙子兵法》，是只让我一个人吃，以便从速恢复，支持这个七口之家。我同意她的决策，就安然独享这个"乙字"。这时期，或说其前及其后，大则全国，小则单位，也都在多想办法，生产、搜罗可以充饥的，记得上班，常常分得白薯、蔬菜甚至肉和糖之类。又过个时期，经济规律表了另一种态，街头可以买到炸油饼，有闲心，可以坐在小吃店吃豆腐脑，饥饿的苦难就渐渐过去了。可悲的是，有不少人竟未能度过来，只说两个至今还未能忘怀的。一个近，是住在同院的王疯子，我在《王门汲碎》(收入《负暄琐话》)一文中曾提到他，人不坏，因精神不正常而过孤苦日子，饭量大，未能忍过来，死了。另一个远，住在白洋淀，是妻的二叔父，《五异人传》中人物，乐天派，穷得走长街卖烧饼还边走边唱二黄。常希望我们阔了，他来给我们做饭，吃红烧肉和清蒸鱼。我们终于没阔，他等不及，于人人都没饭吃的时候走了，带着他的吃红烧肉和清蒸鱼的愿望。

饥荒说完，又是出于爱国家、爱民族之诚，想说几句个人的感想。我们都相信因果规律，饥荒是果，必有因，这因，任何人心里都明白，是"大跃进"的胡来。又语云，前事不忘，后事之师，显然，无论由义的角度考虑还是由利的角度考虑，都应该承认人为有误，不应该诿过于天灾。诿过是不诚，还会发展为文过，如大家所见，有的人略表规谏之意，就罢了官，沦为"反"，终于难得活下去。所有这些，事过之后，为了将来，是明辨是非好呢，还是装作没有那么回事好呢？我是希望大家都学习子路，人告之以有过则喜，改，以求我们的后代不再有饥饿之苦。

迎母送母

前面已经提到，因为家乡改为吃公共食堂，人人食不能饱，妹妹把母亲接到天津她家里住，其时是1958年10月。约过三个月，母亲曾患病，我往天津，跑医院，幸而很快就平复。旧时代，老太太心理，住所以家乡为最好，因为，不管如何简陋穷困，那三间五间房是她自己的。万不得已，出外就食，如果既有子又有女，择地，就会有情和理（或礼）的不协调。依情，住在女儿家，心里舒服，因为主家政之人是自己生的，连看着也顺眼；到儿子家就不然，主家政的是儿媳，别人生的，不是一个心，就处处觉得别扭。可是还有理在，依理，吃儿子硬气，吃女婿不硬气，何况正是家家闹粮荒的时期呢。所以母亲在妹妹家住约半年，就来信，说既不能回家乡，还是到北京住为好。为了每月的口粮，我急于办迁移户口的手续。家乡人朴厚，热心奔走；北京方面，单位和派出所都通情达理，所以时间不长，没遇到什么困难，母亲在北京也就每月可以领到二十几斤粮票。记得是1959年的春季，我和妻二人往天津，把母亲接到北京来。母亲晕车，所以故意坐晚七八点钟开的车，拉下车窗帘，以求看不见动。这个办法还真生了效,母亲未呕吐,平安到了家。其时正是热火朝天大炼钢铁的时候,过杨村、落堡一带,常看见路旁火光冲天。对于宗教性质的狂热,我一向没有好感,想到自己也要装作有宗教热情,反而觉得母亲的不见不知也大有好处。

母亲来了,也有她的衣食住行的问题,幸而都不难解决。衣,家里的(土改以后置备的)都带出来,几乎用不着添什么。人一生,食方面消耗最多,也就花钱最多。可是母亲面临的问题不是花钱多少的问题,而是能不能吃饱的问题,因为粮食不贵,而只许买二十多斤。她是借了年老、饭量小以及一生简素养成习惯的光,在别人都饥肠辘辘的时候,她却吃饱了。前面也说到,因为缺粮,家里吃饭改为法治,人人吃自己的定量,中青不够,母亲却够了。食无鱼肉,中青很想吃,她却不想吃。她也有所想,是妻有一次,出于孝敬婆母之礼,问她想吃什么,她说:"就想吃点杂面汤。"住呢,其时年长的二女已经长期在学校住,北房四间,由东数第二间用木板铺成靠窗的大炕,多睡一个人也不觉得挤。还剩下行,就更不成问题,因为至远走到院里,看看花木。总之,在北京住四年,应该说没有什么困难,或学官腔,是安适的。

可是推想,她的心情不是安适,而是有愿望不能实现,无可奈何。这愿望是回家乡,吃自己的住屋上有炊烟的饭,也许还包括寿终正寝吧?有时家乡来人,就想得更厉害,说得更勤,理由是村里人能住,她也能住。我理解她的心情,曾写信问刘玉田表叔。刘表叔回信，说家乡很困难，千万不要回去，大概是1961年吧，因为思乡之心更切，想回去，并且说，如果自己生活有困难，就请村里某人帮帮忙。我更多考虑到经济（财力和精力），还是没有同意。就这样，记得住到1962年初，她从院里回来，摔伤了。她多年有个迷糊的病根，摔倒过不止一次，这一次较重，只好卧床休息。养几个月，好一些，妻怕她再摔倒，不让下床。想不到再躺下去，身体就渐渐衰弱，先是转动困难，继以饭量减少。挨到1963年2月初，是旧历的正月，看得出来，她身体更加衰弱，已经到了弥留之际。长兄和妹妹等都来了，在身旁伺候。记得是2月10日，旧历正月十七晚八时，神志半清楚，说了最后一句话，是"我不好受"，断了气，按旧虚岁的算法，寿八十有七。

死生亦大矣，于是就来了如何对待礼俗的问题。最先来的一个是何时换寿衣。寿衣是她自己在家乡做的，既然做了，当然以穿上为是。何时换呢？迷信说法，要在断气之前，不然，就不能带往阴间。我主张在断气之后，因为推想，在离开人世之前的一些分秒，总是以平静为好。准备换寿衣的是我的女儿，念过大学，不迷信礼俗，照我说的办了。其次是烧不烧纸钱，我不信死后还有灵魂，到阴曹地府，路上还要买吃的，以及模仿人世，贿赂小鬼等等，也就没有烧。入夜，遗体旁要有人看守，我与长兄分担，各半夜。轮到我，我就躺在母亲旁边，心里想，孔子说，"子生三年，然后免于父母之怀"（《论语·阳货》），我可以算作知命之后，方免于父母之怀了吧。

一个争执最多的问题是用什么葬法，具体说是棺殓之后入土还是火化。记得罗素在《怀疑论集》里曾说，世界上所有的民族都认为自己的结婚形式最合理，其他都荒唐可笑。葬礼当然也是这样，我们的传统是入棺然后入土，这就成为最合理，与新法火化相比，还有优待的意义。对于养生丧死，我一向认为，人死如灯灭，一切问题都是生者的，所以应该多考虑养生，至于丧死，以简易为是。火化办法简易，所以应该说比入棺（耗费木材）入土（占耕地）合理。可是许多有关的人（包括邻里），尤其妹妹等，头脑里只有传统而没有罗素，当然主张仍旧贯。对于道理与习俗的不能协调，我也知道，纵使自己之"知"重道理而轻习俗，"行"则至多只能"允执厥中"。所以我先是也想勉为其难（多耗财力和人力），可是遇到困难，因为其时已经难于买到棺木，又入棺之后要往家乡运，找车既困难又很贵。针对这种情况（为迁就习俗而生者受苦难），我当机立断，用新法，火化。把此意说与长兄，他大概是以为，入棺固然好，既然有困难，火化也未尝不可，就表示，一切由我做主，他没有意见。以后就照我的决定办，于次日上午到派出所销户口，到殡葬办事处办火化手续。下午殡葬办事处来人，把遗体装入红漆棺，抬上大板三轮，运往东直门外幸福村的火葬场。我骑车随着，算是把母亲送到人生的终点。这期间及稍后，妹妹曾来电报，反对火化，并动员家乡的亲戚来信，劝我仍用旧法。我都作复，表示我的生母，生，我养，死，我葬，善始善终，我认为没有什么不合适。是二三十年之后，听家乡人说，其时用火化，乡里人都当笑话说，及至听说许多大人物死后也火化，渐渐，农村也多用此法，才改为说，还是人家念书的，事事走在前面。我听了一笑，是因为万没想到，我们那个小村庄也有所谓恢复名誉。

火化之后，还是我骑车去，取回骨灰，因为还得算作母亲的遗体，放在我屋里。处理骨灰，用了旧说"入土为安"之法。时间选在清明前的3月28日，先通知家乡人在父亲墓旁挖坑，至时由世五大哥陪伴，乘长途汽车至大孟庄，步行，近午到村西北的坟地。坑已经挖好，村中邻里并备了祭品。祭礼毕，把骨灰罐放在父亲棺旁，由我先扔一铲土，然后乡里人一齐动手，堆土成坟。就这样，我算是把母亲送走了。由乡里人看，她终于回了家乡，可惜是她自己已经不能知道。

明日难明

用此标题,是想说切身的,或说小事,可是忽然联想到己身以外的泛泛,成为大事,顺水推舟,也就说说。由主观愿望方面说,人在世间度日,都希望自己先则能知,继以选择,然后实行,用今语说是能够掌握自己的命运。仍以小事为例,晨起,上街买菜,心里想,黄瓜是嫩的好,头顶黄花的嫩,这是能知,然后是挑带花的,再然后是决定买几条,付钱,从头到尾都是由己。可惜是许多事不能像买菜这样都由己。比如说,有生就有死,古人慨叹"死生亦大矣",可是偏偏这两桩有关开头结尾的大事自己就不能做主(结尾有极少数例外)。这是人力难得对抗自然,因而就不能不从古人,"畏天命"。对于自然,今人了解更多,所畏也就更多。比如由近而远,顺着杞人的思路遐想。室内读书,林中散步,我们就难于知道,一刹那之后会不会地震。其他天灾还有旱涝、水火、龙卷风等等。其后就跳出我们这个并不很大的地球,想,偏于实的,会不会飘来另一个天体,与我们这个久住的家相撞?偏于玄的,万有引力会不会突变,以致我们这个地球成为无所依?还可以更玄远,想到我们这个"物质"宇宙,会不会真有个"反物质"的宇宙，忽而两方生爱恋之情，靠近，相亲，未经历时间就化为零？同类的可能还有很多，你认为不可能吗？拿证据来！拿不出证据，我们就只能说不知道。承认不知道，就等于承认我们不能掌握自己的命运。

但道德哲学中有一种认识，是"应该"蕴涵"能"；就是说，凡是应该做的都是我们力所能做的。所以由此推论，非己力所能及的，也就可以不费心思。如另一个天体有可能飘来，把地球撞得七零八落，甚至粉碎，我们也只好不管它。这样，我们就把使我们不能自主的几乎全部属于自然的力量都开除出去，纵使我们也会受它的迫害而流离失所，甚至结束了生命，我们还是只能顺受而无怨。迫害力之来于"人"的就不是这样。但这方面的情况很复杂，如何对待就难得简单化。古人说，"饮食男女，人之大欲存焉"，专由这一点出发，像是也可以设想，为了活得好，饮食，男女，都以个人能自主为好。可是，饮食，馅饼不能由天上掉下来，男女，姑且男本位，都愿意西施走入自己的金屋，西施却未必肯来。于是问题就由"个人"扩大为"社会"，人的自主愿望或权利就不能不打些折扣，或说受些限制。以住所为例，在苏州有个家，不坏，但不能十二亿人都到苏州去住。再以职业为例，充当什么节目主持人，可以出风头，再高，什么长，可以用权甚至卖权，可是总不能人人去充当节目主持人，任什么长，或从另一面说，总得有人做处理死者、扫街等工作，所以也就不能百分之百地自主。不能百分之百，就应该百分之零吗？显然也不然。仍用以事显理之法来说明，比如两种食品，一种是甜的，一种是辣的，张三和李四分着吃，张三喜欢吃甜的，李四喜欢吃辣的，让他们自主，各取其所好，合理，反之，偏偏让张三吃辣的，李四吃甜的，不合理。一个社会，运行，管理，容许其中各个人自主到什么程度，是个大学问。具体，难说，也难尽。只好概括，说原则，是自主的成分越多越好；或换个说法，只要对自己以外的人无害，对社会无害，人人，大至思想走哪条路，中至谋生走哪条路，小至读书，买哪一本，都以能自主为上。这样不会自由过多，造成混乱吗？我的想法，还有运行多年的社会秩序和法管着，自主难得出圈，也就不会造成混乱。仍以住所和职业为例，并现身说法。我总想在乡村有个平房小院，以便在霜晨月夕能够听到鸡鸣犬吠声，可是，一，没有财力和精力；二，碍难改行，也就只能想想作罢。也是因为碍难改行，我多年想投笔，到山林去种果树，也是想想就扔开。还要说说"法"，如果为民选的什么名堂所定，而非出自金口玉言，它就能在自主的周围画个合情合理的圈圈，使自由的野马不会跑到圈圈以外。在不违法的圈圈内可以完全自主，古是理想，所以击壤而歌"帝力于我何有哉"，今也是理想，所谓群体有民主、个体有自由是也。

但理想，至少是有些，总是与幻想距离近，与实际距离远的。"掌握自己的命运"正是这样，就是把来于自然的不如意的力量开除出去，在人生的旅途中，想自主，也会如行蜀道，难于上青天。举己身的经历为证，以四十而不惑为界，可以分为前后两个阶段，前是小学毕业后的将近三十年，后是解放后的将近三十年。先说前一阶段，关于明日，以自主的程度衡之，能不能一言以蔽之呢？曰能，是"碰"加（来于本性的）安于旧贯。何谓碰？解释不是出于马融、郑玄，而是出于吾乡的口头语。中学为体兼用之时，孩子三五岁就定亲，所以生女之家，好事者见其家长会问："有婆家了吗？"如果还没有，答话习惯是走幽默一路，曰："有啦。""哪庄？"曰："碰庄。"其意是还在不定中，待机遇，故曰碰。如此，我考通县师范学校，是碰，考北京大学，也是碰，以及其后的走入此门，走入彼门，混饭吃，都是碰。碰，非自主也，但碰之前，到哪里去碰，之后，保守还是如孟母之三迁（我是惯于保守），还可以掺和一些小自由，学多歌颂的新风，可以说是有些自主或半自主。

能半自主，是因为其时的统治乃行黄老之术，或准黄老之术，在上者所求是安坐宝座之上，刮些钱，享受，其他放任不管。解放后不同了，黄老之术变为法家，不是孟德斯鸠式的，是商鞅式的，大大小小事都由严格而多变的命令安排。说严格，是要无条件服从，还要表示心乐于信受，身乐于奉行。多变呢，包括两种情况。一种，是大大小小的命令，以各种形式，不断地通过传达、报告等渠道下降。用受命者的眼看，命令大致可以分为两类。一类是常规的，大如币制改革，小如节日放假，等等，几乎无限，有个共同点，是为社会的正常运行所必需，依令而行，没有人担心会对自己有什么不利。另一类是非常规的，大大小小也不少，可以总名为运动。分而名之呢，有镇反、肃反、反教条、反浪费、"三反""五反"、整风反右、反右倾、反白专道路、"大跃进"、思想改造、"四清"、审干、下放、武训传、《红楼梦》、胡风问题，等等，也有个共同点，是人人担心，怕反到自己头上。运动频繁，前一个刚刚过去，后一个又来了，是变。还有另一种性质的变，是运动后的落实政策，以整风加右派之冠为例，还有扩大改为缩小，摘帽子之举。单说这运动性质的变，不是由"法"来，而是由至上的灵机一动来，而灵机如何动，是没有人能够预知的。可以不可以用孔老夫子的"不知为不知"之道对待之？曰不可，因为如果来，就有可能砸到自己头上，身家性命，忘掉，退一步，淡然视之，也是做不到的。关心，而又无能为力，表现为心理状态，是不知道"明日"会怎么样。现在，我老了，有机会拿笔，自认为不该说假话，是直到七十年代末，我就是这样战战兢兢过来的。

不知明日会怎么样的心理状态，有一次，还由心理迸发为现实。是1961年的夏天，又刮来一阵下放和精简机构的风。说"又"，是因为这样的风常刮，正刮的时候走几个人，刮过去必来新的，而且比走的多。不过风乍起的时候还是要郑重其事，听过报告，开会，讨论，都大发议论，说精简机构如何必要，下放也是英明措施，如果其中有自己，必欣然奔向新的岗位云云。显然，这是口头，至于心里，推想很少有人真愿意"下"，尤其外地。所以官话说过之后就忐忑不安地等待。我居然就等来，是8月初，编辑室正副主任把我叫到他们的西北小屋，严肃而慢慢（有碍难出口之意？），说下放有我。我点头，表示服从分配。问我有没有困难，我答，先私话，是家不动，我自己去，后官话，是没有困难。又问，大概是到外省教书，山西、河南两地，愿意到哪一省。后来想，应该答山西，因为一是近，二是保守的民风可取，可是一时心里有些烦，竟还是用了官话，说没有意见，服从分配。官话说完，不记得是明白交代还是依例办理，我是照旧上班工作，等待下一步的命令。天下事竟真有意想不到的，等待，一天两天，一周两周，一个月两个月，直到过了半年，还是没有动静。推想，也有人说，一定是"述而不作"了。闷闷，也高兴。当然不敢问，怕万一是忘了，一提又想起来。就这样，在明日难明的情况下一天一天往下过，时间大公无私，终于挨到1966年的"文化大革命"，最大最狂热的一次运动来了，不要说我这微不足道的，就是许多显赫人物——不，应该说，除了极个别的人以外，就都不知道明天会怎么样了。

提起"文化大革命"，不由得想到，如果下放述而又作，我就走进山西或河南某学校，变面对书稿为面对学生，那么，1966年夏大风起兮，学校冒出有生杀之权并好杀的红卫英雄，旧账从头算，我的小命就必致臭腐于异域，谈经历，也就不会有这后一段的三十年了。这有什么不好吗？在这类事情上，我是宁可躲开形而上，从常人之后，说，想到有死的危险而未死，以致"红色恐怖"过去之后，还能以身心，以语言文字，与我尊敬的、爱慕的，许多人结缘，就不能不视说下放而未下放一事为天大的幸事，也就不能不向虔诚的佛门老太太学习，多念几声南无大悲观世音菩萨。

　　以上多种事和理的情况，能不能使我们获得一些教训，或说明白一些道理呢？大道理不好讲，还是由感情方面说，比如有两种社会环境：一种，由至上的一人灵机一动，多以运动的形式发布命令，要求绝对服从，其下的亿万人都感到明日难明；另一种，由"法"发布命令，法之下的人人，都能自己决定明天后天怎么样，不知道乐于山呼万岁的人物如何选择，我是毫不迟疑地选取后一种的。

天降下民

这是《孟子·梁惠王下》篇里的一句话，其下还有话，是"作之君，作之师"，原意是上天有爱民的善心，既生之还不罢休，接着又送来管辖他的君主，教育他的老师。我不止一次说，孔、孟是理想主义者，所以在冰块之上也能看到一些温暖。我的思想杂七杂八，勉强说近于怀疑主义者，如对于"作之君"的君，一向认为也是充满欲望的动物，如果手中拿到权而没有限制的力量，就必致滥用其权，做害人的坏事。对于天呢，我是宁可信老子的，他说："天地不仁（仁，可解为慈爱，也可解为觉知），以万物为刍狗。"刍狗是用柴草做的狗，祭祀时用，用完就任其毁坏。这样说，我是想到天，也勾起一些牢骚吗？还不只是牢骚，或者说，主要是感伤。因天道（也可称为定命或机遇）而有所感，甚至有所悲，这种心情，存之久矣，也想找个机会说说，恰好六十年代前半，与两位姓宋的弟子行辈多有交往，其性格和经历可以由事的方面显示天地不仁之理，俗语有云，借来的牲口有劲，所以就不避取巧之嫌，请他们二位充当代言人，说说我的久藏于心的不尤人而怨天的一些无可奈何的感叹。

一位是男性，交往多，关系近，姓宋，名君颖，京北昌平县人。他值得提出来说说，是因为天赋方面，我觉得罕见，很怪。最突出的是固执加迂阔。其下有多种不调和。喜读书，念得不坏，年轻时候还写过一些，爬上报刊的版面，这证明他有不低的聪明，可是推理，处事，经常表现为很胡涂。幻想很多，像是有大愿望力争上游，可是行事总是脱离实际，百分之九十九以失败而告终。爱好非常多，爱诗爱文，爱花爱树，爱鸡爱鸭，爱猫爱狗，并进而搜求，养，可是没有地力、人力和财力的条件，所以也大多是喧闹一阵而告终。重德，主观总是以善意对人，可是固执和胡涂的力量太大，给人的印象是乖僻，不容易和平共处。有名士气，希望门内有才女红袖添香，门外有长者车辙，以诗文为衣食，创造名山之业，可是环境总是不如意，又不幸而饭量特大，以致多年不能填满肚皮。总之是几乎一生，心都是飘在天上，头则不只在地上，而且不断往硬壁上碰。

泛泛的鉴定完，还应该说些具体的，以期未得识荆的人能有个更清晰的印象。他是1936年暑后，我在北京进德中学代约一个月国文课时期的学生。我当然不记得他，是1937年的暑假以后，我们夫妻二人因七七事变不能回保定，住在北京大学东斋对面的中老胡同，有一天出门回来，先走进东老胡同，路北一家门口站个年轻人，迎上来说话，说他是我的学生，名宋君颖，暂住在这里。他中等身材，偏于丰满，圆睁眼，声音粗，恭谨，总是非常认真的样子。问他为什么住在这里，他说是不上学，无事，不想回家，所以租房住。看样子也很穷，神情是走投无路的样子。以后，或者说，是直到八十年代他生病，艰于走路，情况才有变，都是忽而断一个时期，接着就踢破我的门槛。断的时期都是离开北京，通常是回昌平家乡钟家营；有一次时间长，总有一两年吧，回来说是到了解放区。到了解放区而无所遇，我想原因还是他的固执加迂阔，不能入其国，随其俗。还是说在北京，解放前无业，曾由我介绍，到外县去教小学，仍是以北京为据点，放假就回来。解放后在北京有了职业，都是教书，也许常换地方，只记得有普通中学，还有幼儿师范。下课之后，待不住，惯于到我这里来，如果钱袋不空空就买酒，一面喝一面发谬论。我很少同意他的谬论，但欣赏他心好，尊师有礼，所以还是欢迎他来。有时还偏于优容，比如我不赞成他大量养花，养葡萄，尤其养猫，可是有花种，有小猫，还是给他留着。这样说，对于他，我是认为"孺子可教"吗？曰，正好相反，因为更深知，他的固执和迂阔来于天，绝不是人力所能左右的。空口无凭，有许多可资谈助的事为证，不好过多地占篇幅，依祖传以十为满之例，由轻到重举十件。

（1）有一次，是冬天，他来我家。只我妻和我岳母在家，他留下一顶蓝布棉帽子，说："师母，我这帽子太小，您给我改大点。"妻照例表示随和，说："好。"晚上，孩子回来，知道此事，都大笑，说："大改小可以，小怎么能改大？"

（2）已经是八十年代，他年过耳顺，一天傍晚，到燕园我的住处来，一进门就郑重声明："今天是给外甥女送复习材料，不能在这里吃晚饭。"我问他为什么,他说:"怕人家说,我是借送材料来找饭吃。"我觉得又可气又可笑,教训他:"我不知道你还要胡涂到什么程度!你哪回来不吃饭?"他说:"不管您怎么骂我,反正我不能吃饭,因为是送材料。"就这样,我们吃,他在旁边坐着,人人觉得不通人情,他却自以为是。

(3)大概是五十年代中期,不知道他是怎么想的,到我家里来,大宣扬应受苦的革命之道。我可怜他胡涂,告诉他受苦、忍苦只是手段,不是目的。他照例固执,还争论,我说:"如果目的就是受苦,那就不必革命、驱逐蒋匪帮了。"他像是陷入沉思,没说什么。

(4)也是那个时期吧,郭沫若写《李白和杜甫》,说李白高,杜甫低。他不能忍,写万言书寄给郭。当然没有回音,他再写。我批评他过于迂阔,他说他学诗,杜是他的恩师,恩师被贬低,他一定要斗争到底。

(5)是"文化大革命"之后了吧,不知道怎么一阵发神经,他忽然有了宜于迁都(往西安?)的想法,而且立即形成大套的理论,得机会就宣扬。可是机会不易得。一次是听同事蔡公说,民盟开会,他们在一组,已经时间够长了,都盼着快结束,他抢着上台发言,先发牢骚,说不安排他发言,是压制舆论,只这点意思就说了十几分钟。然后转入正题,还是迁都怎么好,如何必要。蔡公说,大家都烦腻得皱眉头,可是没办法。另一次,忘记听谁说了,其时他在西直门外某中学任课,学校以他身体不太好为理由,没有给他排课。他有怀才不遇的感伤，学廉颇，赵国不用，到魏国，自己给几个学校写信，说愿意义务去教课。居然有个学校来请，去了，上课，大概又是宣扬迁都理论，据说是一堂没上完就被学生轰下来。

（6）是"文化大革命"的后期，一次到我家里来，说他多年来苦于没有信仰，这下子可好了，找到信仰。我问他找到的是什么信仰。他说是共产主义，接着说理由，是他一生反封建，现在批孔老二是反封建，与他志同道合，所以他信了共产主义。我问他："你知道孔老二是有所指吗？"他愣了一下，说："反正我要批判孔老二。"

（7）是四十年代，他无业，生活没办法，我介绍他到武清县大良镇去教小学。校长是我在通县上学时期的同班同学，时间不很长就传来消息，春天，他买小鸡养着，死了一只，就在操场为小鸡修建个茔地，起坟堆，还用供品祭祀，一时传为笑谈。接着，不知道校长怎么惹着他了，他大怒，到县里告了校长一状。就这样，不久饭碗就砸了，我还要向人家解释，道歉。

（8）还告过一次状。记得是1956年，职工普遍评级，他一贯自视甚高，跟我说，如果不评他为某一级，他就提出抗议。我以身教之，说任何事物的定价，严格讲，权是在买主手里。所以我是即使降到最低，也必欣然接受。他不言语，表示心里不以为然。不久，评的结果公布，他没有如愿，大怒，到教育局告了校长一状。其后到我这里来，含着胜利的微笑，说："张先生，您的话我都信，可是这回您错了，我告校长一状，虽然评级的原案没改，可是校长路上遇见我，远远地就点头微笑。"我听了，也一笑，说："你等着吧！"

（9）果然就等来。是1957年，整风的风刮起来，一次，我往东安市场，路过东华门大街，遇见他。我跟他说，你迂，不通世故，要谨慎，不可乱说话。他说："您放心，我到过解放区，情况都明白，不会惹祸。"别后，记得只是过了几天，他来了，垂头丧气，说后悔没听我的劝告，已经戴上右派的帽子。当然，也就难得摘下去。

（10）因为思路和行事多反常，结婚三次，离三次。室内的冲突，外人难于知道底细，只说可知的。第一次找的是个本乡本土的乡下姑娘，不识字。他想培养她，教她识字，教她写字，希望有朝一日能够作诗。显然这是注定会破灭的幻想，但他不能退让，不能容忍，于是离了。第二次、第三次找的是有知识的教师，相处，都是诗意不很久就变为敌意。敌意如何形成？只听到一次女方的诉苦，是一次出门，比如女方已经披上一件毛衣，他说应该穿那件绒衣，强迫女方换。女方觉得如此干涉未免过分，不愉快，想不换。他坚决不答应，说不换就不出门。女方更不愉快，也就变为强硬，于是出门计划变为争吵。可以想见，以后的争吵就越来越厉害，女方难于忍受，分了手。这样，总而言之就成为，他的幻想是一生都能够红袖添香夜读书，实际却是多半生过对影成二人的生活。他也感到孤寂，有时向我诉苦，我恨铁不成钢，不留情面，就说："你也想想，离婚三次，都是人家不好？"他沉默，推想心里还是未必承认自己有误。

如以上所描述，他拖着这样的天赋，一步一步往前走，越走路越窄，终于目所能见只是自己的一子一女，带着自以为是以及永远不能实现的幻想，活到九十年代，离开这个世界。再说另一位，是女性，姓宋，名桂英。严格说，我同她没有直接关系，谈过话，是公事性质的。这情况可以换为具体说。四十年代初，我滥竽于北京大学文学院，她在文学院念中国文学系，我没教过她。二十年以后，即六十年代前期，为了了解语文教材的使用情况，我们多次到二龙路中学去调查，听课，开座谈会。到那里才知道，原来宋桂英在这个学校任语文教师。有些接触，印象是人温厚，功课不坏，教学生认真负责。知道她与文学院同班同学徐守中结合，因为与徐守中没有来往，也因为见面只是谈公事，没有问徐守中的情况。是"文化大革命"的风停息之后，大概是1977年或其后吧，不记得何因缘，我同徐守中有了接触，可是到他的住所武定胡同（原名武定侯胡同）去闲坐，则是在宋桂英作古之后。关于宋桂英的情况，所知也只是为保家而献身的一点点，都是徐守中同我说的。

那就重点说宋桂英。手头有一本《国立北京大学文学院民国三十二年毕业同学录》，恰好是宋桂英毕业那一年的，收有宋桂英的照片，穿学士服，戴学士帽。烫发，瓜子脸，戴（近视？）眼镜，面清秀而风度温婉。照片下印四行字：第一行"宋桂英"，第二行"廿二岁"，第三行"河北清苑（按即保定）"，第四行"清苑新民南街四十四号"。知道她是保定人，1921年出生。毕业后就到二龙路中学吗？没问过她和徐守中。以下说关系重大的。徐守中是滦县人，比宋桂英大五岁，也是功课不坏，因而有些名士气，或说傲气。在北京东城某中学教书，因为有傲气，整风之风一来就被刮倒。而且倒得厉害，其后就被赶回老家去放牛。三个孩子的养育责任都落在宋桂英的肩上。她没有向原则性强的人物学习，与徐守中划清界限，而是相反，于养育孩子之外，还照顾这牧牛童，使他的生活不至太苦。一个人养五口，就是巧妇，也很不容易。办法是自己尽量刻苦，吃坏的，而且少吃，衣服能不添就不添。累，苦，有眼泪往肚里咽，这样度日如年，一忍就是二十年。"文化大革命"的人亡政息，终于等来落实政策，徐守中的"右派"之冠摘了，户口回北京，恢复了退休待遇，孩子长大成人，能够自食其力。境遇是由深渊一下子升到南天门，都以为其后就可以夫妻对坐，唱风雅之后的颂歌了。万想不到会飞来意外。是1978年秋季吧，有那么一天上午，一个朋友给徐守中送来一张当天下午的电影票，至时徐懒怠，不想去看，宋桂英说扔了可惜，她去看。穿上衣服出门，到街西口外，上南北向的大马路，一辆吉普车驰来。推想是她近视，年轻的司机慌张，一下子就撞到她身上，伤很重，送到医院没救过来，作古了，没有活到六十岁。

可以想见，死者已矣，生者受的打击是如何大。是几个月之后吧，我见到徐守中，提到宋桂英，他说，宋的品德，以及对他，不是一般的，忍辱负重二十多年，刚好转，竟这样悲惨地死去。他万念俱灰，说不断有人找他干点什么，他一概谢绝，因为没心肠。他写了些悼亡诗，给我看。我想到他的处境，想到宋桂英的为人，也悲伤，秀才人情纸半张,还写了一首五律,送给徐守中,以略表悼念和安慰之意。诗云:昔读风帘什(元稹悼亡诗有"风帘半钩落,秋月满床明"之句),今闻薤露歌。地宫终杳漠,天道竟如何。对镜惊余粉,临流叹逝波。尧封(喻乐土)慕和靖(宋林逋以梅为妻),策杖老烟萝。尾联是劝他想开点,我自己也知道是局外人的风凉话,殊少生效的可能的。果然,不很久之后,他终于不能策杖老烟萝,而是撒手而去,从宋桂英于地下了。

但这首诗颔联的下句"天道竟如何",在我却是分量很重的。这可以用于宋君颖和宋桂英,两个人本质都很厚,可是也是天道,竟使其中一个,一生不能清朗,另一个,能生于苦而不能生于乐,"天之报施善人,其何如哉?……倘所谓大道,是邪(耶)非邪?"(《史记·伯夷列传》)叹息完,还可以扩大,用于一切人,想想,"生年不满百",无忧无虑,能有几天呢?所以谈到人生,我虽然不能如悲观主义者叔本华那样决绝,却同意他称"民吾同胞"为"苦朋友"的想法。我们被动有了生,且不提有迷信色彩的命运,也总是不能不受机遇的大力的摆布。在人生的路上,我们像是有能力远望什么理想之境,并以意志之力选定往哪里走,但能到不能到,就还要走着瞧;而必能到的一个地点,贤愚、贵贱、贫富所同,只是死而已。

但这只是我对人生认识的一个方面,是放在"天地无私"的秤上称,不要以为自己会有过多的重量。还有另一个方面,是只要重量不等于零,我们就应该求这不等于零的小数目,能增加则增加,不能增加，也要防止它下降。改为由具体方面说是应该尽量求苦少一些。苦有来于天的，可另案处理。我的认识，绝大多数还是来于人，如多次运动，尤其"文化大革命"，我们所闻、所见、所经历，就是这样。如何对待？前事不忘，后事之师，已受的苦，既成事实，我们无可奈何；重要的是未来，为了不再受那样的苦，我们都应该尽力，先明因果之理，然后坚决舍去恶因，以求能得善果。

拮据之苦

这本书,以"伤哉贫也"为题,已经写了两次,拮据,亦贫也,难道我就不怕读者厌烦吗?予岂好喊贫哉,予不得已也。这是说,实况是贫,我就欲夸富而不得。还可以加个理由,是我所谓"拮据",意义与贫不尽同:贫是阮囊经常空空如也;拮据则是常常有一些,可是一小盆粥有几个和尚吃,嘴都能沾一点,却不能饱。不能饱,既带来身的苦,又带来心的苦,新风,有苦要诉,其后还有忆苦思甜,所以也列为一题说说。

时间大致是"文化大革命"之前那一小段,就说是三四年吧,我的家庭情况或说生计情况有了些变化。老一辈,我的父母先后走了,三口减为一口;幼一辈,长、二、三女陆续大学毕业,有了工作。吃饭的少了四五口,又循姑娘挣钱,多给娘家少给婆家之例,我的收入还多了一些,所谓两面"加功",应该说,情况会大大好转。稿酬的外快也没有断,记得还有化零为整的,如独力编的《文言难字注音》(商务印书馆出版)、合力编的《古文选读》(与周振甫等合编,中国青年出版社出版)就是。开销减少,收入增加,由会计学家算账而后结账，总当有盈余，从而喜笑颜开了吧？然而不然。原因为何？以下慢慢说。

先说点近于题外的，是居家过日子，开销像是并没有缩减多少。原因不是自己（包括家里人）的衣食住行因手头稍从容而升了格。在这方面，正如思想改造中，我是顽固分子，不只衣冠，扩大为食用等等，也是惯于不改旧家风。来由有唯物的，是粗茶淡饭惯了，改为食有鱼，肠胃反而不好过。还有唯心的，力更大，是觉得把精力和财力耗费在这类地方，清夜自思，有愧于屋漏。可是实况是与整风、"大跃进"时期相比，口腹之欲常常有所改善。这是因为寻常步行、骑自行车之客，整风时期寝食不安，"大跃进"时期知道我无力杀鸡作黍相待，旧雨也不来，而现在就常常光临。光临，就照例要面对喝两杯，喝就要备一点点下酒之物。有如此闲情，是因为"圣代即今多雨露"吗？非也，是因为多次运动中锻炼，都有所得，这所得是轻，偏于情，得过且过，重，移向理，或说亦道也，苦中作乐也大有意味。还是转为算账，常有意味，就不能不多开销一些。且说苦中作乐的开销，还有另一种由来久矣的，是仍买长物甚至更多买长物。这有原因，可以分为远近两种。远是"天命之谓性"加后天的习染，比如看见，大至法书名画，小至一粒雨花石，没理由，就是爱，爱就愿意得而藏之，这就不能不花些钱。还有近因，是社会环境过于冷酷、颠簸，愿意在其他方面开一条小路，或辟一块小天地，以求取得一些温暖和生意。可是这时期，长物的来源已经由多变少，出身则由低变高，具体说是想得，就只能出入几家国营的文物店。货的价格也高了，原来逛地摊，逛小铺，两三块，甚至两三角，可以买一件，此时不成了，少则几元，多则没有边儿。我为财力所限，价过高的当然不敢问津，但分明记得，有些件，其中有法书，有砚，价是高到二十元的。这事实上是升了格，也就不免多耗费些钱。

当然，仍是为财力所限，升格是有限度的。这有时也会带来拮据之苦，只举两事为例。一次时间较早，是到琉璃厂李万通那里看存砚，拿出一方，端石大西洞，清中早年坑，不规则的圆形，直径约七寸，厚将及一寸，无款，没有刻什么花样，古朴，正反两面同样温润到粘手的程度，石质花样多（青花、鱼脑、火、捺等俱全）而鲜明，我平生见端砚不少，论石质当以这一方为第一。知道价必特高，问，他说不想卖，如必欲买，不能少于一百元。天老爷，其时名人真款的砚不过二三十元，上百，用不着考虑就请他收起来。可是事过境迁，有时以各种机缘接触端石，就不免想到那一方，也就不免兴起"伤哉贫也"之叹。另一次时间较晚，已经是"文化大革命"之风快刮来的时候，一天下班，路过地安门外宝聚斋，进去，看里屋南墙挂个大条幅，绢地，李因画的荷花鹭鸶，很精，有尘外气。李因是明末的才女，嫁海宁名士葛徵奇，与黄皆令等都是当时的出名人物。当然想得而藏之，可是看定价，三十元，舍不得，也就因手头不宽松而交臂失之。

以下才算入正题，有不少人求助，或不求而依理或礼应该助，也就助，可是力量有限，数目不能大，其结果是我的生计不能不多少受些影响，而对方，有的不满足而无怨，有的则不满足而有怨。情况千变万化，由与己身的关系方面看，大致可以分为两类，借用口头常说的"亲友"，一类有血缘关系或有婚姻关系（指因夫妻关系而成为亲属），是亲，没有这样关系的另一类是友。先说"亲"，有不少患贫，其中有的不只贫，而且病。亲，关系有远近，远的也可能张口，近的则必张口。张口之"来"，也是来而不往非礼也，只好量力给一些。因为不能多，难得救苦救难，换来的常常是怨气，甚至表现为怨言。解释吗？怨者会说："你怎么活得好好的？"也就只能忍吧。还要说说来而不往的，记得是侄甥辈结婚，说需要买这个买那个，修整这个修整那个，钱不够，求支援。显然，这就非小数所能办，我无此能力，也不赞成在这类事情上铺张摆谱儿，就直言谢绝，并举辅助理由，说我的女儿结婚，未张口要钱，因为她们知道我没有钱，即使有也不愿意花在这方面。不给是我的权利，还讲讲道理是我的有所求，是求对方能够谅解。但有时我也想，与其这样费唇舌，劳而少功，就不如由口袋里掏出三百五百，助，换个皆大欢喜。问题是口袋里经常只有一点点，而用钱之处非一，纵使有大方的愿望或幻想而事实则难于做到。有愿望而不能实现是苦，心不安的苦。这样的苦，最突出的表现在妻的二叔父身上。他是个刘伶式人物，不能齐家，经常很穷，而且无依无靠。他不止一次跟他的侄女说："你们什么时候阔了，我去给你们做饭。"不幸是我们始终没有阔，他不能等，于"大跃进"的挨饿时期死了。就记忆所及，我们没有给过他一文钱，真是愧对他想来我家掌管厨房的好心了。这是因拮据而有的愧。还有，纵使很少，因拮据而生的怨气，是有时听到怨言，曾想，我自信既无天赋又无人赋（如生于富贵之家），可是不少人认为我应该把他或她放在我肩上，为什么没有一个人有相反的想法？看来理是没有什么可讲的，那就还是行祖传的养生之道，认命吧。

再说另一类的"友"，有同乡，有同学，有同事，以及其他多种因缘认识的。幸而穷困的不很多，又因为依传统，没有亲属关系，少通财之谊，来求助的不多。但也总会有一些，或相交年深日久，关系变为很近，或落魄年深日久，脸皮变为很厚，或甚饥而不能择食，就断续登门求助。也是为能力所限，难得多到使受助者不再有困难。这有时使我想到《世说新语·德行》篇记的一件事：

（东晋）王恭从会稽还（建康，今南京），王大（王忱）看之，见其坐六尺簟（竹席），因语恭："卿东来，故应有此物，可以一领及我。"恭无言，大去后，即举所坐者送之。既无余席，使坐荐（草垫子）上。

就感到有些古人的高风，我与之比，相差很远，也就不免于汗颜。这里要加个小注，以期汗颜的次数不至太多。比如有个同乡石君，略小于我，小学时期同学，多年敬我为兄长，可是不务正业，各处跑，弄

543

点钱就忘其所以,所以经常穷到没饭吃,到北京就必来找我,要饭钱,要路费。我也就只给一点点饭钱,甚至连劝他改荒唐为本分,或回家的话也不说,因为知道必无用。像这样的,我帮助他很少,却于心无愧。再举另一位,是同事龙君,孩子多,负担重,而几乎毫无所能,所以不是常常穷困,而是永远穷困,也就不断来,说是借几元钱。借,未必不想还,是必无力还。像这一位,我就不得不引用《孙子兵法》,"知彼知己",给一点点钱,明知买饭不饱,买酒不醉,也就算了。不能这样草草了之的是大学同学李九魁兄,我们不只有学生宿舍同屋之谊,而且若干年,交往很多,相知很深。他用功,语言文字方面造诣不坏,可是天性有些迂阔,缺乏"处世奇术",以致先则失业,继以离婚,只能困守一所小平房。我当然要帮助他,但现时回顾,未能向先贤子路看齐,什么什么都"与朋友共"。未能,原因的大部分是客观的,即囊中经常不充裕是也。

不充裕,有所愿而不能使之成为现实,就产生苦,拮据之苦。这有时使我想到治平的大问题,或说社会问题,具体说是,仅仅为自己的心安也好,多数人没钱不如多数人有钱。仍打小算盘,比如情况是多数人有钱,"我独无",依照概率论,我的亲友就多数是口袋鼓鼓的,不到我这里来告帮可不在话下,说不定还会发恻隐之心,周济我千八百的吧?我不懂经济,对于近年的改革开放不敢说评论的话,但看现象,以我们的家乡为例,多年吃不饱,现在能吃饱饭了,再看我的周围,有不少人发了,或兼及大多数,是都不那么穷了,那么,不放弃子曰诗云的旧习，说"既庶（人多，古代人口少，故以多为好）矣，又何加焉？曰，富之"（《论语·子路》）就对了。还可以推论，"大跃进"，继以"文化大革命"，闹得"四海困穷""老弱转乎沟壑"，是错了。但对了就不再有问题了吗？也不然，因为还是子所曰，"既富矣，又何加焉？曰，教之"。用现在的话说，是唯其钱多了，更要讲精神文明，以求钱神保佑天降之下民，对己，不堕落，对人，不欺压危害。这比"既庶矣""富之"，也许更不容易吧？所以说句泄气的话，为政，还是应该谦虚谨慎，看准目标，试探着往前走，凭幻想胡闹是必没有好结果的。

山雨欲来

题目来自唐许浑咏《咸阳城东楼》的一首律诗，颔联是："溪云初起日沉阁，山雨欲来风满楼。"有如杜诗"人生七十古来稀"之类，这"山雨欲来风满楼"一句也走运，由书本跳到人的口头，以表示世间的一种境，或大或小的祸乱将至，已见预兆。明眼的读者会立即觉知，我是要写"文化大革命"中的经历。正是这样。但这有困难，而且不少。其中一个小字号的是事多而杂，且是二三十年前的，现在只剩一点点模糊的印象，写，就难免，小失，取轻舍重，大失，张冠李戴。幸而手头有一本1986年天津人民出版社出版的《文化大革命十年史》，其中记大小事都时地清楚，有根有据，参考它，至少是涉及大事，总可以八九不离十。困难还有大字号的，来于我们的封建或干脆说君主专制的传统，是至上与小民，有关德和法的评判，用的是两个系统，具体说是，败德和违法，小民要负责，至上就可以不负责；不只可以不负责，还要说这是天经地义。这样，拿笔，写"文化大革命"的各种现象以及己身的观感，就会碰到多层困难。由浅一层的说起，追述往事同于著史，就是不想用春秋笔法，也躲不开春秋笔法，就是说，至少由读者方面看，都寓褒贬，且夫贬，就会触及什么人吧，也就会成为不合时宜。深一层，依另一个传统，"处士横议"的传统，执笔为文，要明是非，以期引为训诫，近可以修身齐家，远可以治国平天下，可是明是非，就不得不说某事是，某事非，而事是人做的，也就不得不说某人是，某人非，而非的某人，也许是一贯供在龛里的，斥为非，可以吗？还会更深一层，比如公私都已经惯于称为十年浩劫，为了浩劫不再来，我们应该明因果，因为必须认清其因，消除其因，才可以避免果之再现，可是追寻浩劫之因，稍有逻辑常识的人就会知道，进因果锁链之门，升堂，就会看见发号施令之人，入室，就会看见容许一个人发号施令的制度，明因果，明到至上之人，已经"期期以为不可"，况制度乎？但事理是明确的，我们所以会经历这样一次浩劫，我以为主要原因是两种。一种，应该说很可怕，是容许一个人滥用权力，而没有办法扼制，至少是补救；另一种，应该说很可悲，是多数人的教养差，如罗素在所著《中国之问题》中所慨叹，愚昧，自私，残忍。痛心吗？但痛心之后，还是不能放弃坏变为好的希望。所以纵使记述"文化大革命"这一段经历会有不少困难，我还是要勉为其难，说几句出自肺腑的，是非也好，因果也好，目的简单明确，是让来者认知，我们曾经荒唐、错误，今后不要再这样荒唐、错误。

帽戏唱完，说"文化大革命"出台之前的山雨欲来。幕后的钩心斗角只有幕后人能知道，至于移到幕前，则是姚文元的一篇充满火药味的文章《评新编历史剧〈海瑞罢官〉》。其时是1965年11月，地点是上海《文汇报》。对于政治，我有两面性，一方面是无兴趣，想脱离，一方面是怕，也就不能不注意。但姚文元的文章远在上海，而且主脑是评一个剧本，以为与自己井水不犯河水，也就不怎么重视。大约是二十天之后就不同了，北京有几家报纸同时转载，转载，而且不止一家，这就暗示，或说明示，有位甚高的什么人授意这样做。授意如何做，必有所为。为什么？虽然不知道，鉴往知来，就不排除涓滴之水发展为长江大河的可能。读了姚文中这样的句子，"资产阶级反对无产阶级专政和社会主义革命"，联系多年来常喊的"千万不要忘记阶级斗争"，就不能不猜想，也许又将发起一个什么运动吧？

我疑神疑鬼，有"理"方面的来由。其一，新中国成立十几年来，在思想意识方面，我们是处在有如波涛翻滚的一种形势中，批判一个接着一个，大小运动断续来，表现在口头上，是"正确"重重复复压倒"错误"。至于某种想法、某种措施之所以为正确，其他想法和措施（未必是对立面）之所以为错误，除定于一尊之外，像是找不出可以说服多数人的理由。其结果，缩小到己身，就常常苦于不能知道，某想法或某行动，究竟算不算错误。其二，也是十几年来，有多种飘在多数人头上的大帽子，如资产阶级思想、右倾机会主义、修正主义分子、反社会主义、反党、敌我矛盾等，几乎谁也不能知道，某一顶，某一天会不会扣在自己头上。其三，仍是十几年来，运动不断已经成为规律，"大跃进"，没饭吃，略恢复，已经平静一些时候，照规律，必致来个新的运动。总之，其时见到风吹草动，就不能不心惊胆战。

接着，这疑神疑鬼就迎来"事"方面的来由。只说三件，都是1966年上半年发生的。一件是公开提出进行"文化大革命"，并成立了领导机构，"中央文化革命小组"。另一件是继批判《海瑞罢官》的作者吴晗之后，扩大为批判"三家村"。还有一件是北京大学贴了聂元梓等人的等于进军号角的大字报，其中说要"坚决、彻底、干净、全部地消灭一切牛鬼蛇神"。至于某人是不是牛鬼蛇神，依旧例，判定之权不是在法院手里，而是在各种形式的有权人的手里。这样，显然，自己算不算牛鬼蛇神，就只能听天由命了。这情况反映到心态上就成为"待命"，说严重些是日日如坐针毡。

何以故？是一，形势已经表明，运动的声势在加紧，范围在扩大。也是根据过去的经验，加紧，扩大，很快就会落实到具体人的头上。"三家村"，开卷第一回也，其后，会不会如《红楼梦》，多到八十回，甚至百二十回呢？自然只能走着瞧。还有二，"文化"是个庞大而模糊的名词，抽象的如思想意识，走向具体的另一端，书本，以至案头的小花瓶，等等，都不能漏网吧？因而就可以推想，说不定哪一天，整治的鞭子就会抽到自己背上。总之，还是怕。但也没有想到，只是两三个月之后，就刮起非君子之风，动口兼动手了。

事过境迁，回顾，都不免有些感想。我不能独无，也想说一点点，我认为值得深思的。其一，用运动的办法求治平，使安定的四海之内变为动荡，多数人心惶惶然，少数人被整得求生不得，应该平心静气想想，合适吗？我有时想，就是发号施令之人，也未必不明白此情此理，而一再走老路，我看所求有排在治平前面的，那是独尊和出气。如果竟是这样，辨明真相，也会有教育意义吧？其二，权力无限之大，滥用而无法扼制，以致成为浩劫，这经验是惨痛的。惨痛之后怎么样？讳疾忌医是不对的，应该明辨是非，改。其三，由《海瑞罢官》想到吴晗，想到葛剑雄先生《两件有关〈海瑞罢官〉的小事》（见1996年2月17日《文汇读书周报》）那篇文章，其中说：

> 1986年我在美国哈佛大学做访问学者时，中国社科院的吴晓铃先生在哈佛燕京学社作了一次有关《海瑞罢官》的学术报告，披露了吴晗写戏是出于毛泽东授意的事实。

吴晓铃是我的北大同学（晚于我两年），是研究戏剧的，这方面的见闻多，推想所说必有根据。若然，为《海瑞罢官》，吴晗先是中了姚文元的炮弹，接着更大的火力从四面八方射来，抗不了，提前走到上帝身边，旁观者都会说他可怜，替他抱屈吧？我则认为，也无妨戴上另一副眼镜看，知识分子，心同孔老夫子，"三月无君，则皇皇如也"，是已经种下可怜的种子，其后发驯服之芽，结被踢开之果，都不稀奇，也就说不上可怜不可怜。求不可怜，也不是无路可走，其上者可以学许由、段干木，其中者可以学范蠡、张良，乃不出此，而甘居下游，以至于一旦被踢开，哭诉无门，说"悔之晚矣"也就晚矣。

倒地声声

批判《海瑞罢官》的浪潮是1965年近年底兴起的，也是依照惯例，作品有了问题，生产作品之人就有随着倒下去的危险。据《文化大革命十年史》所记，这里边还有一些曲折，是初期，有些人认为只是学术问题，可以研究，可以争论，有些人看法同于姚文元，说是反党反社会主义，显然，这就成为严重的政治问题。看法不同，如果走自由争论、畅所欲言的路，正如昔人之争辩人性是善是恶，必是一两千年也难得定论。新中国成立以来，我们用的不是自由争论的办法，而是定于一尊，一尊说甲是而乙非，这"非"是某种性质的矛盾，一言定案，也就不会有人再说话。这次的《海瑞罢官》也是这样，拖延到1966年四五月，一尊表示了明确的态度，说是反党反社会主义，应该批判。批判某一人，是运动中的一个小节目，运动是涵盖乾坤的，所以就不能不扩张，其意若曰，有同样错误的必还有不少，也就应该都挖出来，批判而清除之。挖，循目力的本性，先看到近的，于是由吴晗而波及"三家村"，即又拉出邓拓和廖沫沙。

吴晗是旧知识分子，积极维新而入了党的。善有善报，成为有新观点的历史学家,还做了北京市的副市长。依常情,他的思想意识中会有些旧的残余,但总不会有意反党反社会主义吧?可是来自至上的定性是反党反社会主义,他何以处之?两难,如果承认,是早已丧失了党性,如果不承认,是抗拒,没有党性。总之,在世间已经无路可走,只得暂投佛门,往生净土了。再说"三家村",我像是见过《燕山夜话》,印象如何,早不记得了。但这模糊也未尝不可以用作推理的前提,是里面不会藏有长枪短剑之类。可是成为批判的对象,语云,欲加之罪,何患无辞,也就有口难分辩了。"三家村"的三家,我只见过邓拓,记得是在批判"三家村"之前不很久,地点是地安门外大街路西的宝聚斋文物店,是夏天吧,穿绸衬衫,清秀,风度是三分之一官气加三分之二名士气,店中人恭敬招待,门外有汽车等着。他是北京的显官,文物店都同他熟,因为他喜欢文物,尤其书画,常逛文物店,买了不少。说起买,我同他还有过一次未见面的接触,是有那么一天,我到隆福寺人民市场文物摊看看,熟人齐君拿一方端砚给我看,清初坑,制为行砚(薄而轻,便于携带),背后云溪外史(恽南田)题,有"伴我诗,伴我酒,伴我东西南北走,仍不嫌我丑"之句,我觉得有真的可能,问定价,说三十元,但暂不能卖,因为有人让留一留,说完,附我耳小声说:"邓拓。"也许只是过半年左右吧,"三家村"倒了,我曾想,这喜爱文物是否也得算右倾机会主义,因而也就成为反党反社会主义?想到此,立刻又想到自己的蜗居里也有些书画、砚之类,就说都是不能登大雅之堂的吧,上升为思想意识,也就不免于受批判吧?真是不寒而栗。

但"三家村",我既与他们无关系,又未参与写什么札记或夜话,可谓风马牛不相及,像是可以事不关己,高高挂起。然而不然,因为运动的主旨是清除一切"错误",而错误是没有具体内涵的,有谁敢说自己没有错误?就是有胆量说也必没有用,因为断定有没有的权力不在自己手里。更可怕的是谁也不知道某时某地,这断定的权力是在谁手里。也就只能等待加希望,希望天降时雨,雨点不落在自己头上。等待和希望是消极的,可以不可以兼来点积极的?想想,也可以说是有,这是一,眼观六路,耳听八方,以便知所趋避;还有二,是顺从而退缩,以求人都看不见,像是人间不再有自己。

且说这耳听八方,就真有大收获,是近近远远,不断传来,小小大大,都有有官位的人的倒地声。以近在眼前的为例,谁决定的,不知道,现象是,某一日的某时,有人走入办公室通知,几点在什么地方开会,批判某人(副社长或室主任之类)。当然要参加,如果未布置发言,就闭口,只是听。发言的都像煞有介事,举出不少言和行,然后上纲,说是反什么。受批判的人当然不敢申辩。稍后,批判升级,成为批斗,受批受斗者要大弯腰,成为喷气式,就欲申辩而不可得了。听,任务还有受教育,我惭愧,觉悟太差,常常苦于不能知道,某言某行竟能有反党反社会主义的大作用。还有甚焉者,比如某一句,同样出于某人之口,只是时间是前些日子而非今日,我们就称为指示信受奉行,何以运动一来就突变为大毒草?更不可解的是毒草竟如此之多，就社内说，几乎所有头面人物，我一向认为人品不坏，言行多有原则性的，都倒了。上班，重要任务成为参加会，听批判；散会之后，要身心投入运动，编写大字报，揭发、批判。批判或批斗的会也扩张。先扩张到直接的上级教育部，高层人物，直到部长，几乎都有错误，有就要批判，或批斗，我们直属单位的职工当然要参加，壮声势，受教育。说起声势，这是前台演的，至于心里，则是惶惑加担心。惶惑，是怎么想也不明白，高到一部之长，忽然刮来一阵风，就倒了。担心，是唯恐这飘在上空的风，一旦自空而下，自己就立即成为牛鬼蛇神。但其时风还没有自空而下，也就只好装作心情平静，紧跟形势，号召写就写，通知参加什么会就去参加。记得还参加过批斗非本单位的高层人物的会，而且不止一次。印象至今还未泯灭的有何其芳，因为是北京大学同年级同学，军训同一班的战友。都揭露了什么罪行，不记得了，只记得称名换为何其臭。还有罗瑞卿和彭真，大概是批斗"彭罗陆杨"的会吧，是严冬，在工人体育场，罗像是不能直立，坐在一个筐里，彭则一直是喷气式，脖子上还挂着什么，因为离得不远，清楚地看见鼻涕下垂很长。

参加会，要跟着喊口号，打倒某某人云云。其实呢，由逻辑的观点看，这是多余，因为是已经倒了，才能揪到这里来批斗。所以关系重大的是倒不倒。何以会倒？推想批而斗之的那些大帽子的理由都未必是真理由，真理由可能藏在幕后的什么地方。这，如我们这些跟着喊口号的当然不知道。但"不知为不知"也难，因为心（用旧说）之官在思，有时，甚至常常，就想这究竟是怎么回事。古人承认人皆有过，但所谓过，多数是零星而小的，如摔了一个茶杯，一阵心血来潮，骂了谁一句之类。还有时间是参差的，比如家门之内，良人犯个错是在去岁之夏，主妇犯个错是在今岁之春。"文化大革命"之风刮起之后就不同，而是位在小民之上的，除极少数的若干人之外，都有错误，都随风而倒。所以就不能不使人推想，这倒不是来于有错误，而是来于有定性之权力的什么人愿意这样。何以愿意听这反常态的倒地声声？或者只有天知道。至于人，就会推想，其根源恐怕是"睚眦之怨必报"加心底有喜看苦和乱的阿赖耶识。

如果这样的推想不是无中生有，则许多抽象的大帽子，如资产阶级思想、右倾机会主义、反社会主义之类，其价值就不像在口头、在大字报上那样重要，因为，比如何其芳，戴上这类帽子，合适也罢，不合适也罢，反正他已经倒了，就只能变安坐于文学研究所的所长室为工人体育场上的喷气式。专由喷气式的苦和辱方面看，这类帽子，撇开因果方面的价值不计，其重量还是不可轻视的，因为泰山压顶之后，你就真如批斗的语言所说，批倒批臭，还要踏上一只脚，永世不得翻身，唯一的希望是仍食息于人间，能等来落实政策。也就因此，对于这类大帽子，我还是很怕。怕，就希望有个明确的内涵，以便能够畏而远之。但这像是很不容易，以资产阶级思想为例，比如有的人觉得英国的议会制度好，算资产阶级思想大概不成问题，但里面还藏着问题，是议会制度究竟好不好，尤其与光绪年间那拉氏老佛爷专政的时候相比。如果一比,承认议会优于老佛爷,问题就复杂了。复杂还不到此为止,比如不识之无的什么人,不知道什么是议会制度,但以自行车为代步,说英国凤头的比国产凤凰的好,算不算资产阶级思想?像是也只有天知道。在这类大帽子中,我觉得,资产阶级思想的内涵是比较清楚的,可是一近看细看,竟也是"在虚无缥缈间",其他如右倾机会主义之类就更无论矣。——但也无妨论一论,比如对于民族资本家,不与地主同科,算不算右倾机会主义,作为考题,让考生解答,如果其时还没有最高指示,不知道别人怎么样,我是宁可交白卷的。"民族资本家",五个字中的三个字是资本家,牵扯重大;改为说个牵扯不重大的,比如我住过北京四合院,未免有三宿桑下之恩爱,在现代化的进程中愿意多保留一些,如果有人给送来一顶右倾机会主义的帽子,我就不能知道应该戴还是不应该戴。因此,在这多种帽子在头上飘动的时候,我切盼能有人发普度众生的宏愿,编一部详解帽子的大辞典,先把一切事物以及经常会出现的言行分为两大类,一类是没问题的,一类是有问题的,然后把有问题的分为若干类,分别编入相应的帽子。这样,比如我忽而灵机一动,说了句"老北大也有不少优点",不知道有没有问题,就可以请教这部大书。又比如这部大书说有问题,而我说时的听者只是老伴,就可以嘱咐她保密,曰:"不足为外人道也。"可是,有的人发问了,"可能出现的言行都收,这部辞典的量就不会小于《四库全书》了吧?"想想,也是,结果就又成为只能安于迷离恍惚。迷离恍惚而有使人倒之力,所以每一想到就不寒而栗。

有没有不不寒而栗的路？现在已是1966年的整整三十年之后，确信稍有常识的人都会回答，曰有，那是扔掉这类大帽子，改为"法治"。人自然还会有错误，也就还会倒，以至受处治，但那判定、处治之权是在各级法院手里。法院判定、处治，要有依据，那是各种"法"，为人民（多为代表的形式）所定。这样的各种法，规定明确，但所管则有限，比如我说"老北大有许多优点"，刑法上未规定这是犯法，我就既敢在老伴跟前说，又敢面对新北大的学生说。说了，不怕，是心里有安全感。我的想法，讲治平之道，首要的是能做到人人有安全感，只要不犯刑法规定的法，天不怕，地不怕。新中国成立以后的二十几年，运动一个接一个，大帽子（还不包括地、富、反、坏、右等已戴在头上的）永远在头上飘动，其结果是除极个别的人以外，人人没有安全感。今天不知道明天怎么样，是一种惨痛的生活，也就能产生一种惨痛的教训。有教训，吸取，之后如何？我想，无妨学一次批斗会的口号腔调，大家一齐喊："法治万岁！"

龙套生涯

上一篇说大小官们倒地，是述所见所闻。运动是天网恢恢，其时就己身言之虽然还可以称为疏，却同样是不漏。这是说，像我这微之又微的，也不得不随着运而动。动，唯心论，立意之后影响身，有多种情况，著文，以题为纲统众目，要拟个合适的，于是就想到"龙套"。取义有浅的，是居陪衬之位而也忙忙碌碌；还有深的，是演戏，虽然也摇旗呐喊，却不相信其中有什么大道理。演戏是心里想这个，嘴里说那个，以常情衡之是虚假，以佛门的戒律衡之就更严重，是犯了杀盗淫妄酒的"妄"，难道这也可以算作"安则为之"吗？难言也，说安，又常常感到勉强，还要加上惭愧，尤其想到孟老夫子所说"义亦我所欲也"的时候；但说不安，又实在无其他路可走，也是孟老夫子说："予不得已也。"不得已，是情势所迫，所谓打鸭子上架，纵使本性不宜于上架，也就只好上，扔开安不安，不管了。

不管安不安，是说其时的演戏；至于异时异地，走演戏的路，就最好说说所以为不得已。这说来就不能不话长，因为走是自己走，就不能不说己身，而己身，正如其他年不轻的无限己身，都是复杂的，要说，就不得不深入，掏心窝子。以下掏自己的心窝子，只计与演戏有关的，可举三宗：一是少信，二是不能扔掉悲天悯人之怀，三是不能自强，高攀不怕苦、不怕死。以下依次解说。

先说内容最为复杂的少信。谈到这方面的情况，最先涌上心头的是某先进人物的看法，那是不能信，可证我是，轻，落后，重，反。对于这样的评论，可能的应付之道不止一种。无上妙法来自《处世奇术》，是沉默，盖不说话，可以理解为承认，也可以理解为不承认。说话呢，如果未能得体就会引来麻烦，因为既先进矣，身后必有大力支持，语云，光棍不吃眼前亏，所以还是以沉默为是。但眼前有如流水，"逝者如斯夫"，也就有争论几句不会引来麻烦的时候。没有麻烦会鼓励胆增大，那就应付之道也可以不用《处世奇术》而用哲学的思辨，于是问："何以落后甚至反就不可取？"估计某先进人物听到必大吃一惊，因为依时风，这是不成问题的。于不成问题处看到问题，也会与反拉上关系吧？或委婉言之，道不同，就还是以各走各的路为是。

但各走各的路，表示我也有路，人目为落后的路，我自封为不信的路。这样说，我是视不能信为值得夸耀吗？正好相反，我是一贯感到遗憾，视为可怜的。记得我执笔涂抹，不止一次引英国培根的话，"伟大的哲学始于怀疑，终于信仰"，说我很惭愧，只能始于怀疑，而未能终于信仰。不能树立信仰，所失是什么？可以用常语说，是没奔头；也可以用道语说，是不能心安理得。以佛家常说的"生死事大"为例,我很羡慕净土宗老太太,日日、月月、年年宣"南无阿弥陀佛"佛号,到弥留之际就可以心地坦然,因为确信必可以往生净土。下降为(反动?)会道门也是这样,我也常举为例,那是我的外祖母,信一种善言善行可以得善报的道门,说善报之一是辞世之后,魂灵先到本村的土地庙,土地老爷必客气,起身让座云云。我呢,对比之下,是既不信由身毒进口的往生净土的路,又不信国产(也可能是合资)的走向阴间,登望乡台、喝孟婆茶的路,而是觉得人死如灯灭,虚如诸多幻想,实如架上的几本残书,口袋里的几张钞票,都断灭,成为一场空。生死事大如是,由山林精舍堕落到楼层的有室有厅更是这样。如某先进人物,确信某些口号,以为背熟了什么教义,遵人命舍己命而行,用不了多长时间,婆婆世界就可以变为天堂,其结果就成为,确信自己的一举手一投足,都有伟大的历史意义,值得载入史册,改为用常语描述,就是有奔头。我呢,对于有没有这样的天堂,也一直是存疑而不能信,至于等而下之,建造的办法,就更是自郐以下了,显然,其结果就不能如某先进人物之善有善报,而是举手投足,都劲头不大,总而言之是感到没有奔头。没有奔头,不能心安理得,会带来多种苦,主要是心的,也不少身的,所以正如上面所说,"吾斯之未能信",我的心情不是得意而是失意。既失意矣,为什么不改弦更张?又不得不引孟老夫子的话,是:"挟太山以超北海,语人曰'我不能',是诚不能也。"是过甚其辞吗?曰不然。以下说说不然的来由。

兜根底说是来于人的一种性,心有所向,不能同时判定不应该如此向;或换个说法,我们的理性只有一个,它有力量断定,却没有力量否定自己信为不错的断定。主张地动说的哥白尼可以为例,他的信念不合宗教的教义,犯了罪,有好心人劝他:"你就说不动不就过去了吗?"他答:"我说不动,它还是动,我有什么办法!"这表示,他没有力量不信从他的理性。这会带来麻烦,甚至苦难,但也只好忍受。幸而上天慈悲,另赋予一种能力补救。这是绕过理性,让"口"兼差,既能说真的,又能说假的。假,不好,暂让它靠边,说真的。这真,总的说,是未能信,由于思之官连续两次受了严重的"污染"。

第一次是在北京大学。记得是1988年,母校存世九十周年纪念,承校刊编辑部的人不弃,让我写纪念文章,我再思三思,比喻为嫁出去的女儿,得机会就想夸娘家如何好,得的陪嫁如何珍贵,于是就写一篇《怀疑与信仰》。文章具在,不宜于重述。但也可以说说主旨,是深知信仰(用旧话说是"闻道")之可贵,而所得只是怀疑精神;化为思的实行是,凡事都要追根问柢,比如一个高而且大的,至于学说、主义之类,说是好,正确,确凿无疑云云,我就总想问问,为什么?而不幸,几乎所有的宣扬为好为正确的信条,都经不住这样一问。经不住,由理性做主,就得扔开;都扔了,还剩下什么呢?自然只是怀疑精神,即不信。

接着还来了第二次,这在前面也说过,是主要在四十年代,因为早已发疯,想明白人生是怎么回事,就多念西方的。多为哲理,也有心理和政理。杂，所得很难理出个头绪。但也无妨采用各取所需的原则，只说一点点与本篇所说有较密切关系的。这是，一，仍始于怀疑，加用分析的方法，以求辨明真相，并求其所以然，最后只接受一点点，无论用纯粹理性的眼看还是用实践理性的眼看，都不得不接受的。所谓不得不接受，是指我们的世界是有而不是无、活比死好之类，子曰诗云必正确、天子圣哲之类不与焉。二，人同样是充满欲望的动物，没有例外，所以某人为天纵之圣的说法必不可信。三，不可信的逻辑推论是，为了自己的生活能得到平安幸福的保障，支配自己的权力要自己紧紧握着，不要因信天子圣哲的假话而交与所谓圣哲。总之，基本精神仍是不信。

心态的第一宗说完，接着说第二宗，不能扔掉悲天悯人之怀。依照孟子的想法，我这不能扔掉的话可以不说，因为"恻隐之心，人皆有之"。我说，显然是因为不信孟子的话。何以不信？是"文化大革命"中的诸多现象恰好能够证明，有为数不少的人，如上上下下的红卫英雄，并没有恻隐之心。语云，物以类聚，人以群分，于是以有没有恻隐之心为标准，人也可以分为两大类。一类是有，看到别人挨整，以致服毒、跳楼，心里不好过，也就没有勇气加入红卫英雄之队去整人。另一类是没有，看到别人受苦，以至丧命，心里舒服，也就乐得用己力或借人力，迫害一些无力反抗的。何以同为"万物之灵"，同为天覆地载，竟有这样的大分别？推想请孟子、荀子，以至今代的变态心理学家和精神分析学家等聚于一堂，研究、讨论，三年五年，也未必能够说清楚。只好知难而退，以至退入蜗居，只对镜照照自己。因为是照"心"态，映象就不能不复杂。儒家推崇"仁"，佛家推崇"慈悲"，我举双手赞成。记得昔年还曾写打油诗，有"愁看并（读兵）刀割鲤鱼，天心人欲定何如"之句，以抒发一时的不忍之心。可是这不忍只能迈出几步，比如屋里还置备蝇拍，见到苍蝇、蚊子，就一举而置之死地。对马牛羊、鸡犬豕之类呢，也只是走孟子的路，"是以君子远庖厨也"，就是说，自己不杀，却同样吃烤鸭和酱牛肉。这就由佛门的慈悲下降为常人的"人道"，由天理方面衡量，应该算作颇为可怜的吧？但幸或不幸，我们生而为人，也就只能行人之道。鸭、牛之类，不管了。人呢？可悲的是，还有不少的人，偏偏不以人道待人，如日日映入目中、灌入耳内的批、斗、喷气式以及服毒、跳楼之类皆是也。我，虽然已经由慈悲下降为人道，但究竟只是降到这里，对于以迫害人为乐的多种非人之道就不能不痛心。痛心，苦也；还要装作不痛心，就成为大苦。

最后说心态的第三宗，既怕苦，又怕死。关于这种心态，像是没什么可说的，因为，就算作不争气吧，总是来于"天命之谓性"，除了顺受或兼畏之以外，又有什么办法？但也未尝不可以争辩几句，是上至帝王将相，中至才子佳人，下至贩夫走卒，都是有钱安空调，有病住医院，这是不怕苦、不怕死吗？事实是怕。

心态三种，不能信受许多冠冕的奇谈怪论，看到许多人受苦受难心中不忍，希望自己能够平安过关，三种同住一地就合为一体，并很快分泌出一种《处世奇术》，其中大关目是演戏，即心中知道是假的，让观众觉得唱念做都很用力。关于演戏，以"文化大革命"中所见为限，也是一言难尽。推想有些人，至少是主观上，不觉得是演戏。如我熟识的一位就是，造诣高，高到凡是上方讲说的，布置的，即使异人或异时合不拢，也都信为天经地义。我觉得这是一种境，道家设想的"丧我"，佛家设想的"破我执"，不知道别人怎么样，我是高山仰止而苦于做不到。至于一般造诣没有这样高的，以对待副统帅为例，一夜之间，由逆风香十里变为臭十里，心猿意马稍慢，就会跟不上。跟不上而不容许掉队，也就不得不演戏。再有如那些有位的倒翁，主观上一贯忠于革命，忽而戴上反党反社会主义的帽子，喷气式，心中不会"多闻"打倒声而"阙疑"吗？但疑也不能不喷气式，也就成为演戏。喷气式所演是主角，与主角对比，我之所演就成为"龙套"。

龙套，可以避免喷气式，但也要折腾，记得还加过班，即照常规应该回家面对妻子的时候也不能回家。干什么呢？开会，学习、讨论，以便能够正确而更深入地理解，总，"文化大革命"，分，某措施的伟大历史意义，当然要经常有。同样经常的是写大字报，泛论，比较容易，具体，揭露某某，批判某某，就比较难。知难而退当然不成，这就不得不启用《制义丛话》中的妙法，把毫无意义的说成像是煞有介事。再有是参加批斗会，社内社外，永远不发言，也几乎不听发言，只是随着举手，喊口号，领头的用十二分力，我减半，至多六分。还有一项是看大字报,这就不能心不在焉。社内社外有别。社内是事或关己,就要全身心投入,即使其上未发现自己的大名,也要据以推算,总的,运动的趋向,零星的,某人是不是要倒,以及倒到什么程度。社外呢,记得常到北京大学,也到过清华大学,主要是想了解运动的趋向,比如北京大学的一些人已经亮"牛鬼蛇神"之相,被赶入牛棚,自己就要有精神准备,说不定哪一天,也会照方吃药。

说良心话,现在回想,其时的演戏,所费之力未必超过现在的率尔操觚,可是感到相当苦,原因是自己未曾入富连成坐科,演戏,作假,只是为活命,就连自己看着也拙劣不堪。有时也就不能不怨天尤人,心里想(接受祖传的因果报应意识)不知道哪辈子没干好事,赶上个不演戏、不作假就不能活的时代!

红卫风起

参考远年的历史,参考近年的多次运动,我知道,大小官们的倒地,到处是批判和大字报,以戏曲小说为喻,只是楔子,正文必还在后边。但究竟要怎么发展,只推想必是愈演愈烈,而具体表现为什么情况,当然谁也不能知道。不知道,而是轻说,利害攸关,重说,性命攸关,所以又不能不关心。曾以人之"性相近也"为依据,推想大致会怎样变。但一想就不免于毛骨悚然,因为人一旦变平静为狂热,就必是任何违情违理的事都干得出来。世间没有桃花源,怕也只能等待。于是等来大动荡的8月,各学校,由中等到大专,都成立了红卫兵组织,并于18日集会,得到上方的支持。要干什么呢?清华大学附属中学红卫兵的大字报《无产阶级革命造反精神万岁!》中有简要的说明:

> 要在"用"字上狠下工夫,就是说主要在"造反"二字上下工夫。敢想、敢说、敢做、敢闯、敢革命,一句话,敢造反,这是无产阶级革命家最基本最可贵的品质,是无

产阶级党性的基本原则！不造反就是百分之一百的修正主义！……要抡大棒、显神通、施法力，把旧世界打个天翻地覆，打个人仰马翻，打个落花流水，打得乱乱的，越乱越好。

（引自《文化大革命十年史》第41页）

学昔人读经之后要写正义，这里也要说说看后的体会。造反，这里用的不是古义；古义是指陈胜、吴广一流之揭竿而起，或如唱《别姬》的楚霸王所说，"彼可取而代也"。代，是把原来坐在宝座之上的人推下去，换为自己坐。红卫兵不然，是名号上有"卫"，卫谁？当然是卫坐在宝座之上的，所以虽名为造反，性质却同于奉旨骂贼。但这就更不能轻视，因为比之陈胜、吴广，力量会大得多。也就因为力量大，其后就随来许多"敢"，许多"打"，所求呢，不再是昔人的"治"和"平"，而是"乱"，"越乱越好"。至此，稍有常识的人就会预感到，旧的秩序，连带"法"（假定有），以及更渺茫的"情理"和"德"，就都有灭亡的危险。而如果竟至这样，我们还会有什么呢？显然就只有混乱和恐怖。而不久之后就证明，这所怕的种种就真来了。

关于所怕的种种，想留到后面说；这里先说说，对于"狂热"，我曾有的一些想法。首先，我们要承认，狂热也是来于人之性，因为有生就有所求，如果求而难得，而又迫切希望必得，就会情爆发于中，化为狂热，不计一切去求，结果也许就真能得到。这样说，是狂热能产生大力,也就可能有大用。但这大力,唯其既大而又有突发性,就最容易抛开一切拘束,胡来。为了避免胡来,尤其个人扩大为群体,就要多靠理智和平和;万不得已,也要用理智节制狂热,求用大力建大功立大业时心地仍能平和。还可以加深一层说,理智的出生地是知识,狂热的出生地是愚昧,为了我们的生活能够有幸福和安全的保障,就要全心全意靠知识和理智,而不利用愚昧和狂热。要靠理智和平和,还可以从另一个角度说个更重要的理由,是精神分析学的创始人弗洛伊德讲的。他说,人同样是充满欲望的动物,所以率性而行,就容易趋向"野",也就会胡来。为了能够有个人人都能活并趋向文明的环境,要以"文"化之,即多靠理智和平和,使人之本性能够就范。还要牢牢记住,趋向文是难事,要长期努力,而如果放任,退向野却非常容易,于是来于千载之功的文就必致毁于一旦。

这退向野的趋向先表现为一种远离思辨的迷信。思辨是哲学、科学领域内求真知的方法,即凡有所断定,要有合于逻辑的根据,或者说,相信为合理,要有证明其为合理的理由。来于狂热的迷信是不经过思辨,就断定某名称某口号为天经地义。所以这样的判断,性质是宗教的,不是逻辑的。但唯其不是逻辑的,就最容易与狂热合为一体,化为行方面的大力量,于判定一切不合己意的种种为错误之后,就动手消灭之。历史上,这样的情况不少,只举一个例,是西方中古时代的宗教裁判所,用教徒的眼看,他们当然是正确的,可是就在这"正确"的大旗之下,许多被视为异教徒的人就活活被火烧死。

迷信加狂热，汇聚为大力，最容易表现为憎恨异己，并立即化为行动，消灭异己。于是成为严重的社会问题。理论上有两种可能：一种，狂热的力量为有力且有某种企图者利用，成为更大的力，进而消灭异己；另一种，有并行的两股或更多的狂热力量，都憎恨异己，结果就成为相互残杀。不管是哪种情况，结果都必是社会的混乱，某些人受苦受难，直到不能活下去。还有可悲的是，事过境迁，精神方面的后遗症，短期间必不能治愈。

也就因为有以上这些想法，无论就个人说还是就社会说，我都不赞成狂热，或者说怕狂热。就说是理想吧，我总觉得，个人，立身处世，应该清醒，用建基于知识的理智指导行动；对人，即使不能爱人如己，也应该多宽容，虽利己而不损人。扩大为考虑社会环境，求人人为曾、颜，以"德"治天下做不到，也要依靠"法"，以便人人知所趋避，不容许以别人的血肉来满足自己的"人之所以异于禽兽者几希"的欲望。总之，我盼望的，甚至说渴求的是，有知识而不迷信，心地平和而不狂热，对人宽容而不憎恨，人人有安全感而不心惊胆战。

可是，与希望的相反，红卫的风刮起来了，吹来高度的狂热，吹来"敢，敢，敢"，吹来"打，打，打"，吹来"乱，乱，乱"，显然，之前是"少法"，现在就变成"无法"。狂热加无法，未来（应该说即来）的情况会是什么呢？自然只有天知道。但前事不忘，后事之师，我忽然想到太平天国，也许晨昏要加上拜天父天兄吧？接着又想到义和团，也许要受命挂红灯、拜大师兄吗？但愿只是拜，而不被放在应该扫除的一群里。不信而接受拜，也是一种"让步政策"；至于让步之后能不能换来平安，又是只有天知道。且夫人类由蒙昧走向文明，所求是人定能够胜天，专由这一点看，我们也应该设祖帐，送走狂热，并大声告诉它："不要再来！"

使民战栗

题目来自《论语·八佾》，断章取义兼量材为用。原文云：

（鲁）哀公问社（祭土之所）于宰我，宰我对曰："夏后氏以松（种松树），殷人以柏，周人以栗，曰使民战栗。"（孔）子闻之，曰："成事不说，遂事不谏，既往不咎。"

这段记事不复杂，可是很难讲。宰予（字我）虽然是"朽木不可雕也"的人物，推想学问、见识未必很差，因为还敢议论三年之丧，认为时间过长。若然，他说周朝的社中种栗树，取义为使民战栗（即显耀镇压之力），不会是无中生有吧？孔子的评论可以作为旁证，是说过去的事用不着再纠缠，而没有说他理解错了。可是祭祀之地种一些树，竟会有这样的深义吗？依常情，也可能是牵强附会（始作俑者未必是他）。讲不清，也来一次实用主义，即取其中的四个字，古为今用，以表示红卫英雄喊造反之后真造，有不少人立即落入苦难中，暂在岸上的，都不知道自己会不会也落入，何时落入。总之，稍微夸张一点说，情况就成为全民战栗。

战栗来于战"绩"，还应该具体说说战绩。大致是8月下旬起，延续到9月10月，红卫兵组织得到大力支持之后，狂热加了热，立即变为行动，对所设想为"反"的一切消而灭之的行动。这所谓反，站在前排的当然是"人"，于是这消而灭之的行动就最先触及人。"红卫之风"起于中学，推想是小学离黄口期过近，力量还不够大；大学呢，知识多些，狂热之热会相对降温。所以横扫的豪举，冲锋陷阵的仍是中学。口耳相传，有些中学之内已经设了公堂、监狱，捕所谓有问题的，刑讯，打，已经死了一些人。具体情况，详细情况，当然不知道，因为不敢接近，也不想接近。也是口耳相传，有些所谓有问题的，不是捕入中学，审问，打，而是红卫兵登门，打，死在自己家里。至于具体如何打，以及死的情况，自然只有改名为什么军、什么兵、什么武的，以及受打之家和近邻能够知道。扩大为总的情况，不知道其时还有没有统计学家，还能不能有统计之事，也就只能"不知为不知"了。但也不少确凿的耳闻，只举二事。一件，是听住在鼓楼前方砖厂的老同学刘佛谛的儿媳说，正是抄、打之风刮得最厉害的时候，她有一天在门口，看见由东开来一辆三轮卡车，上面是几具尸体，吓得她立刻回来，不敢再到门外去。另一件，是听说，清除黑几类，大兴县闹得最厉害，死了不少人，以致官方出动，去制止云云。情况如何，《文化大革命十年史》有记载，我觉得有教育意义，且可省力，抄有关部分：

> 八月二十七日，红卫兵将个别所谓"表现不好"的"四类分子"拉出来斗打。把人打死后，红卫兵还觉得没有捕捉到对手的"变天账"，于是义愤便转移到其他"四类分子"及有一般问题的人，以及他们的家属身上。有的还拍电报、写信催促在外工作的家属返回原籍，以便满门抄斩。从八月二十七日至九月一日，大兴县十三个公社，四十八个大队，先后杀害"四类分子"及其家属三百二十五人，最大的八十岁，最小的出生才三十八天，有二十二户人家被杀绝。

这就是狂热加无法的结果，使"人之初，性本善"的人不能不痛心。痛心之后如果继以想，想到无法之后还有无理，即连流氓出身的刘邦所定"杀人者死"的法也不能推行，甚至不许追究，剩下可行的路还有什么呢？也就只能心里问一下，"今是何世"了吧？

狂热的行动，打、杀之下还有抄家。抄家，旧时代也有，名曰"籍没"，都是圣旨下达，对个别人，如明朝的严嵩、清朝的和珅之类。红卫兵之抄虽非疏而不漏，却也不是个别的，所以京城之内，各街、各胡同，京城之外，各镇、各乡，相加，数目就会大得惊人。多，据说可以入吉尼斯世界纪录，也是一种荣誉，我孤陋寡闻，不知道曾否有人统计，并为争得此项荣誉而申报云云。且不管它，只说抄家之风，也是由8月下旬刮起。有组织，是红卫兵若干人；像是也有计划，比如一条胡同，自西徂东，有的门，过而入，有的门，过而不入，可证。单说入的，因为是武戏，也免不了打，但重点是抄，也就只求疼而不求死。也有断续的审问，如问有枪没有，问变天账藏在什么地方，问金条埋在什么地方，等等。问，答，红卫英雄都是怀疑主义者，必不信；就是信，也仍要动手。于是而翻箱倒柜，甚至挖地拆墙，找名为反、实为贵重的东西。凭灵机一动分为两类：一类当场毁，或烧或砸；另一类装于门外静候的车辆之上，运到某个地方。所有这些活动，目的明确，是让被抄者成为家徒四壁，即使还能活也困苦万分。再说这两类的处理办法，后一类的运走，不违背"人失之，人得之"的大方之道，像是较为可取。至于烧和砸，所谓玉石俱焚，就百分之九十九会成为社会的损失。举亲闻的两次烧为证，一次是烧了一个明朝沈周的画卷，一次是烧了某碑的世间仅存的拓本，推想未闻之烧、砸必不少于千千万万件，愚昧至此，真是太可悲了。

抄家还有个附带措施，是对于某些来于农村的，要"打回老家去"，即抄完，人也扫地出门，并勒令立刻还乡。遵命走，紧跟着来的是三道关：奔赴车站，那里聚集着大批红卫兵，上车之前要毒打；上车之后，车上还有红卫兵，继续打；到站下车，也是还有红卫兵，仍是打。至于到了本乡本土，会受到什么待遇，那就千变万化，谁也说不清了。

较之抄家再"温厚"些，还有"除四旧"。"四旧"有没有定义，我不知道；推想红卫兵手持尚方剑，有生杀予夺之权，也用不着定义。没有定义，可以推想。先要年代久，但年代久的未必都算，如渭水、泰山之类就不在除之列。这样说，是指一部分年代久的，究竟包括哪些呢？幸而有些"勒令"中曾举例，为书画、瓷器、玉器之类，即常语所谓文物。但箧中、案头有几件这类东西，人怎么就会"修"了呢？又是谁也不知道。勒令中像是没有说书（读书之书）也算，想是书中还包括"宝书"。但古旧书想当在除之列吧？因为听说，刘盼遂因为存书都被送往造纸厂，夫妇结伴自杀了。语云，凡事要多往坏处想，红卫兵不登门，勒令自除，就最好宁多勿少，性质难定的都算，或烧或砸，从重从快。于是随着抄家之风，更普遍的"除四旧"之风也刮起来，家家"主动"检查，认为有问题的就拿出来，如书，就烧，如瓷器，就砸，以防万一红卫兵来复查，除"旧"不尽，如勒令所说，"由本人负责"。这样除除除，扩大到四海之内，究竟除了多少"旧"物（几乎都是珍贵的文物），是任何数学家也算不清的。但也可以由一斑以窥全豹。我住在广化寺之旁，"红卫之风"一起，就有某中学的红卫兵开进去，像是未打和尚，只除佛像。大约有一个月吧，佛像都砸了，变为碎块，堆在大门外偏东的空地上，成个小丘陵。旧时代，北京也是"南朝四百八十寺"，据说，除了碧云寺的罗汉堂，卧佛寺的卧佛（因铜铸，坚固，砸时震手疼而获免），少数铜佛、铁佛以外，所有佛像都毁了，只保留个信教自由的口号！

以狂热为动力，施展为打、杀，为抄家，为扫地出门，为"除四旧"，人总是肉长的，"性相近也"，具体说是都想活，而难得活，所以就不能不怕。怕引来多种结果，其中一种是"自愿"离开这个世界，如老舍，傅雷夫妇，叶盛兰、叶盛章兄弟，等等就是。怕，竟至深到这种程度吗？另有两件小事使我常常产生这样的疑问。一件是同事几十年的蔡公，遵勒令交"四旧"，连我代他求金禹民先生刻的印章也交了。另一件，是七十年代末，我住在北大，到东门外成府街萨师傅（苗族，人很温雅，其时年已耳顺）那里去理发，他拿几个瓷茶杯给我看，意思是让我鉴定年代，我看看上面的干支纪年，断定是民国十几年，问他从哪里买的，他说是"文化大革命"初起时，由街西口垃圾堆上捡的。连茶杯也不敢存了，为什么会怕得这样？及至十几年后，看"文化大革命"时的纪事，知道红卫兵的标语中还有"红色恐怖万岁！"才恍然大悟，是不少人，只是因为怕就精神失常了。

如果精神还未失常，或失常之后又变为常，就不能不平心静气地想想：一个社会，容许随意打、杀，以致百分之九十的人战栗，百分之九的人精神失常，用这样高的代价以换取不"修"，合理吗？还有，所谓"修"，表现为具体的生活情况究竟是什么样子，其对立面，不"修"，表现为具体的生活情况究竟是什么样子，不免于战栗甚至精神失常的人迫切希望知道，可是谁也说不清楚。损之又损，比如某君，遵守勒令，把原刻的《楹联丛话》交了，换得不"修"的资格，若干岁月之后，落实政策，发还，而就真去领回，算不算又"修"了呢？又是谁也说不清楚。我想，尤其在迷离恍惚会与打、杀联在一起的时候，我们就更要推重"明确"。明确来于平心静气地思考，即讲理——不好，讲理是臭老九的痼疾，要从速躲开，只说希望。人，只要还活着，尤其兼有怕，就不能忘掉希望。希望什么呢？已经举起鞭子和刀，"德"治是不可能了，那就卑之无甚高论，只求能够"法"治。法，是指由天子至于庶人都守的法，而如果真能有这样的法，惩治的事自然仍会有，但那是走入法庭，听完判决之后的事，不走入法庭，或走入法庭之前，就用不着战栗。生活而可以不战栗，在刮"红卫之风"的时候，也成为"此曲只应天上有"，每一念及，不禁为之叹气。

还有甚焉者，是有时由无法而想到"所以"会无法。开门见山说，一个国家，或一个社会，或一个民族，其中有一些人，以迫害他人为乐，这是个什么问题？如果事实俱在，不能不承认，像伟大的民族、灿烂的文化，以至可爱的祖国这类大话，还能厚着脸皮说吗？说不说是小事，如果愚昧和残忍真是来于久远的根性，那就成为值得痛哭流涕的大事了。大事要大办。如何办？万言难尽，只说所求，不避理想主义或右倾之讥，是有那么个机会，可以打、杀人而不负法律责任，任怎么煽动、蛊惑而没有"一个"人去打、去杀，如此，我们就可以恢复说伟大，说灿烂，以生而为中华儿女自豪了。何时才能这样呢？难，但向往文明，路只有这一条，也就只好走。

也许应该算作第一步，是曾经失误，要找出失误的原因，坚决去掉原因，以求不再失误。可是这，依照我们刑不上大夫的传统，很不容易。不容易，是因为会牵涉"人"和"利害"。于是，可能的路就成为另外两条：一条是闭眼，也就看不见原因；另一条是睁眼，看见，或不说，或闪烁其词。闭眼不见是愚的路，睁眼见而躲闪是诬的路，大道虽多歧，踏着愚或诬的路，走向文明总是很难的吧？真对不起，这里又说了泄气的话。其实也可以从另二个角度看，是恨铁不成钢，正是没有泄气。生而为中华儿女，总愿意故土坏变为好，变，不快，或不干脆，就起急，套用孟老夫子的话是：予岂好急哉，予不得已也。

抄风西来

几年以前，我写过一篇《机遇》（收入《负暄续话》），实际是述说我的"认命"的生活之道。既认命矣，而又说是机遇，亦有说乎？曰有，简而明地言之，是与我老伴的"凡事都是该着"信念有别。只说重大的分别：说该着，是认为事皆前定（是命运的，不是因果规律的）；说机遇不然，是由主观感知说（不问客观有没有必然之外的偶然），认为事有凑巧，很可怕，因为已然者不可改，未然者不可知。在四围的环境动荡不安的时候，更加可怕的是未然者不可知。后话提前说，在恐怖的红卫兵造反时期，我因心中时时刻刻、分分秒秒都飘动着"未然者不可知"而寝食不安。但无论怎样不安，（康德的）时间无私，还是积秒为分、积分为刻、积刻为时、积时为日地流过，而若干日过去，打、杀、抄家之风渐息，我的蜗居并没有红卫英雄光临。这就可以表示，这一个人生旅途的难渡之关，我的机遇还是上好的，所谓逢凶化吉是也。以下具体说说这一时段的逢凶化吉。

由不可知说起。我有职业，隶属于某单位，日日上班，由表面看，批斗会，站在喊打倒口号的一边，应该算作革命群众吧，若然，捕去打、上门打的可能性像是不大。但也只是像是而不是必是。抄家呢，就完全不可知了。还可以加细说。抄不抄，由谁定，不可知。反观乎己，条件有好的一面，是名和位都卑微，而且头上无冠。但也有坏的一面，是身心负的旧包袱太重，也许不能瞒过红卫英雄的火眼金睛吧？总之是不可知。不可知，即有抄的可能，所以怕。怕，抗，逃，都无力，只能多看风色，多听风声，等待。传来风声，是本胡同，像是由西端起，已经开始抄。没有人敢打听，更没有人敢去看，风声都是影影绰绰的。我仍须上班，身在外心却不断飞到家里，想，也许正在抄，把书籍等都拉走了吧？好容易挨到下班，火速往家里跑，到门口察看，看看有没有烂纸、杂物等，先推断是否有抄家之事。门外总是没有异状，走入蜗居之门，看看，也没有异状；心呢，当然都是不安，而且难于用语言表示，只好相视而不笑，装作若无其事。

终于风声紧了。我们那条胡同东西向，相当长，我住在中间偏东，路北14号，听说已经抄到20号（杂院，住户不少）。紧接着就传来确切而震撼人心的消息，是19号抄了，唐先生被捕，唐太太用什么刀抹了脖子，可能没死，详情不清楚。且说这19号，主人名唐永良，民国年间保定什么军官学校出身，曾任某杂牌军的军长，因为在河南打败仗，蒋介石要枪毙他，有人说情，解职还乡。这都是解放之前的事，解放时态度积极，热心群众事业，当了西城区的政协委员。他是满族，原配夫人病故，娶了个满族世家的老姑娘，年已及不惑吧,听说通文墨,风度娴雅,不幸是时间不长就故去。家中无人主中馈,饥不择食,找了个在叶浅予家做保姆的,估计年已过知命,而且缠脚,但人好,也能干。我家同唐家来往不少。解放前后,唐先生的母亲还在世,左近邻居都呼为唐老太太。人诚厚,还保留纯粹的旗下风,说话,有些动词、形容词后带"克"字。礼多,比如年节前,邻居的小孩要给压岁钱,新票,一个人一角,后来增为两角。她同我的妻也要好,送她的照片,至今还保存着。唐先生和我同为广化寺小学的董事,又常交换花种,很熟。我觉得他为人通达,识大体,所以敬重他。来往更多的是我的妻和他靠后的两个老伴,都是由近邻很快变为好友。这样,他们的苦难就给我们带来严重的影响,主要是家门之内的支柱险些倒塌。这又不得不多说几句。我的妻两三岁丧父,多年母女相依为命,形成一种心态,是世路艰险,要时时处处小心谨慎,以免会遇见意外之灾。这用家常话说是胆小怕事,而竟听到这样的事,推想就不免"行自念也",于是怕升级,表现为由惯于沉静变为高度急躁。是早晨听说唐太太自杀的,这一天晚上,我住在四间北房的西端一间,上床睡了,她住在由东数第二间,与母亲在一起,也上床睡了。可是就在我想入睡而未能入睡的时候,看见她急急忙忙跑进来,只穿着背心和裤衩,立在我的床头,又急又气地说:"看你买这些书,就凭这也得抄。都是你,都是你!"我劝她,说:"已经这样了,就是后悔,现在也没有办法,只好等着吧。着急也没用,还是去睡觉吧。"她静默了一会儿,垂头丧气地走了。我心也乱,想用庄子的"知其无可奈何而安之若命"的内功安静一下,但只是一两分钟吧,她又跑过来,站在床头,把刚才说过的话又说一遍。我没有别的办法,也把劝说的话重复一遍。她走了,可是仍是不一会儿,又跑来,还是说那些。就这样,连续来五六次,我知道她精神已经近于失常,就坐起来,换解劝为晓以利害,说:"就是抄了,只要我们都平安,日子还可以过下去。你要是这样急,病倒了,你想想,还有母亲和孩子,怎么过?"幸而她精神只是"近于"失常,听了,回去,就不再来。我也明白,这是于可能抄家之外,又多一个危机,所以心就更加不安。幸而很快,抄家的风刮过去,妻的精神像是恢复为平和。说"像是",是因为后来发现,这次因恐怖而短期失常,心的创伤并没有完全平复。证据是,她原是公认为脾气最好的,对人温和,向来不起急,从那次以后,变为遇不如意事就不能忍,生气,痛哭流涕,甚至拍桌子。

接着说西来的抄家之风,18号、17号和16号,以及路南若干家,抄没抄,不记得了,只说15号。这本是我们14号的西跨院,不知道为什么不采用东跨院之法,门牌标为14号旁门,而闹独立,称为15号。这也好,因为解放以后,房东实行紧缩政策,西跨院卖与文物专家张效彬,就不劳更换门牌了。张是河南固始人,名玮,父亲在清朝是显官,做到户部侍郎。他以父亲余荫,上了英国剑桥大学,学经济。估计头脑还是"中学为体",所以回国以后,教过大学,所讲不是亚当斯密《原富》,而是曾国藩的《经史百家杂钞》。他还做过外交官，驻帝俄远东伯力的领事，卸任回国，带来公家欠的两万元的债和一位通英、法、德多种外语的白俄小姐，嫁他之后入中国籍，名张玛丽，解放后任外贸学院教授。他学习郑板桥，摘掉纱帽之后就优游林下。也是父亲余荫，玩古董。主要是书画碑帖，也有铜器、玉器等。据说眼力不坏，尤其对于碑帖。收藏古物，精品不少。推想仍是传统的匹夫无罪，怀璧其罪，他，以及说过的唐家，尚未说的房东李家，都抄了。不知以何因由，抄张家是在夜里。因为与我的住屋只是一墙之隔，又其时我的耳之官还未息工，所以不少嘈杂的声音都听得清清楚楚。像是未动武，只记得张老先生答："我确是没有枪。我一生手没沾过枪。"抄张家，目的明确，是要文物。据其后的传说，是张老先生态度坦然，说原来就准备交国家的，希望细心包裹，慢慢装车，上交，千万别碰坏了。就这样，一直忙到早晨，听说装了两卡车，运走了。怀璧其罪，璧交了，想不到还有后话，是几个月之后吧，老夫妇二人同一天被捕，男从家里，女从街上，一去就没有回来。

推论是星期天，因为我也在家，上午，红卫英雄，总有十个八个吧，来了。先到正院，进了房东李家的门。我们当然不敢出去看，只屏息听着。声音嘈杂而不很响。只一段对话最清楚，"这是什么？"是红卫兵问。"是字帖，练字用的，不是我的，是别人存的。"是李先生的声音。大概是红卫兵举起皮带吧，紧接着听李先生说，"是我的，是我的。"以后时间不很长，后来知道，只装了两箱，抬到大门外去。

是查完正院之后，也许是另几个红卫兵，最后进了后院。人类的心情也真怪，气极发笑，乐极生悲，就在那红色暴力已经入目，近在咫尺的时候，我的心里反而像是空荡荡，不怕了。等待开门迎入，却一直走进东房。东房住的是由保定一带来的吴家的老太太，摘帽子地主（已有选举权），同住的是她的尚未成婚的儿子。隔着窗看，是把老太太赶到院里，未打骂，检查屋里东西，运走两个箱子。时间不长，可是有余韵，是留下勒令，老太太须还乡。其间，有一两个红卫兵曾巡视院子，见西北部空地挂两个西屋祝家的鸟笼，拿走了。对于我们住的几间，连看也没看。

　　嘈杂一阵过去，我们才恢复清醒，推想是不在抄的名单之内，但仍不免于后怕。李家呢，尤其吴家，老太太年近古稀，小脚，没有独立生活能力，要还乡，有投奔之处吗？难免关心，可是不敢表示，怕万一传到红卫英雄的耳朵里。其后是看着吴老太太垂头丧气地走了，儿子去送她。想不到过了半年左右，吴老太太民复原位，又到东屋过起柴米油盐的日子。据说是走农村包围城市的老路，村干部把她送回来，交与派出所，只说这样一句，"你们愿意怎么处理就怎么处理，反正我们不要！"就成了。由这件事我想到河北大学写《古书虚字集释》的裴学海，学校被驱逐还乡的有三五个人，其他都是乡里不收，不久就回天津，只有他，家乡表示欢迎，就不能作《归去来兮辞》了。有人说，人生如戏，其实在大动荡时期，是人生难得如戏，因为戏中情节的发展，有脚本为依据，至于现实人生，就只能任机遇摆布了。

话扯远了，在那个人人朝不保夕的时代，还是以自扫门前雪为是。于是闭门，却扫之后，面对未离我远去的旧书，不由得思绪万千。曾经想到道家的"无"，佛家的"空"，痛感自己真如陶渊明所慨叹："总角闻道，白首无成。"但究竟本性难移，这望道之光只是一闪，心就逃离老庄和释迦之门，回到世俗。于是又是一闪，不再是望道之光，而是爱染之光，觉得未被抄家，究竟是大喜事。书呆子习气，喜，还想找个说辞，而一想就想到王羲之的七少爷王献之，《晋书》记他的轶事有这样一件：

> 夜卧斋中，而有人入其室，盗物都尽。献之徐曰："偷儿，青毡我家旧物，可特置之。"

一领青毡，因为乃家中旧物，后官至中书令的王献之尚且舍不得，况微末如我乎？所以多年之后，有时闷坐斗室，举目，看见半生相伴的旧书等还在，就不由得想到刮抄家风时的机遇，真会有上天保佑之事吗？管他有没有，还是循旧俗，说声谢天谢地吧。

割爱种种

这是想说说,由1966年8月起,"除四旧"之风刮起,我这小门小户之内,都有什么大小的举动。记得几年以前,曾有读者致书《读书》,说我的拙作都是废话。其后我虽未能焚笔砚,却一拿笔就想到这位读者的箴规,努力争取少说废话。不幸是本性难移,只是完篇之后我自己检阅,废话(或岔出去的话)还是不少。现在写三十年前的"除",忽而思路跑了野马,即又要说废话,怎么办?想了想,干脆破罐子破摔,顺着思路,即使成为大说,也不管了。大说,有来由,是提起"除旧"的旧事,最先浮上心头的是其时的心态,可"二"言以蔽之,曰迷和悟。除的结果是失,而迷(不知为不知)和悟却都是得。决定还是先说得。

所谓迷,是始终不知道,讲革讲反,用批用斗,任打任除,总之分所谓正确、错误,作为口号,喊,声音清晰,写,形体有定,可是具体到现实生活,简而明地说吧,怎么样就对了,怎么样就错了,却连个模模糊糊的轮廓也看不到。这是迷,不知,而要行,以何为指导?先是推想有决定之权的,如上上下下的红卫兵,是怎么想的。但这必没有如意的结果，因为，最根本的，是那些人就未必能想到，口号还有应该填充什么具体内容的问题。推想，外向，行不通，只得反求诸己，比如说，缩小范围，限定除自己的，案上有个瓷笔筒，能插笔，实用，像是与反无关，可是上面有人物画，而人物是旧时代的，砸不砸？答话只能是，光临的红卫兵说应该砸就砸，说可以不砸就不砸。总之自己是迷。因而我有时就想，就说是宗教吧，要求做什么或不做什么，最好能够说得明明白白。如佛门就是这样，要求以灭情欲之法脱离苦海，制戒律，如果你信受，弃家往山林精舍去修行，还思凡，想下山，就错了。至于要求不修就不然，常人的某些生活方式，某些事物，可要可不要，究竟要不要，经常是谁也说不清楚。不清楚，在平时，关系不大，"除四旧"时就关系重大，因为除是行，依照王阳明的理论，行之前先要知，而不能知，动手时就会左右为难。不得已，只好用秦始皇的办法，一群人，难于决定哪一个是冒犯至尊的，就一扫光。所以说起迷，带来的麻烦是双重的，一是想明白而不能明白，二是因为不明白，除就不免于扩大化。再说悟，正是来于除的扩大化。所悟是什么？是人，或扩大为生物，所有，身内身外，为数不少，不得已则忍痛舍一部分，但最后总要尽全力保留一种，是生命。人愿意活着，我当然很早就知道，但是，也许头脑里还藏有儒家舍生取义的理想吧，并没有觉得想活的力量竟有这样大。是除己之"四旧"，不是为"慈悲"而竟"喜舍"，使我进一步了解人生，恕我说句泄大家之气的，是大话谁都能说，一动自己的小命，就现了原形。原形何形?"人之所以异于禽兽者几希"是也。

废话完,改为说具体的除。事杂,想以时间先后为序。大风起兮"除"飞扬,今语所谓信息,可分为入耳和入目两类:入耳是红卫兵入某家之门,检查,属于"四旧"者或拿走代毁,或命令自毁;入目是贴于各处的红卫兵的"勒令",一般是限三天自己除尽,过期不除,查出,后果由自己负责云云。"后果"无具体说明,也就可大可小,可轻可重。猜测也要从重,所以又是怕。为了躲避后果,要先下手为强,动手除。排在首位的是书,因为摆在明面,数量较大。除的原则是,估计内容会有问题,或人有问题,就驱逐出境。前者如不少英文本讲性心理的,后者如张东荪、潘光旦等人著作,都清出来,由孩子装在自行车上送往废品站。计送去两车,孩子回来说,废品站不收,问能不能扔在那里,答随意,就扔在那里。书清得差不多了,检查属于装饰品一类的东西,如花瓶、挂镜、手镯、戒指等。这类东西,我们很少,但是语云,破家值万贯,东寻西找,也凑了一些件。当机立断,可砸的先砸后扔,难于砸碎的,趁天黑人不见,扔到后海里。

除书和花瓶之类是风卷残云式。接着对付书画就不想照方吃药。原因有大小两种:大是多年心所爱,费足力、眼力和财力所集,一霎时付之丙丁,实在舍不得;小是如张廷济写的一副集前人成句的对联,其与反的关系,究竟与潘光旦一流人有别。可是见诸勒令,书画确是应该算作"四旧",怎么办?恰在此时(记得是9月),不知由谁发明,有了上交之法。单位已成立敌对的战斗队组织,吾从编辑室之众,加入一个,名为红旗联队吧,上交,就交到联队指定的一间房里,有人负责收,并放在架子上保管。这种情况就容许我采用兼顾的战略:为了表示有"除四旧"的决心,隔两三天就用自行车运去几件,上交,听候处理;又为了心所爱尽量不离开寒斋,先交可有可无的。就这样,交了几次,"除四旧"的热风大降温,像是都不再提这件事,我也就不再交。且说这些上交的书画之轴,记得是过了一年,不知道又根据什么教义,说是与反与修都无关,应该发还。我表示遵命,领回。

扔,砸,上交,用的都是驱逐出境之法,比较费力,也就难得除恶务尽。是除之风刮得最猛的时候,街道有发令之权的人通知,"除四旧"可以自己做(意思是不必等红卫兵),应该烧的可以在院里烧。我未再思,就觉得以积极响应为是。于是检寻应该烧的,标准是推想红卫兵看到会怒而言曰:"这个,你怎么还保存着!"这个标准,也是抽象的时候像是合用,移到具体就嫌过于模棱;模棱而不得不用,到执行的时候也就难免从重从快。许多质地为纸的,如旧报纸,旧杂志,旧书,书画轴册,等等,检出来了,利用星期日在家之暇,借房东一个尺把高的铁锅圈,掷于其内,点着,眼看着化为灰烟,送走了。计一次烧一个多钟头,大概烧两次吧,除降温,就不再烧。又是已然者不可改,事过回想,这"纸灰飞作白蝴蝶",也有不少可以算作家之敝帚,值得怀念,甚至看作社会财富,值得保存的。当然,"值得"是俗见,会引来烦恼,不如转投佛门,求烦恼化为菩提,即少想用周公瑾火攻之法的损失，多念"是诸法空相，不生不灭，不垢不净，不增不减"是也。

但念完，也还要谈"减"，因为，就算作"文化大革命"的遗爱吧，主要是书，还有两次减。先说第一次，是1969年8月，我到凤阳干校接受改造之后不久，留在北京的住房必须扔掉（情况以后说），人（妻和岳母）和物迁北京大学二女儿处。二女儿的住房只有大小两间，我的书就成为过重的负担。我不在家，只能写信告诉他们一个甄别的原则，是笨重且估计用处不大的都不要，以便新处所还能容纳。其时我身心负担都很重（劳动很累，且没有改造好，无垢荣归的希望），为了照顾家属，信里大概说了"都扔了我也无怨言"的意思。他们也是多想照顾，又有建基于希望的乐观主义（我还能回去，坐在屋里看书），所以奉行的还是可留则留主义。但就是这样，当作废品处理，八分钱一斤，还卖得人民币二三十元，第九版《大英百科全书》就这样走了。连带的还清除了两种，由爱染的角度出发应该保留的。一种是一个旧煤火炉上的旧报刊，记得有二三尺高，都是因为有我的文章才留下的，家里人误认为废品，处理了。这里边虽然没有什么值得藏之名山的，但想到也曾费不少心血，留有昔日的足迹，一旦泯灭，也不免于有些感伤。另一种是书桌之下的一捆书画轴，可能是因为无处安置，堆在那里，家里人未打开看，也当作废品处理了。记得其中有扬州八怪之一黄慎的《东方朔偷桃图》，画已不新，草书的题却很好。最可惜的是熊十力师写的字条，他寓银锭桥时挂在屋里，五十年代他移住上海，我帮他整理行装，给我留作纪念的，想不到竟随着十力师本人，也走了。

再说第二次，是1970年的秋冬之际，在凤阳干校，想不到像我这样须大力改造的人也有探亲假，我回北京探亲了。进屋，看移来的书还未开包，总有二十几包吧，堆在墙角。我同于街头巷尾的常人，只要还有一口气，就愿意过得好一些。这包括化杂乱为整齐，于是其他都不管，先整理书，大致分类，上架。确知必装不下，就一面清除还可以割爱的，一面上架。大致用了将近两天的时间，存的都给了安身的地方，割爱的，装入麻袋，不很满的两袋，送往校东门外成府街的废品收购站，卖了。卖之时，不由得想到逛书店书摊时的痴迷，而又一跳就跳到佛门的万法皆空，"顿悟"人都是被置于俗和道的两端之间，绝大多数，滑向俗容易，滑向道就太难了。

那就坚守俗人的阵地，谈一点俗情俗理，即关于除，事后回想，是怎么看的。这方面也有大小之分，大是群体的得失，小是个人的得失。先说大，是确知有关群体的事，尤其不可发疯，因为发疯容易，因发疯而毁的一切就"黄鹤一去不复返"，悔之晚矣。何以还有悔？是恢复为清醒的时候，或下一代变为清醒，思念不复返的黄鹤，会写入历史，痛哭流涕。写入历史，会不会问，何以会有发疯之事？这是将来的事，现在还不好说。再说小，流为细碎，就不止一端。其一是又想到机遇之难明而力大。以师范大学中文系的二位师尊为例，刘盼遂先生和启功先生都住在校外民房，抄除风起，光顾刘先生家的非师范大学红卫兵，于是而有批斗及抄走书之事，刘先生老夫妇的老命就搭上了；光顾启功先生家的是师范大学红卫兵，人未批斗，认为长物应除，办法却是先封存，待处理，这"待"就待到依新政策应该发还时期，仅启封就完事大吉。其二是得一种关于除的经验教训，是主动不如被动，从快不如从慢。举社门之内的二位为例，一位是张志公先生，一位是蔡公超尘，都住在社外不远。张先生书多，自认为应该算"四旧"，可是交或烧，都无此大力，只好等，而等到除之风已过，红卫兵竟还是没有光顾，书也就全部安全过关。蔡公不然，向来慢条斯理，这一次见勒令却慌了神，把若干年费力购置的书画碑帖文房四宝等，小孩坐的车装了两车，都交与小红卫兵（非后来成立的战斗队），到依政策该发还的时候，人和物都不知去向了。其三是闭门算寒斋之账，应该说是比上不足，比下有余。机遇是好的，因为红卫兵未光顾。可是自己未学好《孙子兵法》，常是在主动被动间、从快从慢间徘徊，以致虽未彻底毁而终于毁了不少，自己胡涂自己受，后悔的话也就不必说。不悔，还来于其四的事后的自知之明，是其时，自己的心态，轻说，已经丧失了分析、判断能力，重说，已经接近精神失常。比如不少英文本，书名中有SEX，一个莫友芝墨迹手卷，上面提到"粤匪"，就都毁了，事后想，中学红卫兵会通英语吗？会知道粤匪指太平天国吗？到性命攸关的时候，马后课，我省己，兼度人，觉得自负为万物之灵的我们，比神赞禅师所说钻故纸的蜂子，其实并高明不了多少，岂不值得长叹之后继以痛哭流涕哉。

李也鲁

李也鲁是北京大学国文系的同学，比我晚两年，由第三院宿舍住同屋而熟识，其后交往很多，成为互相关心、互相关照的朋友，直到他于"文化大革命"初期的1967年春作古才各走各的路。现在重温"文化大革命"时期的生活，不由得想到他，就想说一些还记得的旧事，且算作怀念吧。

他名九魁，字菊东，河北省宁晋县人。1933年夏考入北京大学，入中国语言文学系，专攻语言，尤其音韵，用功，成绩不坏。但他，恕我说一句或者不应该说的话，天赋不高，所以论著方面虽然幻想不少，却几乎都没有成为现实。对于他的性格，他像是有自知之明，证据是利用《论语》中"参（曾子）也鲁"的成句，取别号为"也鲁"。鲁有朴厚之义，还有粗犷之义，这朴使他交了不少朋友，但粗（性格兼形貌）却常常使他的美妙幻想归于破灭。

记得念大学还没毕业，是由我的通县师范同学曾沛霖的介绍吧，他就到育英中学兼任国文教员。其后他教过中国大学，谈话常提到刘盼遂先生说王国维如何如何，刘先生没教过北大，他们就是在中国大学认识的。他还在文学院教过课，四十年代前期我在文学院混个饭碗，就是他奔走，得到赵荫棠先生的关照，才办到的。大概是抗战胜利之后吧，他改为到市立二中去教书，一直到新中国成立，与我差不多，才离开教中学的生活。在我们来往多的几个熟同学里，他职业比较稳定，因而解救知交的穷困，他的担子也就重一些。记得是1937年的9月，我因七七事变不能回保定的学校，失业，而妻要生产，住医院，就是他当了几件衣服，才交了费的。

可是他的经历中也有些不顺遂的事。先说男女方面，男本位加"臭老九"本位，由出生于十九世纪晚期的起到出生于二十世纪早期的止，都会遇见先旧后新的麻烦问题。旧是父母之命，媒妁之言，且不说头脑里有没有墨水，单看足下，都是三寸金莲。而一新就带来突变，所向往是自己看中，到公园卿卿我我，而资质呢，最好是上顶学士帽，下蹬高跟鞋。面对突变，如何应付？极少数，以北大的红楼人物为例，胡博士和俞平伯是仍旧贯，伴同江夫人和许夫人，白头到老。绝大多数是避旧趋新，连我们认为应登上凌烟阁的人物，如孙中山、鲁迅等也不例外。也鲁兄生于二十世纪初期，虽然出身于农村，却入了洋学堂，高升为"臭老九"，则依时代之潮流，不满足于乡土气的三寸金莲，想身旁来个烫发高跟，亦情理中事。于是情动于中而表现为行，就托人介绍。我也曾行"君子成人之美"的圣道，转托人，介绍一位姓陈的女士。尝试，有些来往，但不很久就结局分明，是女方由不升温变为冷，就不再来往。了解原因，是女方的评论，太粗，不能唤起子夜读曲之情。失败了，但这是"男女居室，人之大伦"范围内的事，心中没有般若波罗蜜多的觉悟，是不会回头的。于是如钓鱼，这里无所得就换个地方。终于有志者事竟成，延迟到四十年代后半，年已趋向不惑，结婚了。与存于家乡的一位相比，这一位有文化（不很高），大脚，可以说是旧变为新。但用旁观者清的眼看，也有不足之处：一是貌在中人以下，事小；性格是开朗的另一极端，事大。不幸这大事未能化小，而且有大发展，或我们后来发现有大发展，是居内助之地位，不只不能助，反而任己之性，要求男方如此如彼。就这样，也鲁兄先是把《殷虚书契》等比较值钱的书都卖了，在西城一个偏僻的小胡同里换一所小平房。其后到五十年代后期，他失业（情况以下说），而女方有教小学的职业，就与他离婚，带着所生一子另过日子去了。

依照男子汉大丈夫吹的生活之道，裙钗脂粉之类是小事；大事是或如班超，立功异域，或如司马子长，成一家之言。也鲁兄如许多"臭老九"，不想立功异域，却渴想成一家之言。其志可嘉，可是，至少据我看，就像是自知之明不很够。常表现为自视过高，即总以为自己能做大学问，写大书，必一鸣惊人。可以举三事为证。一件，是五十年代初期（？），恍惚记得有某种性质的评级之事，他同我说，如果不尊重他，他将如何如何。我出于多年相知之诚，狠狠地教训了他一顿，他心里未必服，却听了我的，没敢说什么。另一件，是五十年代中期吧，他由新华辞书社调往语言研究所，我知道之后，"面授机宜"，说吕叔湘先生学问、为人都至上，到那里要听吕先生的，让你做什么你就做什么。上班之后，吕先生让他钻研《孟子》，统计某种语言现象。他以为那是小零碎，不是大学问，不听，结果是终于没有搞成什么大学问。还有一件，是他不甘于只在语言文字的范围内有所建树，是五十年代晚期失业以后吧，写了一部《老子蠡测》，我看过一部分，觉得深和新都不够，且不说能不能传世，必没有人肯印，而费如此大力，总是太迂了。

以下说更大的不顺遂，是到语言研究所之后不很久，记不清是不是整风前后，他被开除了。像是听谁说，不是右派问题。究竟是什么问题呢？多年弟兄，不愿意听人讲这些，也就未打听。不打听，但不能不面对现实，是失业，无收入，还要活。其实，如果没有内顾之忧，活还是不很难的。其时物价不高，妻有收入，房可以出租几间，朋友帮助一些，三口人，省吃俭用，困难不会很大。不幸是过个时期，每月有工资收入的妻与他解除婚姻关系，带着孩子走了，月收入就成为只是那几间房的出租钱。朋友可以帮助一些，但都力量有限。他困苦，可是理想未减，仍计划写《说文解字注补正》（？），而且真就写了《老子蠡测》。我们还多有来往，见到他，不由得想到桓大司马的话，"人不可无势"，我这小人物还想加一句，是，"人不可无钱"，因为其时的也鲁兄，虽然还常常强作笑颜，看得出来，内心却是沮丧的。就这样，跋涉到"文化大革命"，他被赶回老家了。

回家的一路，遭遇如何，不知道，想来必比不上贺知章的"少小离家老大回"。但收到他信,知道家乡的情况未大变,还能过粗茶淡饭的生活。我见过他的乡里的妻和子,确知必行古道,所以头脑里如果能够清除新旧之分,甚至可以说,"打回老家去"是由幽谷迁于乔木。我复信说明此意,劝他安心静养,将来如何看情况再说。估计这是1966年秋末或冬初时候的事,其后就断了音信。是次年的三八妇女节,我忙于上班闹"革命",晚上回家,妻说上午老李来了,说住在乡下,没有一个朋友,想北京想得厉害,也看看病。留他吃饭,他说先到石景山看看义方。我问有没有给他点钱,妻说,给他他不要,说还回来,只给他一点粮票,一根拐杖,送他到大门外,往西去了。晚上没回来。后来才知道,想住在义方那里,可是只一间房,还有女儿,实在没地方,又在那个时期,日日捧"小红书"念颂歌还怕有什么危险,谁敢让个被赶回老家的人留宿?推想他望门投止受挫,辞别义方,也就未敢到我家里来。是三八妇女节的次日晚上,他仍没有回来。我们以为必是暂住在义方那里,也就没有在意。又过一夜到了10日,我如常,起床收拾,吃完早点,上班。还没走出后院,看见来个穿警服的,问:"这院里有人往宁晋写信吗?"我听到"宁晋",一愣,不知出了什么事,当然不敢说假话,答曰:"有。"来的这位人很好,大概是怕我心惊胆战,赶紧用安慰的口吻解释:"是这么回事,永定门车站候车室椅子上死一个人,单身,查身上,有一封由这胡同35号寄宁晋李菊东的信,想对证一下,死者是不是李菊东。"我明白了一切,向这位来者说明死者同我的关系,多年高血压,前两天来京治病，曾到我家云云。这位说将立即给死者家属拍电报，走了。这一天，我上班，真就成为心不在焉。都想了什么？很乱。先是悲痛，多年弟兄，长时期坎坷，最后竟带着连旧相知也不能容纳的心情走了。依常理或常礼，我应该奔赴永定门车站去看看，可是"文化大革命"是非常，我不能不放弃理和礼，也就不能不痛心。这期间还曾灵光一闪，想到他的性格和他的处境，对照佛门的四圣谛法，"苦"由于"集"，由死（不是由"道"）得"灭"，也无妨视为善果吧？若然，也鲁兄，你就安息吧。

也是依理或礼，我给也鲁兄的家属写一封信，述说这里的情况以外，还略表慰问之意。不久就接到他儿子李莳真的信，说收到电报，他来北京，取回火化后的骨灰，安葬了。这孩子如其父，也朴实念旧，信中表示，父亲故去，将视我为家长，希望我以子侄待他云云。他会木工，有时出外为人做木器，到七十年代前期，"文化大革命"的胡闹成分减少，他有时就到我家里来。他父亲的书籍等还在（发还？），他想处理。其时书不值钱，也知道环境趋向平和之后，价钱会上涨，可是自己，以及熟人处，都难于拿出一席之地。不得已，我找个在中国书店工作的相识，希望他估价时宽厚一些，结果大致是平均一角钱一册，卖了。而几天之后在海王村的中国书店上架，也是我亲见，就变为平均一元钱一册。卖之前，莳真侄让我随意留。我选了一些，大多是因为有用而我没有；少数，如清初刻本《桃花扇》，是我送也鲁兄的，《书目答问补正》，我有，因为上面有也鲁兄的批校，愿意留作纪念。还有一件值得纪念的，是一对印章，"静安之徒"，寿石工刻，"燕赵乡人"，金禹民刻，我知道这是亡友心所爱，同莳真侄说，这一件我想保存，就不给他拿回家了。于今又过去二十年，有时我开抽屉看见这一盒印章，就想，我应该如也鲁兄之对我，到往生净土时怀中还藏着我给他的信，他心所爱我也藏着，直到油尽火灭，不再能思虑之时，才对得起他吧。

斯文扫地及其他

上帝造事如造鱼,分为三段:头部较小,也就轻;以下腹部加大;再向下,尾部,成为薄薄的一片。"文化大革命"也遵守上帝之法,对于人,起初的看法是,"有些"是坏的,要整治;向下发展必加大,成为,除极个别的人,如发号施令的,以及某一群人,如执行命令的红卫兵,以外,"都"是坏的,更要整治。大致是1966年"红八月"之后一年多,运动"深入",表现为打击面扩大,有名,是要清理阶级队伍,有实,如我这样的,由演龙套,跟着喊打倒某某某,变质为坏人,靠边站。大概是认为靠边难于形象地显示个性吧,不久就想出新办法,分配清扫院落。人不少,年岁大些的几乎都参加了。分片,我之所得是公主楼前以及其旁的厕所。

新生活必有新感受,甚至新感想,也就可以说说。排个由轻到重的次序。首先是累不累。这要看是用客观的秤衡量还是用主观的秤衡量。用客观的秤,比如与现在当下写其时的斯文扫地相比,应该说,扫一个小院,清洗一个厕所,总比缀文成篇,求读者赏以慧目时不至皱眉容易。但换为主观的秤就不是这样,比如到秋菊也落英之时,黄叶满地，一遍未扫完又落一些，就觉得不如坐在稿纸前涂抹。总之，此亦"臭老九"之所以为臭也，多年习惯，以至力小到只能拿小毛锥，或维新，圆珠笔。由此就过渡到其次，对劳动有没有正确的态度。掏心窝子说，是未能"大一统也"，即问理智，尊重（体力）劳动，问感情，希望自己走老路，拿笔，让一贯从事劳动的人去劳动。这应否算作好逸恶劳？如果劳动专指体力劳动，这项帽子戴在我头上还是合适的。再其次是曾否感到羞辱。应该说，有一点点，但比零大不了多少。且夫新时代的新花样有罚扫街之类，人皆视为耻辱，己独不然，亦有说乎？曰有，而且可以凑两项。一项是天塌砸众人，早晨，出动一群，为首的并且是原来的党委书记，微末如我，又何耻之有哉。还有项，是由多次运动的锻炼来，还可以分为两小项：一小是确信，想活，就要把脸皮揭下来扔到垃圾堆上；另一小是受辱，如喷气式，惯了，依照吾乡某小学生"惯了一样"的人生感悟，也就真可以不当作一回事。最后说说因扫地而想到的一个问题，我是怎么认识的。这问题是劳动究竟光荣还是不光荣。教义说光荣，而且言之成理。可是以之为一种惩罚办法，试想，世俗视"洞房花烛夜，金榜题名时"为光荣、舒适之事，罚某人，会让他去洞房花烛、金榜题名吗？可见就是新时代，劳动也只是在教义上光荣，移到人的心里就仍是两千年以前的，曰"劳力者治于人"是也。

扫院落，依传统是早晨的事。其他时间呢？废物应该利用，坏人也应该利用，于是分配扫地之后不久，就如物价之继续上升，来了新的命令，随着几位临时工，要终日劳动。做什么不一定，比如临时工的工作是抹墙，就跟着抹墙，临时工的工作是挖沟，就跟着挖沟，等等。活儿很杂，但有个共同点，脏而费力。临时工有三位。四十岁以上的二人，只记得一位姓白，一位是回族，一位是蒙古族。二十岁以上的一人，姓增，人都叫他小增。这位是满族，不记得听谁说，母亲出身贵族，所谓"格格"，有些积蓄，是"文化大革命"抄了家才穷困的。他们三位有合有分，如果分，我多半是跟着小增，打下手。这位小增人不坏，惜老，还对知识分子有敬意，一起干活儿，总让我干轻的。我们相处一年多，谈得来，都希望将来情况有变，还能再聚会。是1969年春夏之交吧，全社准备往五七干校，社内的劳动停止，我们见面的机会就少了。以后我行踪不定，多在京城以外食息，渐渐也就把他忘了。是七十年代、八十年代之间吧，有一次我路过出版社东墙外的大学夹道，在近南口处遇见他，十年不见，谈几句，都有些感慨。以后就没有再见到他。现在，推算他年已过知命，还做临时工，与寡母相依过日子吗？很想能见到他，可惜探寻他的住址也不容易了。

对待坏人之法，还有个小插曲，可能来自有什么传言，总之是神经有点失常，或装作有点失常，就说要警惕。措施也许只是一端，是防止有反的可能的坏人乱说乱动。设想的妙法是劳动完，留在社里，集中住。于是在集中之数的人人，都遵命，正是夏日，带一点点铺盖之物，住进某一指定的大屋里。人多而语不杂，因为不敢畅所欲言，唯恐言多语失。但难免"躺,在他的背上"之后,面对顶棚,不能梦见周公,就畅所欲思。记得曾想到太平天国的男馆女馆,慨叹"日光之下"真就"并无新事"。还曾想到佛门的共住,比如"结夏"是一种重要修持,就是大家在一起坐禅,如果不精进,口中念般若波罗蜜多而心里想的却是"香囊暗解,罗带轻分",一旦被发现,就要受到"波罗夷"(不共住,即赶出去)法的制裁。佛门,罚是不共住,今则变为共住,亦可谓"彼亦一是非,此亦一是非"了,如何对应?曰,吃谁就听谁的。不确知是什么原因,到昌平参加麦收劳动?阶级斗争暂时休息一会儿?记得共住了一个多月,主管者宣布:"回家去睡吧。"

用京剧排戏码之法,大轴最后上场,这是进行"清队"之后,我多次被迫回忆旧事。前面曾言及,我三十岁左右患贫血病,记忆力大损,头脑里的旧事迷离恍惚,而询问则要求丁是丁,卯是卯,回答就成为大难。这所答又可以分为两类:一类是关于自己的,是一再写自传,谁要就交给谁;另一类是写关于别人的,名为材料,交给来外调的。先说自传,解放初期已经写过很详细的,而且经过调查核实。自己扪心自问,所愧者也只是不能如伯夷、叔齐那样清,义不食周粟。而事则很少,还是写,有什么必要呢?这当然不许问,也就只能让写就写。幸而受者未疑为有什么隐瞒,也就没有受到隔离审查的特殊待遇。但既然拿笔,就不得不用时风八股的自怨自艾之法,这就有如电视剧中的奴才,跪而面对老佛爷,一面说一面打自己嘴巴,纵使出于不得已，也够难堪的。

更难或说最难的是应付外调。上面说过，依时风，除极个别的人以外，人都成为坏人。调查坏人往事，当然就要追寻那些不光彩的，甚至反的。如果没有呢？依照"红卫哲学"，那不可能，"既然"是坏人，怎么能不干坏事？问题是坏坏相护，甚至攻守同盟。所以要想办法，使不愿说者不得不说。办法仍是红卫兵一路，用大力压，即轻则申斥、威吓、辱骂，重则责罚（立、低头之类），以至打是也。主要是1968年和1969年，我接待的外调人物不少。情况可以总的说说。只有一次态度好的例外，是个三十岁上下的男子，来调查曹家琪的思想，不只让我坐下，问话也客客气气。这是把我看作好人。恕我多年之后，到现在才向他道歉，是答他的话都是假的。这也有原因，是我头脑陈腐，未能吸收新时代的新道德，也就没有勇气为掠取"积极"之名而卖友。绝大多数来者是照外调的剧本（闹剧或恶作剧）演戏，一间小屋，他上座，座前有桌，学裘盛戎演《秦香莲》那个气派，即非访问而为审问是也。其下当然没有座，盖低头垂手而立，身恭顺而心战栗，设想才不敢不说实话。发问也几乎是千篇一律，是被调查的人问题如何严重，"你们关系密切"，要坦白，以免罪上加罪云云。问答之间，仍如演戏，还要夹些拍桌子之类。最后言归正传，是要写材料，从速交。演戏，还欣赏过一次大型的。是调查某名人，总是因为"你们关系曾很密切"，场面就成为非一般。小屋变为大屋，气派超过《玉堂春》，那是三个桌，这里扩大为四个。十足的开庭审案的局势，我走入就成为被捕去受审。威吓，拍桌子，辱骂，都加了码。我有些怕，因为不知道来头有多大，甚至担心会被带走。事后才知道，不过是打派仗，希望演一场《四堂会审》，从我这里捞几颗子弹。这使我有时不免于慨叹，像这类事，几个人来自街头巷尾，对另外的人竟可以行使法院的审问之权，我们置身于其中的世界究竟是个什么世界！

但是仍要谢天谢地，就是那次超过《玉堂春》的表演，也还是君子动口不动手，即未开打。此外还有得意，颇想说说的。总述是无论如何受压，精神没有失常。因为精神正常，立在堂下答，回到屋里写，就都没有放弃久存于心里的"德"和"理"。如上面说的不卖友，编造假话，就是德做主的一例。其实这一例乃来自一种立身处世的通则，是不只损人不利己，不损人，就是损人可以利己，也不损人。与利和损无关的事，就据己力所能记忆，说实况，无论怎样威吓，不加码。还有两次答话，自认为立于下而理占了上风的，学至上者，也来一次个人迷信，一字不减地记在这里。一次，问："你说他没加入国民党，你敢担保他绝没加入吗？"答："不是不敢，是那样说不合事理。我们并未终生在一起，我只能说，就我之所知，他没加入过。"又一次，问："加入国民党，他自己都承认了，你为什么还不说？"答："他自己承认了，你还跑这么远找我做什么！"可见装腔弄势并不能遮掩不学无术，苦中作乐，可发一笑也。

写到此，回头看看，真是文无定法，竟由扫地说到发笑。还是改为说点严肃的吧,是斯文扫地之后近三十年,狂热变为清醒,我们已经领悟,迫切需要的不是神化某一人,群众在下山呼万岁,而是"精神文明建设"。这种建设,求成,要具备许多条件,其中一个主要的是"人"能够变野蛮为文明。一个文明人也要具备许多条件,单说人与人之间,要能够互相尊重,或更强调自己尊重,换个说法是都把人当作人看。斯文扫地,以及左手拿着望远镜,右手拿着显微镜,披星戴月,跋山涉水,背后搜寻人的劣迹,是不把人当人看。批斗,喷气式,以至打、杀,当然更是这样。不把人当人看,短期的结果是有耻,长期的结果是无耻(要活,只能如此舍)。人而至于无耻,物质文明尚且难保,况精神文明乎!所以有斯文扫地一类事,如果我们不健忘或未装作健忘,就应该先恢复有耻,然后是因有此类事而真感到羞耻。

且说有罪

由1968年初起斯文扫地,不久又加上各种劳动。这样持续约半年,又来了新花样,曰"请罪"。办法是由无罪的一人监督,上班之后和下班之前,有罪之人,总有二三十吧,齐集大门以内,列为两三个队,面北,低头,弯腰,各自背诵自己的请罪辞。辞如旧时代之制艺,格式和字数都有限制。限制字数,是因为要求同时起,大致同时止。格式比制艺文还严格,如"破题"部分要异口同声,都是"我有罪,我有罪"。以下八比部分当然不能不百花齐放,因为罪不同,表达为内容服务,作,就可以八仙过海,各显其能。末尾大结部分又有变化,是可以异词,意思却要大致相同,都是十恶不赦,希望还能得救云云。

显然,这请罪,开始之前就送来两种困难,完稿和背诵。可以想见,大难是八比部分,实事求是,监督者将斥为轻描淡写,不服罪;夸大呢,自己为自己加码,心也不能安适。一再斟酌,成篇,呈上,幸而批准,还要念熟,以免上场忘了辞,罪上加罪。然后是挑帘出场,虽然早已彻悟,演这样的(恶作)剧,是因为有不少人以别人受苦为乐（恕我在这里插说一句，这才是值得痛哭流涕的民族悲剧），对应之道只能是，以受辱为无所谓；但那是"理"，至于"情"，尤其门里门外，有不少人围观的时候，努力，也终于不能如《庄子·天道》篇所说："昔者子呼我牛也，而谓（自己也这样叫）之牛，呼我马也，而谓之马。"还要加一个"尤其"，是推想，听了集体的"我有罪，我有罪"之后，监督的人常常兴犹未尽，就由队里叫出一个，走到队之前，低头，弯腰，单独请罪，这样，连罪友也成为围观者，想做到"呼我牛也，而谓之牛"就更难了。

　　语云，病来如山倒，病去如抽丝，这样的请罪恶作剧，竟持续了半年出头，不知道出于什么想法，宣布停止。记不清是不是有人说过，就是不可意的事，只要过去时间长了，也像是很值得怀念。如果所谓怀念不包括希望重来，这种高见也可以适用于请罪。且说事后我就曾想，这样的表演也如天之生材，各有其用。请罪的大用是能够最有成效且最快地训练"无耻"。何以说这也是大用？古语有云，"士可杀，不可辱"，如五十年代初，我的一些熟人，自负为士，想不到闭门家中坐，辱从天上来，不能无耻，就三尺白绫，过早地见了上帝。或曰，生而为人，终于不得不见上帝，早晚又有什么关系？我想，这曰的"或"是有说风凉话的瘾，至于风凉话说完，比如不幸而得了病，奔赴医院，是比任何人也不落后的。所以诛心之论，他还是更信奉"天地之大德曰生"。既从《吕氏春秋》，"贵生"矣，如我，由士下降为"臭老九"，进过无耻训练班，并以优异成绩毕业，到干校接受改造,曾不止一次被批斗,就显示了能适应的优越性,是批斗之时,可以"一心以为有鸿鹄将至"。批斗之后,吃王福海师傅做的红烧鱼,甚至比平时更加香甜。至此,就真可以大喊一声,"请罪万岁"了吧?因为曾有喊万岁之心,有时回顾其时的匆匆放过,未能谨守而勿失,就不免感到遗憾。所憾还可以成双。一是未能请个好事者,手持照相机,咔嚓一声,为我留个宝贵之影。如果能留下,今日陈之案头,对照"吾日三省吾身",就可以更清楚地看到不足,更深入地看到"三毒"(贪、嗔、痴,为一切烦恼之根本)。还有二,是这篇《请罪辞》乃一生涂涂抹抹,用力最多,自信也成就最大的作品,而竟没有留下底稿或文本。如果留下,有机会印文集,使之压卷,推想世间物以稀为贵,一定有不少读者会反复吟诵,一唱三叹吧。

想留照片,想留文稿,亦贪也,不好;要改弦更张,谈点平心静气的。文不可离题,又人贵在能自知,所以想先触及一个最关键的问题,是我究竟有罪无罪。似乎可以痛痛快快答,可是昔年由英国薛知微教授那里学来的分析法闯进来作祟,我不得不面对一个更靠前更为根本的问题,何谓"罪"?一不做,二不休,索性再扯远些,由"罪"和"过"的分别谈起。为简明,宜于取其大略,因为如果加细追究,罪和过就会靠近,甚至合伙。比如《周礼·秋官·大司寇》里就有这样的话,"凡万民之有罪过",这是罪和过合了伙。又如帝王有时自己也承认有过或后人说他有过,这过可能是错杀了若干人,就成为过越了境。我们这里只取一般用法,如《孟子·公孙丑上》所说,

"子路，人告之以有过则喜"，不告不知道，知道之后还高兴（改则可不再有），可见是不严重的。不严重，还来于一种心理的情况，是一般说，非出于有意。不是故意干坏事，做了，如果牵涉到别人，危害轻微，所以，也是一般说，刑法就不管。像这样的过，我有没有呢？可以斩钉截铁答，不只有，而且很多。那么，退一步，能不能希子路之贤，闻，或自己发现，就勇于改，做到"寡其过"呢？像是也做不到。"欲寡其过而未能"，有原因，是庄子说的"天机浅"加后天的修养差。天机，人力无可奈何，修养呢，"今老矣，无能为也已"，总之是自己确知为"朽木不可雕也"。但生而为人，反个人迷信至于极端也不好吧？那就从众，也吹一下，是还有一点点"自己确知"的自知之明。

过说完，转为说罪。问人有罪无罪，就不能不想到基督教的"原罪"（与生俱来的罪）。因为相信生来就有罪，所以有涯之生的头等大事是赎罪，盖棺论定前还要忏悔，求宽恕，以便能够到上帝旁边安坐。这个想法不坏，正如佛门的净土宗，由于多宣"南无阿弥陀佛"佛号，死后可以往生净土，也是想得不坏，因为与我们无信而只有知，知人死如灯灭，相比，显然就像是有奔头。不过有没有奔头是一回事，事物的真相如何是另一回事。佛家相信人生下来就有苦，由常人看，缺点在片面，以常人的生活为证，男本位，有大志者想娶个天仙，有小志者想尝一次大虾，他们是在求乐，多人求，可见人生的旅途中也有乐。相信人生来就有罪就不然，缺点是无根。因为我们可以问，罪，无论缘情还是缘法，都承认是严重的错误行为致成的，尚不能"行为"之时就有罪，这罪只能是外力（上帝？）加诸身的，如果竟是这样，这罪应该还与外力，或竟是应该由上帝负责吧？

以下可以撇开宗教，谈常识的所谓罪。可以看看流氓出身的刘邦是怎么理解的，《史记·高祖本纪》：

> 汉元年十月……吾与诸侯约，先入关者王之，吾当王关中。与父老约，法三章耳：杀人者死，伤人及盗抵罪。

可以称为罪的行为举了三种，杀人，伤人，偷盗，都是使别人受到损害，应该受到惩罚的。与现在的繁杂的法条相比，过于简单，但精神不错。我们无妨笺而疏之，说构成犯罪，要具备以下一些条件。一是出于有意，如医疗事故，不是出于有意，就要看情况另说。二是使别人受到比较严重的损害。这个条件隐藏的问题不少。如自杀，已遂是杀人，未遂是伤人，可是受损害的不是别人，是自己，怎么处理？又如偷盗，已下手，可是未能得到什么财物，如何处理？三是如果有刑法，应该是刑法上明白规定算犯罪的。这是防备扩大化，以致民无所措手足。四是受惩罚者用群体的眼看，也承认他或她的行为是犯罪，因而对簿公堂，辩论，理由只是没干这样的事，而不是干这样的事不该受罚。五是所谓受损害，范围不扩大到"人"以外。列此为一个条件，是因为有的宗教，如佛教，是把杀生（诸有情之生）看作犯戒的，犯戒是不是等于犯罪？还会带来这以外的问题，比如杀死国家明令保护的动物算犯罪，就是扩大到人以外。所以在这种地方，也就只好睁一眼闭一眼，睁眼，是指手中有枪，不打天鹅，闭眼，是指手中有蝇拍，可以置苍蝇于死地。至此，泛论完，可以转回来问开头就想问的大问题，是依照这样的对于罪的理解，我究竟是有罪还是无罪？"当仁不让"，应该说，我无罪，因为一生所作所为，自信没有使别人受到刑法应该过问那样的损害。

可是我曾说"我有罪，我有罪"，而且时间长到超过半年，应该如何解释？又是"当仁不让"，我不得不说，依照以上对于罪的理解，是强迫人请罪的那些人有罪，因为他们使别人受到严重的损害，纵使主要是精神的。精神属于唯心论，而一滑就到了唯物论，因而很容易就联想到红卫兵的打、杀、抄、赶回老家、扫地出门等，是不是同样算有罪？用墨子的眼看，"杀一人，谓之不义，必有一死罪矣"，算有罪；用刘邦的眼看，"杀人者死，伤人及盗抵罪"，仍是算有罪。用今人的眼看呢？如果有独立且真能执行之"法"，当然应该算有罪，可惜其时只有个人崇拜的狂热而没有法，于是任何损害别人的举动就都可以逍遥法外了。其实这种情况也是自古而然，而且有个名堂，曰"刑不上大夫"，大夫尚且可以有罪而不受罚，况其上之帝王乎？也就本此荒唐之理，早如秦始皇，坑儒四百多，晚如那拉氏老佛爷，把珍妃推到井里，就可以不受"杀人者死"这条法律的管束。岂止不受管束，还可以引用个名堂，是"天下没有不是的君父"，事实是有

"不是"而就成为视有若无。

"若无"不是真无，因而如"我有罪，我有罪"的请罪辞，也未尝不可以废物利用。如何利用？可以用之为引线，深入研究，以及其来源或基础。研究，看清了，前事不忘，后事之师，加上有决心改恶从善，于是而将来就不再有请罪以至打、杀、抄家之事，街头巷尾所见都可以称为法治的精神文明，岂不是天大的功德哉！

刘佛谛

刘佛谛原名刘旌勇,字义方,天津之西永清县人。他是我的通县师范同学,不同班,可是后来以种种机缘,关系越来越近,成为在艰苦的人生旅途中互相扶持的朋友。总是十年以前了,我写过他,也用这个题目,成篇,收入《负暄琐话》。这里又写他,非喜重复也,是因为他于1969年初寻了短见,追究责任,是"文化大革命",我追记其时的旧事,不应该漏掉这一场。可是追记,就会碰到写法方面的问题,照抄,纵使是自己的,用读者的眼看也说不过去;走新路吗,经历的事新不了,也不好办。不得已,学上等人物对于自己的过失,有那一篇而装作没有,于是下笔,就可以想到哪里说到哪里。

上通县师范,他是第十班,我是第十二班,比我早两年半,可是年岁记得长于我六七岁,他家里不穷(地主),何以未及时上学,没问过他。旧潮新潮,都承认出身会给性格打上烙印。他天资不差,可是这地主家庭的生活加于其身的烙印,我看是,不值得欢迎的不少,值得欢迎的不多。大节是好吃懒做;好吃而常常力不足,也是常常,就表现为顾前不顾后。说他天资不差,可以举两方面的情况为证。一个方面，是文，不论是文言还是白话，造诣都不坏；书法的造诣也相当高，笔画都是逆入平出，苍劲有古意。另一个方面是口才好，并有相声的本领。据说，他一个人坐在屋里可以开教务会议，学校长，学两位主任，学生物教师胡老头等，都很像。人生一世，有成就，专靠天资不成，更多的要靠功力。可是好吃懒做就放弃了功力，因而这位刘兄，至晚由中年算起，就没有什么进益。还有个也许应该算作更严重的影响，是有一点点钱，先顾吃，没有余力交学费，以致几个孩子都没念到中学毕业就失学。但这烙印还有好（或只是值得欣赏）的一面，总的说是重礼。比如他乐观，好开玩笑，对我的妻却一贯是严肃有礼，因为依旧俗，男性对于弟妇是要敬如贵宾的。这严肃的态度还表现在日常小事上，如招待他吃饭，主食为馒头，吃法是，拿一个整的，一分为二，放下一半，一半再一分为二，放下一半，直到已经成为小块块，才拈其一放在嘴里，以求避免张大口咬的不雅。求雅，还应该加说一项品德方面的，是对人厚，尤其对朋友，总是推心置腹，能够急人之所急，或者说，既能共安乐，又能共困苦。共困苦，要多考虑人，少考虑己，就他说，是主要来自天性，不是来自烙印。何以知之？是他有个胞兄刘刚甫，因他的介绍，也曾来北京教书，好吃懒做同，待人则大异，总是多考虑自己的利益，不惜损人。

还是专说佛谛兄：他身上的地主家庭的烙印还有一种，是从小就吃得胖胖的，加以体形粗大，面苍老，在学校就得了个中外合资的外号，老fat。是四十年代前期，他曾到河北省宁晋县做秘书工作，教书匠改行，不习惯，他想连名字也换一换，是我用谐音法，送他个"佛谛"的雅号。除了这一次，他都是用那个老字号"义方"，在京城内外的小学、中学的驿路上旅行。这是说，生活很少是安定的。毕业之后，不知以何因缘，他到山海关田氏中学（旧军阀田中玉创立）去教书，生活大概不坏，若干年之后，还常常提及吃驴某部位之肉的壮举。不幸是好景不长，"九一八事变"，山海关不能待，逃来北京。其时我上北京大学，在沙滩一带住，这一带是各种类型的知识分子的栖身之地，他也来这里住。我们别三四年重逢，同"穷"相怜，不久就成为围坐小火炉旁同吃炸酱面的相知。这之后的生活，我偏于静，有个可以食息的家。他不只没有家，还未能有个固定的职业。当孩子王，大多是在京城以外，现在还记得的，有塘沽、香河、顺义等地。在北京，在育英中学待了一个时期。有时"处处不养爷"，就回老家，吃最不喜欢吃的院里自种的倭瓜。总之，生活是一贯穷困加颠簸。

解放以后，不记得从什么时候起，他到石景山教职工子弟学校。也不记得从什么时候起，以何因由，他把家属从家乡接出来，住在鼓楼前街东方砖厂胡同路北张子成（名有为，多年教育英中学，小有书名）的平房小院的南房里。这位刘大嫂姓田，是我的朋友田聪的本族姑母，也是大户人家出身。语云，不是一家人，不进一家门，也是没有一点清秀气。由此我还悟出一点道理，是文人笔下所谓小家碧玉，所谓大家闺秀，直到所谓倾国倾城，十之九是在过幻梦之瘾，在现实中是难得找到对证的。且说这位大嫂还不少生产，子女各二。于是显然就带来吃饭问题。办法是男快找工作,女快找婆家。也是语云,天无绝人之路,营谋,挣扎,不仅能够活过来,而且正如张子成的一个精神有点不平稳的幼子所讥评:"他妈的!不是饺子就是馅饼,吃完,嘎巴嘎巴(皮鞋走路声)又石景山了。"

就是他住在方砖厂的时期(后期他长子结婚,他在石景山租了房,可是不断来城里住),我们成为别难会易。我的住处后海北岸与方砖厂只是鼓楼前的一条大街之隔,我常到他那里闲谈,顺便看看张子成。这位张先生学识不怎么样,可是好写字,自认为临北碑还大有所得。因为好写,近水楼台,就认识一些买卖旧书画的。他也买,可是兴趣主要不在收藏而在得些利。比如买一件何子贞,用了四元,有人给五元,就转让。还有个高风,是来价若干,赚若干,都明说,不夹里藏掖。我到他屋里去,主要是想看看流动于他手里的书画,如果中意而价钱不贵,也就收一些。佛谛兄对书画也不是没有兴趣,可是向来不买,因为兴趣更高的是饺子或馅饼。他到我家里,惯例是周末的晚饭之前,我们在饭桌旁对坐,半杯酒入腹,他记性好,说说笑笑,多及昔年旧事,我总视为冷酷的环境中难得的一点温暖。他在石景山金顶街租住处之后,我和李秀三(他在山海关教书时的同事,也成为我的朋友)结伴,还到他那里盘桓过几次,记得都是晚间到,住一夜,第二天回城里。青年时期的弟兄,半老时得抵掌而谈,抵足而眠,总不免有"今夕复何夕,共此灯烛光"的感慨。

有感慨,就希望,也相信,后半生能够长相聚。想不到又来个运动,而且是中外之史都无前例的。他年超过耳顺,已经退休,初期,就可以不上场充龙套。这是优越的一面。但福不双至,刘大嫂一贯血压高,就在"红八月"的前一个月,简直像是有意逃避恐怖,一天夜里,血压再加高,至于冲破脑血管,解脱了。剩下刘兄一个人,他胖,筋骨负担重,连自炊自食也感到困难。幸而入城有儿媳下厨房,出城有幼女下厨房,只是寂寞,其他不便还可以忍耐。我们见面的机会少了,原因主要在我这一边,忙碌,难得自主,而且今天不知道明天怎么样,也就不再有串门的闲情逸致。他有时还住在方砖厂,为我的平安担心,因为担心,反而不敢到我家里来。大致是1967年一整年,我们由有时见到渐变为很少见到;到1968年,我斯文扫地,兼劳动;他呢,"清队"是不问老不老、退休不退休的,也许有什么风吹草动吧,我们就断了来往。记得是7月2日,我仍依常规,早饭后骑车上班,车到后门桥头,看见他在右侧的石栏旁站着,显然是在等我。我下车,四外看看,行人不多,没有人注意我们。可是我们仍有草木皆兵的感觉,只小声说了几句话。他说他昨天入城,想今天就回去。问我情况如何,我说:"很紧张,不知道将来会怎么样。你问题不严重(据我所知,没有国民党的问题),估计不会怎么样。"他说:"那也难说,说严重就严重,说不严重就不严重。"说完,他催我快走。我们都怕"偶语者弃市",就匆匆未握手而告别,万没想到这就成为最后一面。

重复一次古文滥调,光阴如白驹过隙,日日劳动、请罪,竟也到了1969年。是2月6日，未加晚班，下班回家。照常吃晚饭，饭后干点杂事，直到入夜，妻才说，义方的长子应鲸曾来，说义方脑溢血，于1月26日去世。因为怕我伤心，饭前没告诉我。我先是有些愕然，接着就想了很多。后门桥一别，以后就没有再见面，是遗憾。刘大嫂作古以后，他困苦的成分增加，沿着同一条路得解脱，也不无好处。大好是就可以不再为不知明天会怎么样而心惊胆战。但主要还是我自顾不暇，知道他有了个结束，有时反而像是比他在世时心里安定些。记不清又过了多少天，可能因为刘兄的小女儿来家里一次，一天晚上，妻又告诉我，上次，怕消息太突然我承受不住，告诉我的死因是假的。他是喝敌敌畏死的。据说是查历史，家乡还有五十亩地在他名下，他虽然没收过租，家中有地，也要赶回老家，他忧虑自己回去不能活，所以寻了短见。他死于新租的一间房，在苹果园。人之将死，其言也善，大概是怕遗留的衣物不能用，都叠得整整齐齐。死的前几天，他写了两封信，一封给李秀三，一封给我，未寄，烧了。

这一来我就难得心安。恍惚记得苏格拉底说过："人都说死很痛苦，我没经历过，不知道。"这是哲学家的思索，而且来于逻辑；至于我们常人，就还是相信常见，死是痛苦的，尤其动手的不是天而是人。喝敌敌畏，中毒而死，极度痛苦的时间也许不短吧？每想到这些，对照他苍老的笑脸，幽默的言谈，心中总是很悲伤。也就有感慨，想得更远。总的说，又是有的人自己也有而不愿意人说的人性论。分着说，想只触及与这里有关的两种，弱和劣。《易经·乾卦·象辞》："天行健，君子以自强不息。"这自强是理想，实际难能才这样说的。自然，难能不是不能，正如身高，也可以超过两米。这是说，到故纸堆，到街头巷尾，我们也会遇见强者。强是超常；至于常人，甚至可以总而言之，是弱者。佛谛兄是常人，所以到紧急关头，就表现为瑟缩，即决心逃避。他一生，在熟人眼里是乐观主义者，到自己设想的将走投无路的时候就放弃乐观主义，也是不强而弱之一证。又佛谛兄作古之后，我的妻，想是出于女本位，说如果刘大嫂还在，他就未必肯寻短见。我同意她的看法，但这就更可以证明刘兄是弱者，因为求依靠（可以一同还乡），舍不得（不忍扔下老伴一个人），正是弱者的表现。我是常人，或者是同"弱"相怜吧，对于佛谛兄的弱，即杀己而不杀人，每次想到，总是既悲伤又钦仰的。再说也是人性一面的"劣"，是表现为杀人而不杀己，或说得更概括些，是以迫害人为乐。整整三十年以前，红卫风起，打、杀、抄家等野蛮残暴的举动遍天下（用古义，四海之内），如果这样干的人数不少于百分之几，甚至十分之几，我们就不应该不想想我们的"民族根性"，而一想，然后揽镜自照，我们还有勇气活下去吗？所以，专从这个角度看，多出些弱者也好，千缺点万缺点，他总不会逼人无路可走，喝敌敌畏。以迫害人为乐，在个人，内是心态，外是行动，可怕是一时的；扩大为根性的劣，就不再是一时的，如果还未感到可怕，或感到而讳疾忌医，就成为更加严重的可怕。如何医？千头万绪，难言也。但"千里之行，始于足下"，我以为，这足下就是认知我们的根性还有劣的一面，想减少，甚至变劣为优，很不容易。不容易，这里只好躲开。还是说佛谛兄，他的舍生是出于估计错误，其实，也是依惯例，只要保住命就会等来落实政策，也就还能不是饺子就是馅饼。但死者不可复生，代他后悔也就没有必要。文该结束了，又想到个遗憾，是未能收到他的告别信，写了，究竟说了什么呢？他是敞快人，想不到最后为至交留下这样一个谜！

准备离家

借用化学术语，定性分析，"文化大革命"是整人兼毁物的既数量大又程度深的综合活动。人与物有别，对待的办法也就不尽同：物是暴风骤雨式，主要是红卫之风初起的时候，凡是未发狂的人认为珍贵应该保存的，都或烧或砸或抢（只是易主，还好一些）；人是一小部分（与若干亿比；具体数目若干，也不会小）暴风骤雨，解脱了也就可以避免下回分解，至于多数未解脱的，就可以借用古语来形容，是水逐渐加深，火逐渐加热。以己身的经历为证，斯文扫地加劳动，再加请罪，是加深加热。但由有权力加的人看，也许仍须再加吧，这就来了送往干校、集中改造的办法。上干校，名义是学习，何以谓之加深加热？是用接受改造的人的眼看，一，劳动更累，生活也就更苦；二，在这样的校之外，日落之后，还可以面对家中人喝白酒一杯，也就是还有一些偷偷保留的小自由，入校之后就大变，编入军队编制的某排某班，如果说还有自由，就只剩下变立为行，先举左足还是先举右足之类了吧？但在那个只能听命（指示和天命）的时期，自己想这想那是多余的；生路只有一条，是顺从，静候发号施令的人也不再热心于深和热。

　　转为记事，记得是1969年6月下旬，我们在昌平县的白浮村参加麦收劳动，有一天开大会，传达上级的指示，都下放五七干校。依惯例，听到指示之后要学习、讨论、发言，说所指示如何及时，有如何伟大的现实意义。然后是化认识为行动，报名，希望批准云云。其实，当然也是人人都明白，这变实际的被动为假象的主动只是搬演互骗的一场戏；至于到后台，则是哑巴吃扁食，心中有数。人心之不同，在这里同样适用，是心中都有数而数不尽同。如我的朋友金禹民先生就以为此一去不会再回来，就结束了北京的家，带着老伴一同出发。先师俞平伯先生可能也是这样想的，北京的家怎么处理的我不知道，反正许夫人也跟着去了。我有我的想法，是唯恐不能回来，但希望长夜漫漫终有时旦，那就也许若干年之后，还能坐在斗室，过翻看残书的生活。因为还怀有希望，对于已经住三十年以上的家就想保留着，以这个家为本位，走一个，万一不能回来，由妻和孩子支撑，仍旧过下去。主意已定，继而知道干校地点是明太祖的龙兴之地安徽凤阳，前往的时间是8月初，一切就照预想的准备。

　　其时，教育部已经取消（如此多的人口，不要管教育的部门，亦奇闻也），皮之不存，毛将焉附，出版社自然也要随着灭亡，所以，纵使人能放还，回出版社上班的机会总是没有了。于是准备离京的工作就由出版社之内做起。可以分为公私两个方面。私简单，是把属于自己的物品都拿回家。公复杂，有大小之分，如整理编辑室的书，装箱,送存某处,是小公;奉命捆办公桌椅,装车(运往干校),为罚劳动的继续,是大公。大致是7月的前一大半,仍须照常上班,名义,学习是绝顶重要的,所以还有各种内容的学习,开会,讨论新措施的意义、有无困难等,这是务虚;实是整理、搬运书籍、用具等的劳动。下班回家也不得闲,但只是我一个人走,需要整理的什物就不很多。主要是两类。一类是带走什么,要在够用与轻便间"允执厥中"。四季,白天穿什么、用什么,夜里上床梦周公,铺什么、盖什么,等等,家里有的带着,没有的买。带的东西,最难决定的是"宝书"之外的书,带不带,带多少,带什么,都包含不少问题。只说总括的,带,被发现,有判为反的危险,就说只是思想的,也不得了;不带呢,头脑饥肠辘辘,也不好受。千考虑万考虑,最后决定只带《唐诗三百首》《白香词谱》两种书合订的一本(世界书局印),是想"心"无事可做,难忍,就背唐诗宋词,以求变度日如年为度日如月。结果呢,正是怕什么有什么,有如俞平伯先生之偷看《水经注》,被积极人物发现,惹了祸,我也未能逃过搜寻阶级斗争新动向之眼,于是罪上又加一罪。但凭良心说,处罚还是轻的,只是批斗一次,书没收而已。另一类是整理存书。曾设想把可有可无的都清出来,以便可以使家里人减轻一些负担,可是及至动手清,比如拿出一本,看看扉页,上有昔年某月日买于何处的记载,扔,心不免于恻然,就还是请它安居原处。总之,记得费力不小,战绩却很可怜,不过十几种,就是这一点点,也是横一下心才让孩子送往废品站的。

需要添置的东西也有一些，因为不像旧时代，货上市也有个老谱儿，想买什么，到某街某商店，准能买到合用的。"文化大革命"也破坏了这个老谱儿，因而需要什么，就要到街头去碰。有碰巧的可能，但凭经验，还是以碰而不巧的时候为多。还记得为了一双劳动棉鞋，曾跑了很多地方，最后才买到一双橡胶底五眼的。买雨鞋，图轻便，选了一双矮筒的，裴世五大哥看见，说如果土质黏，穿短筒的就会拔不起脚，因为就要启行，把他的一双半高筒的给了我。总之，为添置一些必需的衣物，费的时间和精力也不很少。

记得不止一个人说，人是社会动物，单说为了心情的安适，也难于忍受鲁滨孙式的生活。这是说，我们常人都有人情味，其表现的重要形式是愿意聚会，如果办不到，就退一步，变为通音问，用形象写法是：以己身为本位，对于一位"长毋相忘"的，愿意能够面对面吃炸酱面，不巧而他或她移住上海，面对面吃炸酱面办不到了，也愿意知道某时，他或她正坐在外滩吃阳春面。就本于这样的常人的生活常道，我离开家之前，要通知亲友我将到哪里去。通知有两种形式，书札和亲往，这亲往还有另一个名堂，曰辞行。大致是7月一个月，信写了不少，其中少数是本市的。关系深的来往多，就不必用笔墨，或者他来，或者我去。还是根据人之常情，随着辞行来的是送行，路远的用书札，路近的必亲自来。无论是书札还是面谈，关系浅的仅仅表惜别之意，关系深的就兼有（纵使不明说）是否能平安回来的忧虑。总之，情况是忙乱加凄凉。

说起人情味，也是凭良心说，就是天塌的大形势之下，由于事是人办的，人，或说有些人，也许如宋儒所设想，心中仍有天理吧，有些安排就还富于人情味。其中最明显的一种是宣布，往干校之前可以到外地探亲。我家在北京，没有资格说回家看看，只得降一级，说到张家口看看在那里成家立业的大女儿，主要目的是看看塞外风光以及久闻其名尚未到过的张家口。先写信通知大女儿，然后于7月19日出发。往返的经历，彼时的日记记得翔实，不想另起炉灶，照抄：

（1969年7月19日）晨六时起，早点毕，收拾带往张家口杂物。九时前出发，乘七路无轨至西直门，买西瓜、桃、面包等。乘十时三十七分往大同车北行。途中见马池口（今注：村名，在昌平县南偏西八里，通县师范同学梁政平故乡，我昔年住过，政平1951年病故，葬于此）、龙山（县城南五里一圆形小山）、三堡车站（在青龙桥南，五十年代末我往南口劳动，曾往车站教课）中人。过青龙桥已午，举目见土薄，禾稼低矮，有塞外荒凉气象。下午近四时至张家口南站，即新站，乘郊区列车至北站。张静（长女）携小耘（外孙）来接。乘汽车西行再北行，至蒙古营站，抵其家。在院中东北角一高基上（原注：下为地下室），坐东向西，但有东窗，可见山色。不久，汉鹏（今注：长婿）亦返。晚饭饮龙潭煮酒。造年（王造年，北京大学同学，多年在张家口工作）大嫂来，云造年在沙岭子（在张家口以东一站）五七干校，本周不回家。即往王大嫂家小坐，在张静家房后略北。夜，睡不安席。

20日为星期日，晨起，待汉鹏查病房毕（彼在医专附属医院工作），九时许有微雨，着雨衣出门。乘车南行两站，至新华街青年商店，买围巾一。南行转西，至张家口旧城，当地呼为堡（读bǔ）子，登东门南城墙遗址西望，见城内房屋皆宽大如庙宇，街道则窄而低温。北城墙较完整，中心高处有玉皇阁，巍峨如在云中。西南行至鼓楼。东行至展览馆（在城东）。在新华街一饭馆午饭，饺子不佳。饭后东行，过洋河上大桥，游百货公司。返桥西，北行，游人民公园（在洋河西岸）。可看者仅少数动物及宣化牛奶葡萄。出公园，北行即附属医院、医专（长女在此工作）、幼儿园，皆坐东向西。返家，略休息，由长女等相伴，骑车北行，看大境门，北向，门额为"大好河山"。入门，南行转西，地势渐高，约行十许里，至水母宫。宫在山麓上，倚山，坐西向东，不大，有泉水，因内已住人，未入。返途为下行，甚速。晚饭后，为造年留一信，送往其家，见其子及子妇、孙等。

21日，晨七时，独自骑车出游。再至大境门外，北望，见所谓口外风光。入门，寻上堡，乃路东一小城，仅存西门曰永顺门。南行不远,路西有朝阳洞,亦张家口一景,不能入看。再南行,沿旧城北墙外西行,至西北隅,南行转东至南关。北行不远即鼓楼。再北行,至城根,长阶上为玉皇阁,登,见已为民居,未入。下,东行,再登东门旁城遗址,徘徊片时,不知何日能重见也。北行返家。午饭毕尚未及午,乘公共汽车往南站。长女一家往送,乘下午一时零六分自大同至北京火车返京。约六时半至西直门,甚热。七时过抵家,颇累。

出发前辞行,还有个性质非一般的,也想说说。这是听说,拆除西直门,竟发现瓮城城墙内还包着一个元朝的和义门。当然想去看看,其时已是8月3日(5日起程),人总是不能抗爱好的感情,百忙中偷闲,还是骑车去了。门比明朝的小一些,已经打扫干净,砖淡青色,整齐光洁,简直像新建的。拱形门洞上无楼(估计是明初筑城时拆去),成为平台,由两旁可以上去。我上去看看,记得还有记建门时间的刻石。穿门洞走一个来回,发思古之幽情,也许珠帘秀、谢天香以至马可·波罗(新考证,马氏并未来中国)都走过吧?由好古敏求的人看,这是天外飞来的宝贝,如何保存、利用呢?后来听说,也拆了!我想,至少由今日醉心于发掘旅游资源的人看,总是革得太过了。

看完,想起久病的友人李佐陶近在咫尺(住西直门内南小街六个门），决定再去看看他（已辞过行）。李君小于我十几岁，京东丰润县人，中国大学国文系毕业。家中小有资产，从小好古董，十几岁就跑琉璃厂，买书画、墨砚之类，越玩眼（非眼力）越高，也就常常处理一些他认为不值得存的。我敝箧中的一些长物，有几件就是他清出来的。他在西城区房管局工作，不幸于五十年代末或六十年代初心脏出了毛病，休养，治疗，还是抗不了自然规律，逐渐加重。这次去看他，见他的面部明显地胖（读阴平，浮肿）了。但精神还好，拿一个红木制的砚盒给我看，问我是哪里制的。我看看，红木整挖，形式古雅，磨光细腻，说，推想是出于南方制砚盒的名手。他笑了笑，说是他养病无聊，练习试制的。我大吃一惊，想不到他重病，还有这样的闲情和耐心；还有，外行，摸索着做，能有这样高的成就，也太稀奇了。这是惊。是一年之后，知道他其时已经走近生命的终点，仍在为想象的美好的来日兢兢业业，心就不能平静，先是想到泛泛的人生，继而想到自己，就不禁有一切苦乐、爱恶、荣辱、得失都只是梦幻泡影之叹。与李君告别，几天之后我就到了凤阳。我担心他的病，曾写信慰问，信里大概提到凤阳的风土，他回信说他到过阜阳（在凤阳之西），那里风景如何好云云。不久我又写给他一封信问病，未接到回信。一年之后我回北京探亲，才知道我第二封信寄到，他已经作了古。谢谢元朝的和义门，我离京前能够多见他一次，辞行就兼给他送行了。

南徙从戎

我由1931年暑后到北京上学，以各种因缘，"心情上"竟觉得这住得不很久的古城是个定居之地。然后，以这种心情为依据，1935年暑后到1936年暑前往天津，1936年暑后到1937年暑前往保定，1945年夏往上海，都多多少少有一些漂泊之感。1937年"七七事变"，形势成为欲漂泊而不得，之后就，说安居也好，说困守也好，一直住在这个古城之内，如果有兴趣自我陶醉，还可以夸夸其谈，说住在风景佳丽之地，因为与名刹广化寺为邻，面对后海，朝夕可以听梵呗声，南行几十米即可近看烟波、远看西山。也商业化，打算盘，是在这个风景佳丽之地已经连续住了三十年出头。浮屠三宿桑下，尚且生恩爱，况三十年以上乎？当然舍不得离开。可是在上者只关心改造，不管在下者舍得舍不得；或者说，唯其舍不得，就更要改造。若干年来，是非是决定于权力大小的，在上者有权有力，说到干校改造必要，在下者就只能在讨论会上说"是是是"之后，回家整理行装，准备出发。

准备，麻烦不少，总的说，是多带东西，累赘，少带东西，怕用而未备。推想俞平伯先生和金禹民先生是宁偏于多带的,因为物之外还带了夫人。我单身前往,带物的原则是"允执厥中"。但就是这样,损之又损,也是装捆之后,大大小小好几件。箱子和被卷是大件,8月5日起程,已于3日送到社里,统一运。其余零零碎碎,出发之前,孩子帮助收拾,计又集为三件,手提包,网兜,书包。东西不少,看着也心烦,不由得因感慨而想入非非。先想到比丘的云游,规定或习惯,是三衣一钵,我则大大小小,总不少于百八十种吧,真是惭愧。接着由出世间回到世间,想到唐朝陆象先的名言:"天下本自无事,只是庸人扰之,始为繁耳。"庸人扰之,又岂止干校,扩而大之,至于"文化大革命"又何独不然?还是"君子思不出其位",只说干校,一阵风,都下去了,像是热气冲天,又一个百年大计,事实呢,只是两三年,耗费人力物力财力无限,都无声无息地扔了。说是庸人自扰吗?至少前一半不对,因为如果是庸(用平常义)人,他就不能不负胡来的法律责任,早就走入牢狱了吧?

还是少想入非非,说离家往干校。入8月,1日、2日、3日,很快到了5日,黎明即起,不洒扫庭除而收拾行装。记得是十时半起身,不言而与妻及住房作别。走出大门口,见同院不少人相送,面容都客气而带些无可奈何。这也是一种"得意忘言",意是"不得已,只好去受,何时能回来呢?当然谁也不知道"。想不到这忘言的意竟成为预兆,是百日之后,又一个形势所迫,不得不扔掉这住了三十年以上的住房,我一年之后回北京探亲,下火车走向家门,那门已经不是这一个。话归本题，是在京的两个女儿送往火车站，汇入昔为同事今为校友的人群，登中午略过开往福州的列车南行。次日侵晨到蚌埠，下车，改乘卡车东南行，约行几十里到凤阳（府城）干校总部。像是在南门外，原是个监狱，据说不久前王耀武等人还关押在那里。因为再前行再过午，闲时利用，还到已无城的城内鼓楼一带看看，也许受心情的影响吧，觉得没有什么值得欣赏的。午饭之后，乘卡车再东南行，约一个小时到了目的地。路上几乎无可看，大概在总铺左近，向右手看有个大水塘，惜已忘其名，面积大，水多，略可以显示南地的气象。教育部由部长起都上干校，校址总而言之是凤阳。何以选此地？因为"十年倒有九年荒"，不能"赏心乐事"。部下属有各司，有直属单位的出版社，都从戎，就不得不学军，分为排、连等。总部是否名为营、旅之类，不知道；分为排、连，劳动地点是如何安排的，我也不知道。不知道，原因的多半是没有兴趣问这些；少半是不敢问，因为问编制，问地点，可能被判定为阶级斗争新动向。所知限于切身的，出版社改牌号为干校的七连，可见其前还有六个连。七连的劳动地点名三合输，比喻为吾乡之村，其上为镇，在北面三四里，名黄泥铺。三合输像是没有村庄，茅草房、葡萄园等都属于凤阳园艺队的二队。房屋，田园，都少生气，可见原来就经营得不怎么样。但究竟是他们的产业或事业，以何条件让给教育部干校，我也不知道。总之是有这么个简陋的底子，初来，热气还没降温，就会幻想一霎时守成，转眼就会大发展，平地起楼台，贫瘠的田园变成亩产若干万斤。暂且说守成,我们都挤进茅草房,我那一间住四个人,都是语文室的。床是由北京运来的,床头有一块空地,可以安置箱子等什物。床上立即支起蚊帐,因为一到黄昏,蚊子就塞满空气。园艺队留有水井,卡车带来粮食,总之可以度日了。

为了表示这既不是易地安居,更不是如若干年后,以学习、开会等之名行旅游之实,而是改造,就是变斯文扫地等的严厉为更加严厉。利用数十年之经验,由"组织"做起。"军"在各行各业中最严,学军。全出版社算作一连,排行第七。连当然有连长,可惜天高皇帝远,我竟忘了是哪一位。连之下为排,我分入一排,排长为姜君,是借了主持批斗我几次的光,我还记得他。排之下为班,我分入三班,班长像是有虚名而无实权,吾从众,也不能不势利眼,所以就不记得是哪一位了。编制定,以后的生活是看排长的脸色,今天让你挑水,就去挑水,明天让你淘粪,就去淘粪。还有额外的,比如正在床上梦见周公,会叫你一个人起来,去卸车,车上常常是石灰。费力的劳动多种,当然不能选择,令下,对应之道只能是由小学一位业师王先生那里学来的:"我绝对服从,看你把我怎么样!"但这位姜君还是能够来点怎么样,是常常,袖手旁观,怒目而视,有时,兼发言:"你为什么不好好干!"我当然不敢反驳但要对应,之道只能是低头。还有较长时间的低头,是受命站在"战友"的中间,接受批斗(俟另篇详记)。写至此,忽然想到各种作文教程所说,感到题目的"从戎"不对了,因为戎马生涯,将校对于兵士,要关心,甚至身先,而我之所受，分明不异于罪犯。罪犯能从戎吗？显然不能。如此，求名实相副，就应该称为"充军"。但改题，又一劳动也，还是凑合过去吧。

地理志

我有个老习惯,到个新地方,总愿意先看看当地的地图,以便低要求,知道落脚之地及其周围是什么情况,高要求,有什么名胜,可以安排时间去看看。可惜到这个新地方凤阳,身份是待改造的准罪犯,当然不敢找地图,也许竟没有全县的详图。二十年之后,我上升为兼能涂涂抹抹的普通人,或者算作碰巧,凤阳的文教界人士,有书信交往的竟不止一位。怨我无未雨绸缪之明,没有向他们讨县的地图。现在拿起笔,想写在干校所见与地貌有关的情况,就不得不安于差不多主义。幸而关系不大,确切与否就不深究了。地的种种,有大小远近之别,以先远后近、先大后小为序。

先总说,用家门北京的眼看,凤阳在其南路东千四五百里。北京是海拔不高的平原,凤阳则是丘陵地带,所以风多,大到七八级的也不罕见。地瘠民贫,常说"凤阳花鼓",推想,至少在起初,是出外讨饭时唱的。因为民贫,住房很简陋,都是土坯墙,上盖茅草。这样的房面对大风,自然就常不免于有"卷我屋上三重茅"的灾难。总之是个苦地方,就是与我们家乡,北方的普通农村相比,也可以说是得天很薄。

但是回顾历史,也不少值得夸耀的,只举两桩。一桩远到战国,是《庄子·秋水》篇末尾说,庄子和惠子曾在濠梁之上辩论人能不能知鱼之乐的问题,这濠水在钟离郡,即后来的凤阳县。《庄子》"寓言十九",这二位是不是真到过濠梁之上呢?可是成玄英疏还进一步,说"有庄子墓在焉"。我的想法,这类传说纵使查无实据,终归与假药不同,因为轻信也无害,所以就无妨信以为真,发点思古之幽情。听说濠水在临淮关(在县之东部),主观愿望,真想去看看。这想法显然不利于改造,也就只能埋葬在心里。且说藏于心,十年之后还冒出来一次,是七十年代末,有闲,附庸风雅,诌《古稀四首》,第一首颈联云:"辇毂风高怀砚老,濠梁梦断看鱼归。"其实是既未脚踏濠梁,更未见"鱼出游从容",只是表示曾到凤阳,并得放还而已。

另一桩是这个穷苦地方竟出了个皇帝,明朝开国之君朱元璋。他诞生之地在哪里,没听说过。可见的遗迹,最早的是他出家的皇觉寺,在府城东北不远,已改名为龙兴寺。记得是9月初,全连乘卡车到校总部去听录音,借中午休息之暇去看了一下。像是未遭捣毁之劫,不只有山门、钟楼、大殿,还有个牌坊。外院已利用为工地,好多妇女正在那里劳动。这位皇帝,因为是开国的,就出身不高,推想出家是由于走投无路,混碗饭吃。及至做了皇帝,有了饭吃,就不再念南无阿弥陀佛,而去修宫室、制礼乐了。修宫室是统一天下、定都之后的事,这位皇帝在定都的大事上还发过奇想,是足不出户而能统治天下，即想建都于出生地凤阳。皇帝，位、权、力都至上，说了算，于是，凤阳高升为中都，筑城，建宫殿。其后又变了主意，定都南京，这中都就半途而废。但就这半途也留下一些遗迹。我看见，是由于受命乘卡车到那里运砖。这个砖城在府城西北不远，占地不很大，墙却高而厚。砖很大，一块重五十斤，上面大多有字，是江西等地造的。我们去运砖，是先拆城墙后装车。记得总是拆近东北角的北面。城里都是空地，靠南部中间有大殿的遗址，还可以拾到残破的琉璃瓦片。我忙里偷闲，曾到城的南门看看，门洞高大，竟多到五个。门洞内的墙基石向外一面都有雕花，可见是当作都城建造的。都城有始无终，但既已有始，在明朝如何利用呢？忽然想到，明朝宗室犯罪，常发配凤阳禁闭于高墙之内，所谓高墙是否就指这个城？如果竟是这样，则这个小城之内，残砖剩瓦之间，也会有不少血泪吧？中都遗迹之外，还有个皇陵，在城南二十里。葬的是朱元璋的父母，有不少人去看了，说规模不小，有石人石马，大多被"文化大革命"革得倒地或身首异处。因为距离远，难得忙里偷闲，我未能去看。

也是因为乘卡车运物，曾南行数十里，到红心铺一次。据说已经出凤阳县界，入定远县境。"铺"的本义是驿站，可见昔年都在交通干线上。红心铺的规模像是还超过总铺，记得逛商店，我还买了一条线织的腰带。定远县，我熟悉其名，是因为京剧有个重老生唱功的剧目名《奇冤报》或《乌盆记》，事情就是在定远县发生的。

以下可以重点说"铺"，有总铺和黄泥铺。由驻地三合输西北行

637

往凤阳,三里过黄泥铺,二十里过总铺。就级别说,总铺高一级,占地大,商店多些。单说与我们的生活有关系的,比如家里寄来包裹,要到总铺邮局去取,寄也同样。你讲究,想全身去污,也要到总铺,因为那里有浴室,黄泥铺没有。幸而在这件事上我有大智慧,是入夜上床之前,用温湿毛巾由全身皮肤过一遍,必取得"苟日新,日日新"的善果,就可以避免往返奔波四十里。但有取或寄包裹之事,就欲省力而不可得了。记得至少去过两三次,当然只能步行,总铺无可恋,路上无可看,甚至二十余年之后的现在,对不起,一定要用情语作结,也只能写四个大字,曰"不堪回首"。

再说近邻也就关系最密切的黄泥铺,我们经常去,次数多少也就说不清了。往黄泥铺,性质可以用晋惠帝的分类法,大别为公私两类:公是奉命用手推车到那里拉点什么,一般是两个人去;私是休假的时候(或半天或整天)到那里办点私事,如发信、买点零碎用物之类,可以独来独往,但以结伴时为多。办私事,除了出入商店的自由之外,还可以兼享游历的自由。就是用于推车拉物,路上也可以望远看近,谈几句闲话,得有如住牢房放风片时之乐。所以住干校近两年,如果鸡蛋里挑骨头,一定要说也有一点点乐的成分,那就只能抬出黄泥铺,恭而维之。但恭维,举事例也难。只是一条不长的街,两旁的房子平常而近于破。商店不多,店内货物贫乏;尤其所谓"饭店"(像是只有一家),饭菜贫乏之外还要加上劣,所以也就没尝过。街北端有厕所,邻近两个,以柴草为墙,门外不标男女,有一次,我不得不入内，出来，不远处有个中年妇女，告诉我走错了，态度温和，未疑为流氓，学习灶王老爷，"上天言好事"，恭维黄泥铺，不当忘了这一件——也许竟举不出第二件。不过仍可以因事见理，是大苦也不无优点，此优点为，连小苦也成为值得欢迎的。

最后说说与人关系更近的一种地貌，平民的住房。都是"黄土筑墙茅盖屋"，条件不能钢筋水泥，只好这样，不奇怪；奇怪的是窗过小，只是方一尺多的小方洞。室内自然无光，妇女做针线活都是坐在门外。何以要这样呢？没问过当地人，所以至今还是不明白。

劳动种种

上干校,名义是学习,目的是改造思想。办法主要是劳动,外加一些读红书;对其中的一些人,读红书之外还要加一些批判或批斗。接受批判或批斗,非自愿也;根据好逸恶劳的人性论,轻如斯文扫地,重如上山采石,亦非自愿也。这就引来一个问题,用这样的办法,能够收到改造思想的实效吗?思想,目不能见,手不能触,泛论,说能,说不能,都难于举出确凿的证据。求确凿,只能缩小范围,不管他人,只问自己。我问过自己,答案是两个:一轻,是只能改造语言,即作伪,"说"好听的;一重,是受压,心不能服,思想更加转不过来。深说,还不只转不过来。恕我也来一次个人迷信,昔年不自菲薄,念了些方法论(包括知识论和逻辑)方面的书,深知分辨实虚、对错、是非、好坏等,并不像设想的那样容易。而想自己能活,别人也能活,又离不开对错、是非等的分辨,怎么办?办法是既尊重自己的理性,又尊重别人的理性;一时不能取得一致,知方面可以存疑,行方面可以从多数。总的精神是理性至上,表现为思想活动是自由加容忍。改造思想的办法则正好相反,是对错、是非等由至上的一个人定，推测其下的千千万万人都未能"正确"，所以要改造。且不管人有没有能力扔掉自己的理性，吸收一种非己心之所生的，单说求对错、是非之类，走这种定于一尊的路，一，得真或近真的对错和是非，可能吗？二，有没有错误的危险？理和事都可以证明，是很难求得对和是，却非常容易错。因此我有时想，如果世间有改造思想的存身之地，并且有需要改造思想的情境，首先需要改造思想的正是强迫别人改造思想的人。显然，这只是空想，因为强迫改造与接受改造的分别，其来源是权和力的有无，在这种地方，无理可讲，你无权无力，就只能听命，接受改造。

我之南行入干校，情况正是这样，讲理，我不信别人有改造我的思想的权力，甚至资格；但事实是不许讲理，如何做由权和力决定，我无权和力，就只能沉默，俯首接受改造。严格说，接受的不是改造，是命令，即让干什么干什么。干什么呢？主要是劳动。说起劳动，想再妄言几句。用劳动办法以求改造思想，就我的孤陋寡闻所知，是"日光之下"的新事。早的儒家，对己，说"学而时习之"，对人，说"教之"，推想仍是以读书为主。次早的佛家，态度就更加明朗，如天台宗，修止观，禅宗，参话头，都要静，一般是坐在蒲团上想，不是斯文扫地或上山采石。干校不用古法，自创新法，我颇疑乃受启发于某洋鬼子（惜我忘其名），记得他曾说："求人从速屈服，与其给他幸福，无宁给他痛苦。"长时期以来我们的堂上一呼，堂下百诺，这诺，有多少是从改造思想的成效来，有多少是从"给他痛苦"的成效来，自然只有天知道，但想想，只求个不完全胡里胡涂，总是应该的吧？

显然，这是后话，至于在当时，就只能看脸色，听命令，以求保持这"天命之谓性"，能活下去。命令是干这个干那个，即多种劳动。以下先泛论劳动。几百人，到这略优于不毛之地的处所来，小事，要吃，要住，要活动，大事，要实现"小楼连苑"，亩产万斤，人人脑筋变红，住在《阿弥陀经》式的极乐世界，这样的幻想，当然就不得不动手动脚，即所谓建设。建设就不能不劳动，还要大规模的，如斯文扫地之类就排不上号。正面说，劳动可分为三大类，基建、农业和后勤。基建，即建筑砖墙瓦顶的住房（包括猪的住房），以及挖沟渠、修路等都是。农业，原有些葡萄园，要扩大，品种兼南北，如既种冬小麦，又种水稻。后勤更杂，吃的用的，都要运来，以及生米做成熟饭之类皆是也。种类杂，劳动就不能不多而且重，以下择与自己有关的说说。两种写法。一种最理想，用旧语说是流水账式，用新语说是录像式，但任何理想都会有不实际的一面，这样的流水账，即使没有"疏而不漏"的困难，写成，必没有人有耐心看。所以只能用第二种写法，触及一点点在心中有较明晰影像的。

影像最明晰的是"重"劳动，有的重到几乎非己力之所能及，不得不尽全力挣扎，结果就带来大苦。这一大宗是参加基建，充当小工。当小工，推想原因是：一，自己没有砌墙之类的技术；二，工有高低，自己是下等人，只能干伺候大工的活。但小和低与活的轻重没有必然联系，正面说，小工的活，如挖地基、夯地、和泥和灰、运砖瓦等，都是很重的，重就带来苦。还有心情的不以为然，是推想，甚至确知，近观，必不能"小楼连苑"（因质量不佳），远看，有南口的花果山幻想为前车，也许不很久就降了温，都扔掉（幸或不幸而言中，至多维持三四年吧，都扔了），不以为然要装作以为然，也带来一些苦。基建之外，重劳动还很多，只说两种。一种是初夏的收麦，记得三时起床，劳动至六时吃早饭，管饱，有一天曾计数，是未费力就吃了九两（粮票）。再一种是乘卡车往大红山，先采后装运建筑用的石块。登山，找、凿、集近于立方的石块，不容易；有的块头大，五六十斤以上，搬到车上也不容易。这个采石运石的劳动，我参加的次数不少，受的苦自然也不少，现在回顾还不免于有些后怕。

有些活同样重或稍轻，可是脏，受命去干，还会有劳之外的苦。举两种为例。一种是长时间的，积肥。记得干过不少天，是把猪圈里混合尿的粪先淘到圈外，然后抬到另外的地方。抬要两个人，另一个经常是吴伯箫。吴是由延安经过东北来的文人干部，到出版社任副社长兼副总编辑，领导语文室的工作，是我的上司；已经印过文集，记得所写《记一辆纺车》还入了语文课本。他位高，并有名，可是干校的熔炉有优越性，优越性之一是有的地方真消灭了阶级，即如他和我到积肥之场就平了等。他身体不坏，且有飞将军身先士卒的精神，淘、抬，都抢先干。我们还忙里偷闲，或苦中作乐，谈些有关旧事的闲话，如他比我早来北京两三年，上师范大学，曾听辜鸿铭的讲演，就是一同淘粪时告诉我的。再说一种是卸石灰车，只是不定时的片时的劳动，这片时还可能是入夜上床之后。不管何时，都要接到命令就出动，到车上或在车下，把车上的石灰请到地上。石灰大部分是粉末，干而轻，一动就飞扬，其中不少就落在身上，钻入鼻孔，总之，卸完，人就成为白雪公主。所以事过二十余年，如果有人一定要问，多种劳动，我最怕的是哪一种，我会毫不迟疑地回答，最怕的是卸石灰车。

还有一种活，不重，却感到很难做，是下稻田插秧。我生于北方农村，出外上学之前，曾参加多种农业劳动，因为未成年，都是辅助性的。北方没有水田，不种稻，也就没插过秧。不会，又因为年及耳顺，笨手笨脚，所以虽用不着大力而感到很费力。还要加一怕，是听说水里有水蛭（俗名马鳖），会钻到肉里吸血。有经验的人告诉我，如果发现已经钻进去，千万不要往外揪，那会揪断，就糟了，要用手掌用力拍打，促使它收缩，就会出来。因为有此一怕，前行几步就要看看腿部，插秧就更加跟不上年轻人。幸而我老了，也许连血都味不美了吧，插秧几次，下水，水蛭并没有光顾。

使人头疼的活说了不少，还要说两种专职性质的劳动，挑水和烧锅炉。先说挑水，时间不短，是既要体力又要技术的活，派我，分明是意在折磨。但事实是既已为"奴"，也就只能听命。供厨房和锅炉房用水，一天平均六七十担。井的距离是百米左右，往返二百米，六七十担就是万米以上。井相当深，用辘轳往上绞，一桶水三四十斤，相当费力。挑是扁担两端各一个桶，自然就要重一倍。所以开始干这个活，一两天肩就肿了。这不能说，因为你叫苦，意在折磨你的人就更加得意。对付这样的人要用庄生之学，看作或装作无所谓。实际是不能无所谓，比如绞水之桶可能落在井里，要捞，捞而不得就可能被判定为犯罪，接受批斗。根据"惯了一样"的处世奇术，低头垂手而立受批斗，也可以看作无所谓。最而真怕的是降雨，其地土是黏性，雨鞋会沾（zhān）很厚的泥，连抬脚都困难。尤其这种时候，我就看到更明显的怜悯的目光。这使我不由得产生一种或者含有自卑成分的感慨，是：我们常说中华儿女、华夏文化，如果总是运动、改造，以致像这样的怜悯目光日减，多数人见人受苦而或孟的"不动心"，或庄的"相视而笑"，我们还有资格自我陶醉，说中华儿女、华夏文化一类好听的吗？

再说烧锅炉，供开水。派做这个活，意在什么，不能推测而知。可以是照顾，因为不用费大力；也可以是折磨，因为要晨三时半起床。两种可能，以照顾的可能性为大，因为派的时间是已进入1971年，即将放还的时候。我也乐得干这个活，单干，早晨忙一阵子，烧开之后，可以轻松大半天。何况我还有个优越的条件，是"天纵"有火头军的才干，比如严冬到八达岭下的三堡劳动，我就曾专职管炉火，并且是"光荣地"由屋友（同屋十几个人）推举的。换为三合输，有个小困难，是身边没有闹钟，怕睡过时，至时不能供应开水，将被判定为阶级斗争新动向，又是批斗。幸而语云，远亲不如近邻，碰

645

巧邻床是王芝九兄,他说:"你放心睡吧,到时候我叫你,绝不会误事。"果然,总是三时半以前十几分钟,他就推我一下,小声说:"老张,该起啦。"计烧了约三个月,没有一次例外。烧水,就不再挑水,于是,如果遇见雨天,看见挑水的那位在泥路上挣扎,我就如在天上了。也就因此,住干校近两年,多种劳动,如果一定让我选一种还值得怀念的,那就只有烧锅炉了。写到此,得意忘形,干脆一不做,二不休,再加说个可入《闲情赋》的。是八十年代初,上海张之先生枉驾来看我,他是刻印名家,我是有揩油的机会绝不放过,就请他刻一方"炉行者"印,以期我耳食,心里可以飘飘然,我之外的信士弟子兼耳食之徒,闻此大号而五体投地。何以故?盖禅宗六祖俗姓卢,受五祖衣钵之后,受具足戒之前,十几年,人称"卢行者"也。且说这方印刻成之后,孙玄常兄看到,即为绘一"炉行者图",其上题诗云:"何肉周妻非害道,砍柴烧水亦传灯。居然悟得南宗意,莫谓吾儒便不能。"依礼,我不得不和,也就凑了一首云:"性相犹迷怜白发,之无渐忘愧青灯。身是濠上炉行者,何与曹溪老慧能。"濠上炉行者,义为凤阳烧锅炉的,但就是这样,因吹牛而得意的形迹还是依稀可见。这情况使我又悟出一种大道理,是人有生,或如西土所说,带来原罪,或如东土所说,堕入苦海,但也带来一种可以名为救星的力,凭这种力,到"山重水复疑无路"的时候,就还可以苦中作乐,化臭腐为神奇。

最后还应该加说一种轻的夜游的劳动,是秋收时节看场院。模仿京剧中的打更，要两个人，那一位是吴道存兄。他在外语室的英语组任编辑工作，长于我五六岁，安徽黟县人。我们合得来，一同受命做这个工作，遇见风雨之夜，就可以找个豹隐之地，上天下地，谈"真"心。所得有近而小的，是破孤单，破岑寂；有远而大的，是觉得"人之初，性本善"的人之性还没有被斗争教义消灭净尽，也就还会有希望。

那当然是后话，在"虚无缥缈间"。说后而不虚无缥缈的，是我放还之后，人们对实现天堂幻想的劳动不热心了，改为军管带头，群聚终日，打扑克。再其后，时移则事异，就连安置幻想的地点也放弃了。

放弃之后的情况会是如何呢？我真想去看看曾经属于我这炉行者的那个锅炉房。而事有凑巧，就真由凤阳，而且不止一个渠道，传来消息，是当地的上层人士，正在筹划，接我们一些人，身份变为贵宾，到昔日的劳动地点看看。我很愿意有这样一个机会，去看看三合输，看看黄泥铺，那个小邮局还在吗？那位指点我走错厕所的大姐或大嫂想当还健在吧？也是年近耳顺的人了。

大搬家小搬家

到干校,心不能定,源于两种不能知。一种近,是不知道"此时"之后会是什么情况,包括干什么活、是否受批斗等。另一种远,是不知道会有个什么样的结局,还能回去过面对书本或稿纸的生活吗?想不到就在这心不能定的数晨夕的生活中,又来了大的心不能定,是离家三个月之后,接到家里来信,说由于一种紧急情况,来不及同我商量,必须搬家,并已开始往北京大学二女儿的住处搬。真是一声霹雳,我一时简直像是坠入梦中。我怕搬家,主要原因是:一,怕麻烦;二,过了多少朝朝夕夕的一个地方,不免有桑下之恋,舍不得。这次的搬家,还要加上两种怕,是:一,女儿的住房只有一大一小,移去四间房的什物,如何安置?二,我不在家,多年集的书籍以及多种乱七八糟的,她们怎样收拾?当然,最好是我能够请假回去,可是不敢请假,一则自己知道自己的被改造的身份,不当仍有恋家之情;二则怕问搬家的原因,所谓"不足为外人道也"。

所谓不足为外人道,是什么情况呢?是我还未离家的时候,街道上布置了由家庭妇女(即未在机关单位任职的)参加的一种学习,名为"我有两只手,不在城里吃闲饭"。目的很明显,是要把一部分家庭妇女赶出城市。城市住惯了,大多还有照顾老中幼几代的任务,耳边也传来"下放",当然怕。但新时代的训练(其名为学习、讨论),怕要装作不怕,还要背诵违心的巧言,说此举措有如何伟大的意义,自己坚决拥护并主动如何如何云云。我的妻是家庭妇女,当然要参加学习。多次开会、学习、讨论,估计也要发言,但可以确知,除了"好好好"之外,不会说别的。最后,已是我离家之后两三个月,领导学习的人说话了,是大家都提高了认识,表示愿意下乡,那就写申请,听候批示吧。没有人敢不写,因为那会被判定为抗拒,处治的办法也许就成为偏偏让你下乡。我的妻写了申请,交上去,衷心盼望,自己老实,体弱,能够获得怜悯,不批准下乡。恰在此时,同院的友好告知小道消息,街道的当权者将娶儿妇,没房,说张家的某某走了,房子多,可以让出两间。孩子听到,只一刹那就推而断之,是正好借此机会批准申请,白纸写上黑字,就欲不下乡而不可得了。又是一刹那就决定,立刻逃往北大,并让同院都知道,已经动手搬家,就不劳当权者多动笔一举了。

我接到信,也认为面对这新情况,只好逃。无分身法,不能主持至少是帮助搬家,心里非常急。人,不只将死,其言也善,不在亲属面前,也是其言也善。我体察她们的困难,连续写信,建议她们如何做。先是说,笨重的什么什么,可以扔;其后有一封信甚至说,如果困难过大,就是把书籍等都扔了,我回去也无怨言。她们也是其言也善,断续来信报告情况,原则仍是能留则留,万不得已才处理。就这样,如《大英百科全书》等,她们认为体积大的,或可有可无的,也处理了不少。彼时还没有搬家公司,又不能不节约,只是大件,如家具之类,找个熟人,用三轮车运了两次,其余零零碎碎,都是下班后用自行车驮,计将近一个月才搬完。接到搬完的信,就说是无可奈何吧,总是了结了一件事,也就可以说是暂时心安了。其实这心安也是出于不得已,比如一年之后,或更其后,"文化大革命"的风由降级而停止,时移事异,事异心也变了,是觉得还可以平安地活下去,想到搬家的损失,也不免感伤。损失之最显著的是离开这住了三十余年的庭院以及住于其中的一些人。其次是费力养了许多年的几个好品种的葡萄。书呢,处理了不少,其中有些,后来想,是颇为有用的,如几种版本的《六祖坛经》就是。还有一种是发表于报刊的文篇集存,因为放在一个不用的煤火炉上,折叠,有二三尺高,家里人以为是废品,处理了,于是二十余年,青灯之下的不少心血,就灰飞烟灭。飞灭的是物,至于心,这一生中住的时间最长的处所,我是每一想到就不免于怀念的。怎见得?有1975年填的一首《浣溪沙》为证,词曰:午梦悠悠入旧家,重门掩映碧窗纱。夕阳红到马缨花。帘内似闻人语细,枕边何事雀声哗。销魂一霎又天涯。

再说小搬家,是在干校,也搬了几次家。原因多种。初来乍到,只能在园艺队留下的几排茅草房里挤,自己基建了房屋,应该调整,是一种。连下为排,排下为班,编制可能有或大或小的变动,住处应该适应这种变动，是另一种。此外，也许还有因变换劳动而调整住房的吧，记不清了。总之是搬动过几次。也像是有规律，大致是先勤后懒。最后是搬到靠近往黄泥铺的大路，通称"八间房"的，记得同屋有王芝九兄，还有黄永存，放还后都还有些交往。在干校搬家是个人搬，与全家搬虽然有小巫大巫之别，却也有些麻烦。一种是暴风雨式，总是接到命令，立即动手，而且要求不一会儿就搬完。我是多年过惯了"一动不如一静"的生活，对于这样的雷厉风行，简直感到难于适应。还有一种麻烦，是床之上必须设置两种（或两层）防御工事。近的一层是蚊帐，没有这个，夜里就不能睡。远的一层是蒙在蚊帐顶上的塑料薄膜，没有这个，每降雨屋顶必漏，也就无直挺之地了。而设置这两道工事，就要向四方伸张，揳钉子、拴绳子等，总之是既费力又费事。计在干校住近两年，如果学沈复先生或杨绛女士，也写"六记"，这多搬家之苦就一定要写进去。或曰，这是马后课，无用。我说，虽是后，却也有教育意义，是为了心安，不到万不得已，还是以少折腾为好。

改造课程

写干校生活,为了头绪清楚,分为旁观和自做两类。旁观简单,事不很多,而且出席落座,少听甚至不听,"一心以为有鸿鹄将至",亦无不可。具体说,事是批判,或批斗,然后是或有尾声,检查。触及的人呢,像是只有两种,原来的领导和"五一六分子"。对原来的领导,用的是批判的形式,举过,某日曾说什么,某阶段曾做什么,上纲千篇一律,都是走资了,修了。批判完,受批判者也是千篇一律,都低头认罪,承认曾走资,曾修,但经过教育,恍然大悟,担保此后决不走资、绝不修云云。对"五一六分子",用的是批斗的形式,举罪,也是曾说什么,曾做什么,上纲则升了级,是行乃反革命,用意同样是反革命。批斗完,是否也容许检查呢,不记得了。让我们去参加,所求,除随着喊口号以壮声势之外,还有受教育,即了解什么是走资,什么是修,什么是反革命,今后就可以提高认识,端正态度,随着至上走,赴汤蹈火,在所不辞云云。说起赴汤蹈火,我有没有这样的勇气,可以暂且不提,因为是后话,其前还有了解和认识。恕我不能破佛门妄语之戒,参加批判和批斗的会不少,印象是某言某行，说是革命就是革命，说是反革命就是反革命，是非、对错是由权和力决定的，某结果就成为没有是非和对错。以《论共产党员的修养》为例，除极少的几个人以外，不是都曾"学习学习再学习"吗？可是风向一变就成为大毒草！这样的变变变，我有时就禁不住想，就是信士弟子，也总当对照是非、对错问题，思考一下了吧？

旁观说完，转为说自做，花样就多了。先说属于吸收的两种。一种是听报告或听传达。这很重要，不得不洗耳恭听，因为是发布命令的一种形式，多半与自己有切身关系。比如干校结业，一般不得回城市就是重要的一种，因为有这样一个文件，我由干校放还，就不得不到家乡去漂流几年。这是后话，还是言归正传，说吸收的另一种，读"红宝书"。记得总是语录和老三篇。时间长，内容有限，就不能不反反复复。所得呢？很惭愧，据实陈述，是毫无所得。我自己反省，主要原因是受了所读杂学（尤其西方的）的"污染"。这样的杂学融合，说句吹牛的话，也就成为"一以贯之"，碰到什么，就不免以这"一以贯之"为镜，衡量其得失。以诚对人，我觉得书虽誉为宝，也是有得有失。大失有三种：一是过于皮相，经不住思辨之力考；二是不免有枘凿之处；三最严重，是说得好听，行则是另一套。而视之为宝，反复诵读，如净土宗老太太之念南无阿弥陀佛，还会带来一种更大的失，是思路僵化，想不到世间还有对错和是非。试想，一个民族，或一个国家，其中的个体都不会思想，都不能明辨对错和是非，这是个什么问题？是危言耸听吗？我想再加一句危言，是如果阁下还没有忘记国家民族的前途,像干校这样的改造办法会引来什么问题,总当想一想吧?

与吸收相对,还有几种由肚子里往外掏的。先说一种总的,是曾经定思想改造的计划,推想是连里的布置,或竟是校总部的布置,写完当然要上交,自己是否留底,不记得了。这是一种既不难写又难写的八股。不难写,因为有如在南口劳动半个月之结尾写思想总结,必没有人看,就可以堆砌一些口号,敷衍了事。但是俗语说,不怕一万,就怕万一,因为身份与往南口不同,也许有人希望从其中搜索出阶级斗争新动向,则拿起笔,就不能不加倍小心,所以只是一转念又成为难写。难,又将奈何?只能动用昔年由《制义丛话》中学来的一点本领,破题,承题,直到大结,上,联系教义,下,针对己身的失误,居然成篇,完成了任务。上交,又居然没有下文,估计还是走了一万的路,没有人看。

再说一种,也来于布置,是写交代材料。与"交代"紧邻的是"罪行","文化大革命"中我不言不行(斯文扫地之类当然不能算),真是鸡蛋里难得找出骨头。那就只能重复旧事,档案袋里堆了不少的。可是不能说那里已经有,用不着再重复。因为:一,我只有绝对服从的义务,就不当谈什么己见;二,也许疑你还有隐瞒,你就更要交代。于是只好拿笔,重复旧事,为了巨细不遗,把解放后曾加贪污分子之冠也写上,凑凑热闹。记得写这个,用的时间不少,至于是否有人看,看了,有何反应,就非我这只能听命令的人所能知了。

再说一种，是还写过批判自己的文篇。估计是写完交代材料之后，要求谈认识，以促进改造的。盛意可感。可是如果允许掏心窝子说，就一言难尽。我巧或不巧，生在多改朝换代的时期，其中还加上一段敌伪。又择术不慎，走了读书的路。不能耕田而食，凿井而饮，而又想活，就只能如历代读书之人，靠近有或大或小之权的，帮或大或小之忙，或竟是帮闲，以求得些柴米，自己能活，兼养家小。所以有时心不能安，甚至愧于屋漏，关键是未能如伯夷叔齐，义不食周粟，饿死。这是眼上望"圣之清者"；如果降为常，相信"天地之大德曰生"，未能走伯夷叔齐的路，跳到己身以外看，如史书之写论赞，就不容易下笔了吧？但在干校，如有些人所形容，已入改造的洪炉，批判自己，就不难下笔，因为有老套，也必须依老套写。这老套是跪在太后老佛爷面前的得罪太监常用的，是自怨自骂之外，兼打自己的嘴巴。于今，二十多年过去了，有时想到这些，还不免于有为奴大难之叹。

还要说一种，是记得也写过一次检查。检查，是有过失并承认有过失之后的事，什么过失？喝酒。何以竟有学习陶渊明之事？又是说来话长。全国，受"大跃进"、大炼钢铁等英明领导之赐，连吃饭都成为难事，四两白干佐以一包五香花生仁的生趣自然就杳如黄鹤，干校是苦地方，当然更不例外。当地产一种（低级？）白酒，七八角钱一斤，由黄泥铺是否能买到，不记得了，这没什么关系，反正能买也不敢买。得饮的机会，是因为过国庆节，严酷的氛围中容许掺和一点

655

人情味，不只饭菜改善，还由食堂买来若干白酒，谁愿意喝，可以到食堂去买（每人限半斤？）。我没有刘伶那样的酒癖，更没有陶渊明那样的雅兴，可是也买了些。所图是，姑且看作乐趣吧，有一点点，究竟比零好一些。买了，当然也喝了，是不是感到"此中有真意"？估计是即使有也不多。所以过了节，食堂酒未卖完，出通知，说愿意买的还可以买，张志公买了，我就未买。真是法治，其下人人平等，并依法量刑，张志公买两次，判为批斗，我买一次，判为写检查。精于情理学的读者会问：不是规定谁都可以买吗？这容易答，因为这个洪炉里无情无理，许你喝，喝了算犯罪，你也只能服罪。幸而这样的检查措辞容易，不过是，如此如彼，证明我未抓紧改造云云，平平安安地过去了。

最后说一种，大概是大张旗鼓地反"五一六"、批斗"五一六分子"的时期吧，接到命令，要交代、揭发。这里的困难又不少。我，如前面所说，一直把"文化大革命"看作闹剧加恶作剧，轻视，厌恶，但怕。应付之道是退缩，万不得已就演戏，充当龙套。"五一六"怎么回事我也说不清楚，况参加乎？所以让交代，就连八股也不能作。战术要改为明哲保身，自己未参与，实事求是，说，写，都是与他们无干。这样，交代走过去，还有揭发，也许有所见或所闻吧？这回的困难是双料的。不知，不能强不知以为知，是一方面。还有一个方面，是假定有所知，我一生不在背后窥人隐私，打小报告或告密，以求用别人的血换得平安或往上爬，就是在干校为奴也决不破例。这样立身处世，不敢高攀德，只是说性情，我一向认为，挨打容易打人难：挨打，用不着自己努力；至于打人，我是不管怎样用力也举不起手来。在强调斗争的社会，这是落后思想，所谓改造，思想项目中是否包括这一项？如果包括，很抱歉，我只能说，改不了。也就本此顽固，也因为实在没有什么见闻，命令揭发，未能报命，居然也过去了。

就这样，上干校，"老学庵"，课程的门类不少，结业，成绩如何呢？仔细想想，值得说说，也就值得听听的只是：前事不忘，后事之师，我更加确信，我们应该有这样一个社会，在其中，没有任何人有改造别人的权力（触犯刑法是另一种性质的问题，要另案处理）。而如果竟能够这样，则人生的旅途就不会像在干校那样艰险了。

批斗再而三

不记得什么人发的高论,生而为人,过世间一场,生活经验可贵,越丰富越好。对于这样的高论,我只能接受一部分,或一小部分。因为生活经验无限,其中有不可能的,如泥做的就难得尝尝分娩的滋味;有过于难忍的,如受苦刑之类。但是,我所举的这两类情况如果开除出去,而生活之道属于常人,即不修道(为道日损),不学佛(好事不如无),我想,那位的高论也不无道理。认为有理,信受奉行,对于千奇百怪的可能的所遇,可意的,如成为某外国的某市的荣誉市长,不可意的,如掷笔下海,不仅未能发,反而连吃饭也困难,我们就都应该欢而迎之吧?也就本诸这样的信受,回顾干校的生活,对于受批斗的再而三,也许应该说"有时"吧,我觉得,经历一下也不坏。以下说经历,记得共三次,至少是现时,情绪中是兼有欢乐的。

兼有欢乐,原因的一部分是,已经变"文化大革命"初期的暴风雨为和风细雨,比如变露天为室内,变喷气式为只是略低头,颈项上不再挂牌子,都是。时间也大缩短,因为安排在早饭和上工之间,

"胜利"结束之后还要劳动。三次都是由排长姜君主持,推想举行这样的会也是他决定的。至于决定之前,谁报告这"阶级斗争新动向",就只有天知、地知、那位具有眼观六路耳听八方之才并乐得使其才的人知道了。

阶级斗争新动向是对于某种行事的定性判断,批斗我,事当然是我做的。那就由事说起。第一次,事是挑水,绞水之桶掉在井里,捞而未得。井是园艺队留下的有大用的设施,在食堂和锅炉房的东南方,一个比平地略高的平台之上。井为砖壁,上小下大,水面直径约有三米。井相当深,估计有十几米吧。井口上安装辘轳,为的可以比用手提省力。不知道为什么,井绳与水桶连得不紧,因而有时候桶就脱了钩,掉在水里,沉到井底。备有捞的工具,记得是一根木棍,一端连缀许多铁钩。但井底面积大,用铁钩搜寻要碰运气。运气好,转一两圈就钩在桶的铁梁上,因而一拉就上来。运气不好,也许桶的位置不合适,就无论怎么用力,长时间,它硬是不上钩。挑水,非定职,时间稍长的,几乎都掉过桶,并经历过打捞的失败。轮到我,小心谨慎,但终归主观不能改变客观,记得掉过两次。第一次走运,没有费大力,桶就上了钩。第二次不走运,用钩怎样旋转,还有好心人来帮助旋转,终于是空空如也。不能不急,因为还要供两地用水。不得已,只好领个新桶,不再捞。可能就是次日的早饭之后,排长姜君通知,上工前到某宿舍去开会。入场,看许多校友已经围坐在周围,让我立在中间。我也是受过新时代的洗礼的,当然知道这是要做什么，于是立正，低头，静待。排长先发言，大意是，我挑水，桶掉在井里，不用心捞，这是阶级斗争新动向，所以开会批斗，以扑灭这种新动向。以下校友（不算我，应该称为战友）发言，踊跃，理直气壮，甚至大声疾呼，都用颠扑不破的逻辑，证明水桶落井，不用心捞，确是阶级斗争新动向，批斗很必要。我呢，事后梳理当时的心情，觉得值得写而存之的有两种。一是感谢。原因可以分为两项。一是虽名为批斗，却批而未斗，因而与我的军训班友何其芳之所受相比，还不少温暖。二是只要求我听而不要求我说感受，我就可以毫无困难而过关。如果让说，必左右为难：左，学梁漱溟，背诵《论语》成句，"三军可夺帅也，匹夫不可夺志"，我不敢；右，难道我也承认桶落水，急而无可奈何，是阶级斗争吗？再说心情的第二种，是可惜。具体说是可惜未录音，因为会上的高论都是超过《钦定四书文》百倍的妙文，理应保存，限于我自己，如果不早归天而有闲，也会想再听听吧？且说这可惜的心情，近年来还加了码，由录音上升为录像。如果录了像，又如果巴金设想的"文革博物馆"能成为事实，则这样的录像，入了馆，以其"古来稀"的优越性，总可以归入上品之档吧。

第二次批斗，事是1970年清明节起，连续几夜，看了彗星。这彗星名叫白纳特，是八十年代中期北京天文馆的湛穗丰女士告诉我的，也许还告知它光临的周期，不记得了。与哈雷彗星相比，它是小字号，可是以视觉为评断的标准，它就成为大字号。我生于1909年年初，由得见哈雷彗星说，正如吴祖光先生笔下所喜写，是"生正逢时"。1910年它光临,我赶上了,只是可惜,非神童,没有留下丝毫印象。1976年之后,即1986年,它又准时光临,我仍食息于人间,可惜它未横陈,想看,要借助天文望远镜,我懒散,竟交臂失之。所以到目前为止,所见彗星,仍以这位白纳特最体大,最明亮。是在干校接受改造时期,记得是清明时节,已上床入睡,听见茅草房外有人喊"看彗星"。同屋的人都起来,我一向对于天体有近于惊异的兴趣,当然随着起来。走到院里,见一个有人体那样粗、长一两丈的白亮白亮的像横在东南方的半空中,真叹为稀有,因为稀有,又想知道它的变化,就连续几个晚上,上床前都到院里望一望。印象是,觉不出有什么变化。事后才知道,这晚上到院里望望,也有先进人物跟踪、汇报。然后是上纲为阶级斗争新动向,对付之道,当然又是批斗。也许是借了彗星之光,对于批斗,我偏爱这一次,所以前若干年,还写了一篇以"彗星"为题的小文(收入《负暄续话》),描画批斗的场面。为偷懒,做一次抄袭自己的文抄公。下面一段就是这样移过来的。

万没有想到,这与天空稀客的几面会引来小小的麻烦。这也难怪,其时正是四面八方寻找"阶级斗争新动向"的时候,像我这样的不得不快走而还跟不上的人,当然是时时刻刻如临深渊,如履薄冰,想在身上发现"新"不容易,而这位稀客来了,轻而易举就送来"新"。上面说"吾从众",这"众"里推想必有所谓积极人物,那就照例要客观主义地向暂依军队编制的排长报告：某某曾不止一次看彗星，动机为何，需要研究。排长姜君一贯嫉恶如仇，于是研究，立即判定这是阶级斗争新动向。其后当然是坚决扑而灭之。办法是惯用的批判，或批斗。是一天早晨，上工之前，在茅茨不剪的屋里开会，由排长主持。我奉命立在中间，任务是听发言。其他同排的战友围坐在四方，任务是发言，还外加个要求，击中要害。所有的发言都击中要害，这要害是"想变天"。我的任务轻，因而就难免尾随着发言而胡思乱想。现在回想，那时的胡思乱想，有不少是可以作为茶余酒后的谈资的，如反复听到"变天"，一次的胡思乱想严重，是，如果真有不少人想变天，那就也应该想一想，为什么竟会这样；一次的胡思乱想轻松，是，如果我真相信彗星出现是变天的预兆，依照罗素的想法（今注：他在一篇小文《论彗星》中说，昔人相信彗星出现与世间的大变动有关，是天人关系近，今人不信，天人关系远，是退化了），那就是你们诸君都退化了，只有我还没有退化。这种诗意的想法倏忽过去，恰巧就听到一位战友的最为深入的发言，是想变天还有深的思想根源，那是思想陈腐，还相信天人感应。直到现在我还不明白那时候是怎么想的，也许有哈雷、牛顿、罗素直到爱因斯坦在心里煽动吧？一时忍不住，竟不卑不亢地驳了一句："我还不至于这样无知！"天下事真有出人意料的，照常例，反应应该是高呼"低头！""抗拒从严！"等等，可是这回却奇怪，都一愣，继以时间不太短的沉默。排长看看全场，大概认为新动向已经扑灭了吧，宣布散会。

第三次批斗，置身于新时代，想新时代之所想，说新时代之所说，应该承认，事非常严重，是伏案之时，不是钻研"红宝书"，而是在纸片上写唐诗宋词。与先进人物之一天两个十二小时钻研"小红书"，仍说万年也钻不透、钻不腻相对照，就是只动用J.S.Mill的逻辑，也可以推出，这是不重视"小红书"，非反革命而何！挑水落桶，看彗星，小辫儿虚无缥缈，尚要批斗，况轻视"小红书"乎？罪大，批斗也要大举，是先搜查。开箱，很容易就找到由家中带来那唯一的《唐诗三百首》和《白香词谱》的合订本。接着开批斗会，审问，带这样的书，并抄录，是想干什么。我招供，说了不很重要的，是怕劳动时间拉长，过去能背的诗词都忘了，所以想偷闲温习温习；藏起很重要的，是入目的文字只有薄薄的一点点"红宝书"，无兴趣，头脑空空，也难忍，所以才暗诵几遍如"闻道长安似弈棋，百年世事不胜悲"，"梦魂惯得无拘检，又踏杨花过谢桥"之类，以期如鲁迅所说："算是从泥土中挖一个小孔，自己延口残喘。"(《为了忘却的记念》)审问很快过去，因为只是还想保留旧诗词这一条，判如何重的罪也够用了。以下是战友的踊跃发言。措辞容易，大意都是，竟敢轻视宝书，可证无意改造自己，实为罪大恶极云云。现在坦白，其时听这千篇一律的高论，本应"闻善言则拜"，可是思路却偏偏不听话，而向相反的方向跑了野马。都跑到什么地方？一处是关于"轻视"的，判我未视为宝，我服罪，想想，怨我昔年多念了几本书，其中有些是西方谈政经、谈社会的，对比，就感到所谓宝，实在多门面话；而捧之上天，只是因为有威权加个人迷信。另一处，是忽然想到《文选序》的"踵其事而增华，变其本而加厉"，觉得既然有"始制文字"之事，而只许读一种，就治道说，未免管得太多。专制帝王如十全老人，修《四库全书》，显然还是允许人念的。还可以再说一处，是为迷信的人设想，这种一手持经、一手持剑的办法，像是并不聪慧，试想，以巧克力糖给孩子，还要在旁边说："快吃，不吃就打。"这一次他（或她）吃了，下次他还有兴趣吃吗？且说干校时间紧，会不久结束，野马也就不能再跑。又要感谢，处理只是这个合订本没收，未说判什么罪；还有优于俞平伯先生的，他偷看《水经注》要写检查，我则未奉命写检查，就可以不亲纸笔一身轻了。

批斗三次，都是会上热闹会下寂静，我当然大欢喜。参加的战友呢？推想人心还是肉长的，不管嘴里怎么慷慨激昂，心里也会大欢喜吧？想了想，也会有例外。何以如此推测？是有个同屋的某君，我伏案写什么，他必站在我身后的不远不近处窥视，可以断定，这次的抄旧诗词也是他汇报的。汇报，有所为，是得善报，显然，所汇报情节愈重，所得的善报也就会愈多，处理轻表示所汇报未受到"足够的"重视，岂能不失望？恕我拖拉，迟到现在才向他致歉。

学习古今八股,结尾,还应该不忘"教育意义"吧?干校生活,尤其其中流行的批斗,确是有教育意义,那是:无论是个人还是社会,想平安、幸福,就要讲理,不要暴力。而要做到这一点,就不得不变人治为法治。法院,总不会把一个看彗星的人传去,审而判之吧?所以我住干校近两年,名为学习,如果说有所得,值得感激,喊万岁,我喊的不是改造万岁,而是法治万岁。

探亲

语云，人心之不同，各如其面，人，不管位多高，力多大，发如何奇想，希望如用竹竿测池水深浅，一戳到底，终归不容易，因为执行要经过多人之手，多人中会杂有"人之初，性本善"，于是严酷之中就可能出现人情味。是1970年的后期，干校周年之后，不知由什么人决定，接受改造的人平等，都可以回家看看，期限是十天（？），就是出现了人情味。记得我是排在将入冬之时。行前要整理一下，因为时时要做搬家的准备，自己不在，东西散乱，别人不好下手。还想带点土特产，如蚌埠的熏肠之类，换个家里人高兴，可是不像现在，有钱唾手可得，也就只能想想作罢。起程，交通工具只能靠干校。记得到蚌埠，还吃了一顿饭。大概只有饺子，论碗，带汤，如北京之馄饨放大（汤内无调料）。我如阿Q之由未庄进城，吃不惯，尤其看不惯。其后是登上火车，一路无话，到了别不很久的北京。

离京回来，火车到终点站，三十几年，都是搭车北行，直奔后海。在车上还会想到，入家门，过前院、中院，就会看见可敬的房东李太太等人。这回变了，搭车西行往城外，心中油然而生一种无家可归之感,很凄惨。人是无论如何多理想,甚至多幻想,过渡到身体发肤,就不得不实际主义。总之是心在鼓楼、后海一带,脚步却不得不走进昔日之燕京大学,今日之(新)北京大学。因为心里多有失落之感,就说是小资产阶级情绪吧,又想到昔日的两件事。一件远到四十年代初,春秋佳日的星期日,常三四个人结伴,骑车往玉泉山,其中必有韩兄刚羽,如果齐兄蕴堂到北京来,也一定参加,过海淀,买完莲花白酒、五香花生仁等再前行,走的就是燕京大学西侧这条路,如果天气晴朗,西山就像是移到跟前。而迈入五十年代,刚羽、蕴堂住天津,都自顾不暇,就望玉泉山之塔,真如在天上了。另一件是四十年代末,张东荪先生由城内大觉胡同移到燕京大学燕东园入门左手那座楼,我来看过他几次,记得有一次还有续可法师。那是入西校门走未名湖南岸,先湖光,后塔影,出小东门,穿过蒋家胡同(后来才知道,邓之诚先生住这条胡同的2号),走不远就可以入燕东园之门。现在是续可法师早已跳了黄浦江;张东荪先生呢,因为横议的旧习不改,五十年代初下了政府委员之台,由一座小楼移到成府的一处小平房,与外界断了交往,革命且大,还能静极思动,吟诵"庭院深深深几许"吗?(后来才知道,"文化大革命"之后再迁至监狱,就没有再出来。)

以上真成为下笔千言,离题万里。要赶紧收其放心,随着脚步沿未名湖北岸东行,到湖东北角向左转,即北行,至朗润园(在校园内北部)东北部,后湖东岸,有面南的职工宿舍楼五座,由南往北排为八公寓（学生宿舍名楼）至十二公寓。我女儿住八公寓一楼西端多半个单元（单元有房大一小二，我女儿住靠南一大一小，有阳台，另一小为他人住），暂时就成为我的家。入门，"民为贵"，当然要先说人，老，岳母，中，妻，青，女儿、女婿，幼，外孙女，都平安；五口人挤在一起，便于互相照顾，也可以说是优越性吧。不过究竟是太挤，举目看看，不免有逃难之感。我回来，成为六口；如果在外的女儿回来一两个，就真成为无坐卧之地。有什么办法！乱世，能活第一，忍吧。

然后说物。场地由大变小，自然规律，必装不下。不得已的办法，在心中不占重要位置并没有它仍可照常度日的，送人或当废品处理。仍容不下，放在楼道内存杂物的一间空房里。书柜，一大二小，知道我还不会有焚书的觉悟，不但未扔，还请到屋里。书呢，处理了不少，竟还有用报纸包而捆之的几十包。未开包，是不知道应该如何上架，等我回来办理。也可说是上帝的恩赐，人，只要还有一口气，总是往如意处想，也就往如意处走。这如意处是还能坐在残书之旁，过眼观书手拿笔的生活。当然也曾想，这不会是空想吗？管他呢，反正一部分书还在眼前，胡乱地堆着，应该立即动手，整理。俗语说，病有工夫急有钱，其实是急也会有工夫，于是就不管假日无几，决定先整理书。困难不小。主要是场地有限：一是书柜的场地，只剩下三个，必装不下；二是室内的场地，因为书上架，要先分类，不都陈而列之就难于分类。前一个困难又带来一个困难，是为了每一本都有个坐卧之地，必须再清除一部分，清除哪些呢？都是多年怀着喜悦的心情一本一本请进来的，驱逐出境，必不忍，怎么办？又不得不实际主义，只好硬着头皮下手。计整整忙了两天有半，又挑出一麻袋有半，送往成府的废品站，书开包上架的工作才勉强结束。事后回想，正如"文化大革命"初期之扔之烧，终是失之胆太小，心太狠，后悔也无济于事了。

整理书是既大又麻烦的事，至今还记得个梗概，此外还干了些什么呢？可惜这一段竟没有记日记，又因为记忆力很坏，就几乎连碎影也没有了。我由1928年暑后（相当于上高中）开始记日记，到现在为止，只有1970年4月19日至1971年3月14日在干校这一段，将近十一个月未记，这是小缺漏；还有大缺漏，是1937年"七七事变"以前的，长达九年，估计总有十本八本，都毁于战火。还失落一本，是1944年5月，人被请入日本宪兵队，抽屉里的一本日记同时被抄走，就未能找回来。单说干校这一段空白，忽而不记，一定有原因。现在查看，4月18日所记之事有"仍挑水"，推想就是这一天，桶掉在井里，捞而未得，次日晨受批斗，到晚上拿笔面对日记本，如何记就成为大难。据实记，如果搜查，上纲，就会判定为变天账，准备有朝一日反攻倒算，这还了得！所以沉吟一下，还是保命哲学占了上风，决定不记，而一顺延就停了将近一年。现在回顾旧事，记忆的仓库里空空如也，理当向日记本求援，不幸是批斗不只把人批倒批臭，还连带把日记也送入无何有之乡。事过境迁，想到这一段成为空白，心里不免于感伤。感伤还化为感慨，或温良恭俭让，换为善意地提醒一下，这是：讲治平之道，行治平之事，竟至使人不敢记实事，这应否算作一个问题呢？纵使没有人敢问，自己也秉宋儒设想的天理，总当平心静气想一想吧？

人之患在好论议，还是从速改为记叙。幸而还有一点点模糊的影像，或由常情推得的影像，是又启用那辆自行车，出去跑了几处。总会到知交那里，问候并报平安吧？裴（世五）大哥也住干校，在巢湖附近的沙洋，自然不会到洪洞会馆去看他。还看过什么人呢？可惜是一点印象也没有。有清楚印象的是一次请我吃晚饭，在西长安街的鸿宾楼，吃的是涮羊肉，其时应该叹为稀有，记得肉片短小而粗，颇不佳，主人像是不止一位，大名也说不准了。还记得未骑车，回家进南校门，灯暗，树多，迷了路，路上无人，欲问不得，直到看见西校门内的华表，如见故人，才走回家。再有一件是跑大街买冬夜的御寒之物。1969年在干校过第一个冬季，住茅草房，室内无火，记得夜里曾到零下三摄氏度半，不脱棉衣，蒙被，还是毫无暖意。第二个冬季即将来到，所以想未雨绸缪，买个厚毛毯，以便与零下的温度战。财力有限，只能买旧货，一直找到天桥才买得一条，北京通称为俄国毯子，价二十元。且说这条毯子，由干校起，还随着我还乡，成为过漂流生活的难友，我断章取"苟富贵，勿相忘"之义，现在虽然可以不用它了，却还是让它安静地在屋里休息。

假期很快地过去，又不得不离开家。生地方，除家里人以外，送行的只能有新近邻一对年轻夫妇，也许不在家吧，不记得了。说起送行，又不能不想到上一次，故居的不少好心人，也都受过这样那样的折磨，总是都活过来了，祝愿他们平安，今生不离开那里。

校友忆存

出版社工作停顿，职工移干校，原来的同事成为校友，为数不少。这里只记寥寥几个，是由于多种原因，把其中的绝大多数推到"怀念"之外了。是有偏有向吗？曰不然，而是确实有原因。原因之一是大多数，劳动、住宿等不在一起，本无事，记忆中当然就不能占一席地。还有些人，有些接触甚至接触不少，明哲保身，总表现为远远的，冷冷的，以怀念为尺度定去取，也就无可写。还有少数人，有一点点交往，表现为还有些情热，至少是礼貌，可是事过少，想不漏而不能成篇，也就只能割爱。最后还有极少数人，如跟踪窥测然后打小报告的，主持批斗的，接触不少，记忆中当然有个不次要的地位，只是录取标准，记忆之外还有怀念，也就欲兼容并包而不可得了。这样损之又损，只剩下四位，吴道存、王芝九、黄秀芬、王福海，以下依次说说。

吴道存，近些年熟人间提到，都称为吴老，因为年还长于我，大概是四岁吧。他是皖南黟县人，体、貌不违水土，小个头儿。他是英语室的编辑，业务超出一般，听说中学时期就给上海某英文报写文章，就凭这个成就，考大学（上海复旦？），学校破例，免考就收了。人朴厚通达，同事都敬重他。到干校，也许照顾他年老体单薄吧，像是没有派他干过重的活，我们也就很少在一起。是秋收季节，派他看场院，据不成文法，看场院要两个人，就加上我。入夜，别人都上床去梦见周公，我们两个提一马灯，做逍遥之游，总是一往返之后，背倚一个麦秸垛，为上下古今之谈。这是真正的"交心"，所以很快就成为相知。我从心里尊之为兄长，因为觉得他性格中有个大优点，坚韧，为我所缺，我应该学，纵使知道必学不了。看场院的工作过去，我们还继续有来往，比如我烧锅炉，他借打开水之机就来看看我。1971年春天，干校的幻想狂热降了温，嘴里不说，心里兼行动却在走向结束。最明显的是办理结业事宜。人分两类：年过六十，或满六十，或即将六十，算作已没有工作能力，退休，送到应该去的地方（未必是家，详下）吃退休金；其余算作有工作能力的，找个地方（几乎都是外地）继续工作。我和吴道存都年过六十，去路当然是退休。连里（其实就是社里）办了手续，要上呈军管，既名为管就要从严，认为我们的历史都不清白，改为退职。与退休比，退职是名利两不全，我一时很懊丧。吴道存大概不是这样，记得有一天，他到我宿舍来，送来两个苹果，外加一句话："已经成为事实，你想它干什么！"这句话我一生记着，辨析理，处理事，都把它看作一个重要的原则。

遵照另一个一般不得回城市的文件，我们两个都解职还乡。他带着老伴回黟县，我扛着两肩一口回京津间一个小村庄。如历次的鞭打一样，不言而采纳宋儒理气并存的哲学，打完了，气出了，理就抬起头来，不好说错了，而说是落实政策。不清不白有浓淡之分，吴道存淡，先落实，我浓，后落实，总之都是先瞪眼后微笑，使人不禁有何必当初之叹。且说我们还乡几年，吴道存先乔迁，移到屯溪；我后乔迁，移回北京。不断有书信往还，记得我"归园田居"，也是"虚室有余闲"，有时也就附庸风雅，诌一两首旧体诗词。其中有寄给吴道存的，抄一首标题为《与道翁别三年余顷有书来却寄》的：

驻景随缘是我师（在凤阳干校时，常以达观之意相教），黄泥雨夜伴君时（干校附近小镇名黄泥铺）。襟笼烛火成新侣，背倚柴山听好辞（曾共同打更）。瓮水炉烟常寂寞（后余烧锅炉，难得晤谈矣），湘舟朔马又参差（放还后道翁居皖南，余居河北）。三年契阔江河阻，默想音容两鬓丝。

吴道存也许因为更亲近拜伦、济慈之流，不写中国诗词。可是不久必有信来问近况。八十年代后期，他身体情况下降，可是道不变，春节时候必写信来问候。

移居屯溪以后，他仍是乐于为公，助人，长年为乡里义务培训英语人才。还写了一本指导学习英语的书，寄来，我有个同乡后辈，在中学教英语，看见，拿走了。我回社恢复面对稿纸的生活以后，不自量力，也写了些不三不四的，印成就寄给他请正。其间还有个值得长期纪念的闲事,因为更可见为人之厚,友情之笃,也记在这里。是我旧习不改,有机会还想收些价不高而可玩之砚。有的人同歙县的什么人有交往,有时就收到由歙县寄来的歙砚,其中有金星,误传是吴道存介绍寄来的。其时我还没有金星的品种,就不管圣训"戒之在得",立即给吴道存写信,透露要好金星的贪心。想不到寄金星砚原来与他无关,他对砚毫无兴趣,更不知何谓金星。但他还是顾念雨夜打更之谊,托人找,忘了"金星",只说"好"。结果是有个他的友好后辈,从自己的两方存砚里拿出其一,给我寄来,内行评价一百六十元,只收一百四十元。寄到,我一看,原来是一方晚明坑的歙砚,石黑色,润倒像是粘手,不免思绪万千。万千中的重要之一是,桑榆之年,得这样的高谊,反而要谢谢干校了。

八十年代后期,他曾摔了腿,卧床将养,好了,下地,能到院里走走,还寄来照片。也曾想到屯溪看看他,自己余时不多而想做的事不少,又怕来往颠簸,就只是想想而未能成行。是1995年的8月,传来消息,他于6月18日作古了。果然,即来的旧历新年就不再接到他的信。

王芝九,苏州人,原在历史室做编辑工作。人也是不违水土之性,精明,熟于世故。这本钱有优越的一面,是容易合于时宜,所以据说,他还做过苏州的教育局长。还有不优越的一面,是会远于"圣之清者"。但他得天独厚,或兼得教养之助,学识和品德都无懈可击。新中国成立初期,他来出版社,推想是叶圣陶先生约来的。其时有过交往，记得是历史室编完初中本国史第一册，最后讨论定稿，参加的有叶先生和我，代表历史室的是他。其后交往不多，但有个清楚的印象，是通达，善于处世，能够照顾到多方面。来干校以后，不记得曾在一起劳动，是在校的晚期，我们都搬到离大路最近的八间房，同屋有十个八个人吧，其中有他，而且碰巧是邻床。这时期，我听分配烧锅炉，要早起。未带闹钟，很怕睡过时，至时水不开，又要批斗。他看出来，让我放心睡，至时他叫我。果然，每天早晨该起的时候，他就推我一下，小声说："老张，该起啦。"我没问他，为什么那时候他就能不睡，总之，单是这件小事，也可见他的才干不同于一般。我，正如他多次所说，"一看就知道是北方人"，直，少遮拦，对于自己信得过的，愿意推心置腹，有时也就向他吐露一些真的情意。他也说一点点，委婉，含蓄，但态度还是明确的。结业，我先走，行前，看屋里没别人，我指指某一个床位，跟他说："千万不要说什么。"他眼睛里明显地藏有感伤和惜别之情，说："我明白，你放心走吧。"

他在苏州有一所住房，两层楼以外，周围还有几间平房，解放以后，献给公家，只留楼上一间大的，准备告老还乡时住，就仗着他有这样的"预见"，干校结业，他获得准予回苏州的优待。但世间事，常常祸不单行，而福却很少双行，退休回苏州以后一年多，老伴扔开他先走了。他学潘岳而超过潘岳，写了很多悼亡诗。也写其他题材的诗，因为我们干校作别之后间或有书信来往，他的信里就常常带来他的新作。其时我废物无用,有时闲情难忍,也试着哼几句平平仄仄平。记得还次过他的韵,作为不忘旧情之报,只抄一次的,算作"泥上偶然留指爪"。来诗题为《沧浪亭"五百名贤祠"》,下注时地为"1974年秋,苏州",诗云:

小小沧浪五百鱼,长鲸难入短鳅舒。列名却戴官阶帽,题句无非孝悌誉。不载英雄昭日月(指起义抗暴之人),欲寻碑碣在阊间(指山塘之五人墓碑)。腐儒若供批评用,应有南针揭板书。

我的和诗题为《读史有感二首次芝九兄韵》,第二首云:

展卷时惊落蠹鱼,强刀弱肉意难舒。天心向不专通塞,史笔何曾别毁誉。鬼蜮声容充殿宇,贤能杖履老阊间。魏公藏拙终虚话(徐陵轻视魏收文,掷之江中,云"为魏公藏拙"),千载犹当读秽书(魏收撰《魏书》,评人以亲疏为上下,人称秽史)。

依照中国传奇的旧例,题诗,不管是红叶之上还是门扉之上,紧接着来的必是会合,我们不敢维新,也乐得仍旧贯,于是而有1976年春的结伴(还有南京的郭翼舟兄)为苏杭等地之游,主要据点是苏州，就住在芝九兄那间大屋里。其后不久，唐山大地震，芝九兄恰在此时北来，住在甘家口他幼子楼房外的地震棚里，我曾去看他，记得同往甘家口商场去吃饺子。其后还曾结伴往东四八条去看叶圣陶先生，承叶先生招待吃午饭。总之，这期间我们都闲散，就多有见面畅谈的机会。也是在这期间，他整理他的诗词稿，共三百六十九首，打印，订为一册，题名《菁庐吟稿》，于1977年4月给我一本。内容依时间先后分为三集：甲：风雨集；乙：迎晖集；丙：老学集。我看了，守妄语之戒，觉得同于流俗，也是风雅少而颂过多，"情动于中"呢，还是有些世故成分呢？

大概是1978年，他在苏州，病了，到他长女的住处兰州去疗养。先是还有信，后来去信就不再回信。记得是1979年，听谁说，乃是癌症，在兰州作了古，他长于我八岁，总是远远超过古稀了。

黄秀芬，福建人，在小语室做编辑工作，比我年轻约二十岁。体型是八闽的，不高而充实。容貌和性格有特点，是温婉，对人，总是语言和气而面带微笑。我们认识比较早，记得第一次见是在教育部小红楼，那就应该是1952年或1953年。印象，她是个刚成年的姑娘，说一口地道的北京话。我推想她必是北京人，及至问她，才知道是福建人，来北京不久。我很惊讶，因为闽粤人学普通话，都是多南腔而少北调。我问她，她说福建话几种，她都会，都是到那里学，三个月，用当地话，当地人听不出来是外地人。我一生认识人不算少，语言天才之高，当以她为第一。可惜用非其才，半辈子坐在小语编辑室，编"大狗叫，小狗跳"之类。她还有个稀有的天赋，是"不移"的静，心如此，身也如此。所谓心不移，是言谈举止总是那样温和，像是你打她骂她她也不起急。所谓身不移，是到八十年代，我们都回出版社，常见面，她在我的眼里，与五十年代没有什么分别，还像是刚成年的姑娘。在干校，她因为什么问题没查清楚，也常分配做脏而重的活。有个不短的时期，我们在一起抹墙，她不是"行有余力"，可是还关照我。主要是她那"不移"，使我领悟一种珍贵的人生之道，我虽然自知必是可望而不可即，却每一想到就不能不感激她。是前十几天，我又见到她，面容像是也有些憔悴，算算，她也走向古稀了，时间竟是这样无情！

王福海，天津人，是食堂的厨师。我和他工作不在一起，劳动不在一起，可是感情不坏。他是名厨师，技术高，如果评级，总当是特级吧。记得五十年代，有时食堂卖红烧鱼，买一盘，吃，味道总是超过一般饭馆，就是他做的。他血压高，常常在院里练武，锻炼身体，我就愿意借这个机会跟他闲谈一会儿。他为人爽快，厚道，虽然我们谋生之道不同，他还是把我看作朋友。我口腹之欲不怎么样，却对家常菜的做法有兴趣，有时就向他请教，他必仔细讲解，并告诉其中的诀窍。到干校之后，他仍在食堂，有时我挑水，难免与他碰头碰脑，他不能说什么，但看得出来，面上有爱莫能助的惆怅。他的血压更高了，终于不得不回天津休养。我放还以后，有时到天津去，想看看他，可惜没问过他的住址。大概是两三年之后，听谁说，人力终于不能胜天，他作古了。"文化大革命"以后，由于种种原因，有些有感情联系的人比我先走，我能去送别，也应该去送别，而竟未去送别，王福海是其中的一个。又有什么办法呢，就是致歉意，新观点，人死如灯灭，也不能知道了。

识小录

识小,是想记一些在干校的零零碎碎的见闻。小,必没有什么价值,而仍决定写,是想到,千百年来久矣夫,小人物,因受迫害而家破人亡,任其湮灭,大人物,放个屁,也可写入起居注,现在我手中有笔,面前有稿纸,就乐得反一下潮流,偏偏避大趋小,为无限的小人物吐一口不平之气。见闻不多,也得排个次序,又不能免于势利之眼,由天象说起。

排首位的当然是彗星。记得看什么文章,说彗星很多,我们所能见的只是少数大字号的。可是超级大字号的,如哈雷彗星,我"生正逢时",赶上两次光临,却没有留下影像。"生年不满百",没有再面对哈雷彗星的机会,如果没有这次在干校看白纳特彗星的机会,今生也许就只闻其名而未能见,也总当算个不很小的遗憾吧。所以事过之后回顾,虽然因有此一见而受到批斗,所失无所谓,所得仍是值得录入心中的档案的。

其次是龙卷风。这是有大破坏力的一种自然现象,见于记载的很不少,却没遇见过。——正如火山、地震之类,最好是不遇见。但如龙卷风,范围不大,时间不长,却又颇想在不很近的地方看看。而就真碰到一次机会,是到干校之后还不满一个月,一天下午,几个人在野地干活,听一个人大声说:"看,龙卷风!"我们都直起身,向他指的方向看,在正南方,临近地平线的地方,一个黄色的圆柱,不太高,在缓缓地向东移动。移动中,圆柱像是往上延伸,上面高处也变成昏黄,向下降。很快上下就合为一体,加大,颜色变为黑黄,仍在往东移。可以想见,这是正在横扫它脚下的一切,也会有村庄吧?虽然离得相当远,也感到很可怕。

连带说另一次的可怕,是见到一条大蛇。时间记不清了,总是热天,我们三四个人,受命去修葡萄园旁、大路边那口井的井口。带头的是个年轻力壮的,到那里,他掀开井口上的一块方石,几个人都吓了一跳,一条大蛇在石下的一块空地上盘着,身体有鸡蛋那么粗,满身彩色花纹。它像是也被这意外的情况吓住,没动。不知道根据什么知识,都以为必是毒蛇,很紧张。那个带头的赶紧拿起身旁的铁锹,把蛇铲到空地,一阵乱打,蛇死了。事后才听当地人说,这样花纹的蛇并不是毒蛇,我们吃惊,以及下毒手,都是多余。这有时使我想到天赋性质的天命,以人之水做的为例,很美,则几乎是要什么有什么,反之,很不美,就会处处碰壁,同是生而为人,走的路则大异,除"畏天命"甚至怨天以外,我们又能怎么样?蛇更是这样,据说无毒的还于人有利,只是因为"我们看着"不美,有很多就死在人的不留情之手。说到此,又想起一个颇为离奇的传奇故事,是一个美丽多情的白娘子竟是蛇所变。在西方，蛇是引诱夏娃吃智慧果的，也是没有什么可爱之处。白蛇呢，其实也是要变为白娘子才可爱，可见反天赋之命终归是不容易的。

连续说可怕，不好，应该转为说点轻松的。想在口腹之欲的范围内找找，很遗憾，将近两年，几乎没有吃到什么，后来想到仍愿意入口的——不，应该说还是有一种，那是蚌埠某肉食加工厂生产的熏肠，过节时食堂曾买来卖与职工，价不贵，味道很好。可惜，也许求过于供吧，平时不卖，很想多吃几次而未能如愿。

记得食堂供应，主食副食之外，有时还卖皮蛋（当地之名，北京名为松花蛋）。我买过，吃不吃无所谓，是愿意看，剥开之后，蛋清部分蕴含的清清楚楚的几朵松树花。在北京，有时买，当作下酒之物，剥开，也看过，都是混浊一片。干校买的，没有例外，剥开，尖端向上，蛋清部分都透明，里面有松树花，清楚整齐。直到此时，我才明白，如此制法的鸭蛋，为什么叫松花。可是仍有两件事未能明白：一，同是鸭蛋，推想制法也当相同，何以北京的不见松花，朱洪武故乡的都有松花？二，蛋清里有什么物质，经过如此这般一来，竟会出现几朵松花的图样？

物，不能明，转为说人，或说人情。所谓人情，指当地人的生活情况和心理状态，我到个生地方，觉得最值得体味的是这个，其次才是山川名胜。可是到干校，任务是劳动，目的是改造，一切活动都是受命，自然没有与当地人接触的机会。体察一点点人情，主要是来于传闻和推想。最响亮的传闻是凤阳花鼓,如何打,如何唱,我没见识过。可是还记得流传最广的唱词,那是:"说凤阳,道凤阳,凤阳是个好地方。自从出了朱皇帝,十年倒有九年荒。"长期生活困难必致培育成"忍"加"悍"的性格,扩大就成为民风。不记得以什么因缘,我们两三个人,曾到当地人的一间茅草房里去看,与北地的一般人家比,室内几乎是空的。这就便于秋收以后,堵死门窗,到外地去讨饭。夏天蚊子多,我们钻进蚊帐,还要用电筒照,清除一些溜进来的,可是当地人,我曾看见,儿童就躺在草房外的木棍床上,皮肉裸露,睡。这就是悍,为了活,能闯,天不怕,地不怕。这种性格和民风给干校带来些小麻烦,是常常丢东西。主要是劳动工具,如手推车的车轮之类。记得有一次,丢的是整辆车,幸而其时不是秋收,打更的已经不是我和吴道存,我们可以不负失职之责。但也有人说,不管谁打更,也只能适可而止,过于认真会惹来麻烦。

关于讨饭,见和思,都有可以说说的。是我和黄秀芬等在八间房(?)抹墙时期,一天下午下雨,有个十五六岁的大孩子带两个小孩子到房里来避雨。我们表示欢迎,让他们坐,他们不坐。大孩子敞快,能说,兴高采烈,说他到南京、苏杭等地的经历。我问他何以能到这样多的地方,他说:"讨饭啊。"语气中含有"这很自然,没什么稀奇"的意思。这使我想得很多,突出的感慨是,自己虽然出身不高,可是究竟还是偏于养尊处优,以致谋生能力很差,碌碌一生,不靠人就不能活。即以讨饭为例,前面说过,1926年春天避兵乱,与同

684

学郭士敬结伴,由通县步行回家乡,路上饿得不能忍,曾有到附近村庄讨饭的念头,可是终于鼓不起勇气,只是想想作罢。书生,梦中也会吟诵"唯有读书高"吧,其实真正有大用的技能,如讨饭就是其一,却多半不会,对照凤阳这位大孩子,能不惭愧吗?

惭愧是反观于己时的心情,一不做,二不休,干脆再说两件有关自己的琐事。一件是吸烟。我不吸烟,一贯把吸烟看作费力不讨好的应无之事,为什么到干校竟吸起烟来?不只可以举出原因,还可以发些高论。举原因,记叙实况即可,那是蚌埠什么烟厂生产的一种廉价纸烟,有没有牌号不记得了,十支一包,价八分。许多人买,我也买,本来是想在极端的枯燥中加一点点水滴,及至尝试,才知道其作用远远不止此也。用小说教程的形象写法,是在红人物的监督之下干重活,用十二分力,累得喘不过气来,还怕怒目而视继以斥责,恰在此时,传来口哨一声并一句话:"休息十分钟。"立即坐下,掏出烟,一支插在两唇间,吸几口,其感觉简直胜过不慎摔伤,疼痛难忍,意中人走近身,抚摩几下。进一步说所得,是痛楚化为迷离,绝望中出现一线生机。这样说,我从此就成为瘾君子了吗?曰不然,实况是:休息十分钟之时,也只是吸几口,一支的大部分扔掉;离开干校,不再有改造的"光荣"任务,就不再想吸,从而未费吹灰之力就戒了。戒了,但曾吸,就有资格发高论,至少是传授经验,这是,一,烟的最大用是陪伴改造;二,八分一包的同样可用,不必高消费。

最后说说到凤阳其地,食息将近两年,离开,也曾带回一点点纪念之物，以证明在这今眼看小小的行星之上，地，凡有所经，我都是一视同仁，怀有三宿桑下之恋的。纪念之物，最好是出于三合输或黄泥铺的，可惜用好古敏求的眼看，没有。不得已而放长线，由较远处拉。前面说，曾多次到凤阳县城去拆城墙，拉城砖，那里曾是明朝始建国时设想的都城，并曾动手建，遗迹还有一些。有大的，如城门洞内雕花的石础，只能看看。有中的，如上面有文字表明是江西进贡的城砖，一块五十斤，如果能带一块，放在院里，作夏夜乘凉垫屁股之用，颇不坏，可惜太重，携带不便，又怕被发现，判定为阶级斗争新动向，也就只能想想作罢。幸而还有小的，是琉璃瓦的残片，我选了两片，一深蓝，一浅绿，带回北京。瓦厚实，颜色鲜丽，而且可以担保，必是明朝初年之物。这两片，我并且带着还乡，它就成为镇斗室之宝。也出过力，是写《顺生论》的第一分，拼凑打油的诗词，压住稿纸，使不移动，总当算是未辜负我这"救风尘"的善行吧。万想不到，1976年7月唐山大地震，我侥幸住在北京，这两片随着房倒屋塌，到我回去收拾遗存，就不知下落了。这样，到朱洪武的龙兴之地近两年，算唯心论之账，我仍是不信权力就是正义，所谓依然故我，算唯物论之账，来于其地的琉璃瓦残片化为空无，所得也只是，往时六十岁整变为返时六十岁有零而已。

解职还乡

语云，智者千虑，必有一失，我也想顺应一次抟扶摇而上的时风，话拣大的说，自吹为智者，接着吹，是许多听起来值得山呼万岁的言和行，我总觉得背后必藏着什么，而事后证明，我的怀疑主义经常是对的。可是对于干校的生存、发展、变化，我的推断就错了。入学之前的想法是，既名为校，就要有课程、考试、升级、毕业诸事。而说起考试，如吾师俞平伯先生，我就以为必不能及格，也就不能升级，更谈不到毕业。如何过下去呢？幸而有许莹环师母陪伴，霜晨月夕，如果还有闲情，可以闭门对坐，小声哼"良辰美景奈何天，赏心乐事谁家院"之类。我呢，也必是不能升级、毕业，可是如乐羊子，孤身上学，住八间房，门昼夜大敞，怎么办？早有精神准备，是生于此，老于此，就是说，估计也许不能回来，至少是短时期必不能回来。直到1970年后期回家探亲还是这样想，所以各处跑，置备御寒的衣物。没想到，大概是进入1971年吧，形势突变，是多方面显示，将，或说已经，走向结束，考试、升降级等事都没有了，只剩下为每个学员安排一个去处。

就我所知的范围说，结束之最明显的迹象是，传达一个文件，内容的重要一点是，结业之后，不分配工作的，一般不得回城市。所谓一般，是容许例外，只说与我有关系的例外，比如伴侣在城市有工作，而且离不开，为了不劳燕分飞，可以回城市。我的老伴是家庭妇女，虽然参加过"我有两只手，不在城里吃闲饭"的学习，正如其他家庭妇女，都是嘴里学好了，心里没学好，而且未拿到毕业证书就逃了学，为了躲避下乡，扔了城里的住所，投身于北京大学的人海之中。仍然没有职业（不是无事可做），于是就堵死我回北京的去路。心里当然有想法，是没有职业，为什么就不能在城市住？还有，如果不上干校，告退，也逐出都门吗？显然，是只能心里想想，新的传统，今日的所说都对，只许服从，不许有想法。这也有好处，是心可以长期休息，不为将来费时费力。大概是2月晚期，听说名为连、实为社的组织已经在为我的去处奔走。这里插说几句，我在教育部所属的出版社工作几十年，切身感受，社，上承部，对于职工，一向是宽厚的，有时参与整治，都是压力由上方来，不得不等因奉此。我不得回北京，是因为有自天而降的明文。哪里去呢？花甲以上，最好能有人照顾，于是考虑几个女儿。二女儿在北京，四女儿尚未成家立业，可考虑的只有大的和三的。大的在张家口，三的在新疆，当然以住张家口为上，于是派两个人去联系。都办好了，最后呈军管会，说其地乃反修前线，当地老的还准备疏散，况外来者乎，总之是不收。听说还考虑过香河县城，那里没有我的亲属，自然困难更大。但这样想,是求我的生活变动不过大,我感激。最后无路可走才想到生地的家乡,联系,因为已是背水一战,也就成了。家里的人,老一辈,父母,早已归西,中一辈,兄一支,在唐山,妹一支,在天津,总之都在外。房子空了,成为生产队的队部。交涉,让出一间西房,略修整,算作我的安身之地。

去处定,已是3月下旬,接着就送来申请退休的表格,也就是办理退休手续。社门里的事,好办,也就成为快办,只是三四天,就来人通知收拾东西,该装箱的装箱,该打包的打包,准备有便车就回北京(因为户口还在北京,要办完移户口手续才能下乡)。我听命,收拾,等车。万没想到,等了两天,来的不是便车,而是另一个通知,是暂不能走,因为军管不同意退休,要改为退职。都感到意外,但一想也就明白,是社,部,仍通情达理,可是已归军管,自己不再有权。有权者愿意"左",于是就不管解放初期审查历史无罪的结论,更不看其后的规规矩矩工作二十年,账重新算,认为在旧时代,未能与旧的肉食者一刀两断的都算有罪。所以我,吴道存,可能还有其他人,就欲行又止了。止,还要劳动,仍是烧锅炉,于是再作长久计,开箱,解包,照旧规生活,听候处理。等了约半个月,又让办手续,主要是问同意不同意退职,同意就签字,准备离校。不同意?积二十年之经验,是连梦中也不敢说,因为这不是在法治的法院,可以辩护,上诉。我仍是用新时代的处世奇术,表示感激宽大处理,然后等待回北京。记得是4月22日下午,有了便车,社里派一男一女,送我到蚌埠，直到晚间，上了北上的火车。

车很挤，记得到济南才找到个座位。没有坐睡的本领，又因为如此还乡，还要还另一个乡，思绪万千，一路未曾合眼。23日晨九时左右车到北京站，大概是干校曾用电报通知家里，二女儿来车站接。到家，家里人还是表示安慰，因为究竟是回来了。我也有些安慰，但更多的是想近和远的将来。由下一个月起，工资没有了，得了总数的退职金五千多块钱，应该存起来，备不时之需，而上有岳母，中有妻，以及自己，年，月，日，怎么过呢？我挣扎多半生，虽然自知无能，却愿意自食其力，难道此后变为吃孩子吗？还有，古人多说富贵回故乡，我现在是落魄回故乡，纵使已经多有不要脸面的训练，想起《史记·项羽本纪》所说："纵江东父兄怜而王我，我何面目见之！"终于不能不感到凄然。总之是干校的一段苦难表面像是度过去，实际是换为另一种形式，这是心方面、物方面都成为"来日大难"。

少小离家老大回

我于1971年4月22日离开干校,次日上午回到北京暂住的家,记得又过一天,为我联系去处的两位校友(社里的党员同事)就来我家,告诉我联系的情况,像是还曾有不愿收的意思。但既已收了,就要照政策办事,从速移户口还乡。估计他们来,还有督促的意思,因为他们的任务是把我安置在京城外的一个地方。家乡不愿意收,我不愿意去(因为要由无大困难变为有大困难),可是这两位还要各处奔走(曾往张家口、香河),因为其时的局势是只信权,不讲理,更不顾小民的苦难。我户口在北京,要自己去把户口移到个既无亲属又无生活条件的地方,为什么会这样?我嘴里不敢说,心里明白,是我们的一切,决定之权不是"法",或退一步,"情理",而是至上的灵机一动。但既已多年如此,为了平安地活下去,处世奇术也就只剩一条,是绝对服从,并装作心里没有任何其他想法。事实是有想法,比如曾设想,可以装病,到张家口去疗养,拖延,不去迁户口,北京市不知道,不会来催,干校越来越冷清,还有精神管这鸡毛蒜皮的事吗?但立刻就转念,如果追问,扣一顶抗命的帽子,抗命者,反革命也,这还了得!所以三十六计,仍以遵命为上计,让回去就回去,保命为上。事后,有人说风凉话,认为我如此顺从,多受好多苦,不合算。我说,就说是不合算吧,所失究竟不多(也许还有所得,详下);而有些人呢,如吴祖光先生所说,某戏剧名家只是因为过于听话,三十年,竟是一片空白,小巫大巫,真是不可同日而语了。

言归正传,说还乡。由迁户口说起。北京大学的住户属海淀派出所管,迁户口,要带着户口本以及其他粮本、副食本等,到南大街附近的派出所去办。去之前,家里曾开个小会,因为头脑里还有学习"我有两只手,不在城里吃闲饭"的影像,怕派出所顺水推舟,让没有职业的老伴也随着下乡,都知道乡下生活苦,所以也定个对策,是能够少下去一个就少下去一个。如果派出所坚持必须一齐迁出怎么办?二女儿的意见:那就暂不迁,回来,先办离婚手续,再去迁户口。大家同意这坚决少下乡的策略,我带着离婚的决心,于26日去派出所。接待的是个四十岁上下的民警,我说明原委,他看看户口本,果然说:"你老伴呢?"我说是经过领导研究,决定我一个人下去。那位没说什么,拿起笔,该抹的抹,该填的填,只几分钟,我这整整四十年的住户就"押出国门"了。

趁热打铁,隔一天就往广渠门外马圈开往东南方向的长途汽车站买次日车票。其实距北京不过八九十公里,高速车一小时可到,却整整用了一天。29日晨六时起床,到马圈,车坏了,修理,拖延到近午才开车。到大孟庄下车,还离家二十里,天已热,慢慢向东走,到家已经是下午六时。村里人还都熟,见面,外表都过得去,当然,心里会说:想不到你也倒了霉,被赶回家。——其实,如果有家,在熟悉的屋子里,吃睡,都有家里人在眼前,也不至这样狼狈。糟糕的是家里人都外出,房子无人住,用为生产队的队部。我从家里原来的所属,算作第五生产队的社员。当晚办完入队(入公社?)手续,就住在队部。家里大变样,临街的门和院墙,中门以及两旁的墙,都没有了;正院东房三间,由"土改"时分得的一家拆走了;北房五间尚在,靠东三间成为生产队的办公处,靠西两间用作粮库;西房三间也在,靠南一间由一家无房的石姓住,靠北一间用作粮库,腾清后修整为住屋,给我。且说这间西房,二十年代早期建成,曾用作牲畜的居住之所,大概是三十、四十年代之间,改为人的卧室,我记得还住过,现在成为我的安身之地,想想,不能不有"人间如梦"的感慨。

手续办完,乐得还没有安身之地,理直气壮地回北京。决定多流连一天,看看镇上集市的情况,五一先到天津,看看亲友,然后回北京。家乡离天津近,约五十公里,来往人多,交通比较方便,所以五一这一天,先到村西三里张庄马表弟(三姑母之子)家,吃过午饭,由他们村西口外上汽车,刚过中午就到了天津。住三夜,看了最近的亲友,于五四乘火车回北京。又得先公后私。公还不止一件。其一可以坐待,是那联系去处的二位又来,问迁户口的情况。据实陈述,我们都取得遵命的善果;至于这个果,我将来怎么往下吞,下命令以及执行命令的人当然就不会挂心了。其二是我已经失掉北京户口,回来，虽然同住的是相伴近三十年的老伴，终归不能算合"法"，因为没有允许住的证明。这是说，要报临时户口，而报临时户口，又要先有我所属的什么社、什么队的证明。枷锁这样多，我不由得想到《史记·商君列传》所说：

> 秦孝公卒，太子立，公子虔之徒告商君欲反，发吏捕商君。商君亡至关下，欲舍客舍，客人不知其是商君也，曰："商君之法，舍人无验者坐之。"商君喟然叹曰："嗟乎，为法之敝，一至此哉！"

但"嗟乎"完了，就是有兴趣，接着读《苏秦列传》，读完了，还是要去报临时户口，不然，虽然实际是自己的家，住，来查，也许就要"坐之"的。计自1971年4月我因苛政而失掉北京户口，到1979年2月落实政策而户口回北京，将近八年，为这临时户口，我受的折磨也是一言难尽。例如到严冬，室内降至零下三摄氏度，水缸结冰，我想回北京，去大队开路条（许外出的证明），有权开的人说不行，我就只好不走，仍旧咬牙忍受。依情理，（如果有法）依法，我可以问为什么不许走，可是二十多年的治术，都是上上下下的有权者，出言即是法，就是正义，不许怀疑，更不许问。怎么办？忍加等待，等有权者一阵心地平和，大笔一挥，盖个印记，我再起程。到北京，有路条，报临时户口不难，但有期限，至多三个月吧，到时候要去续。

八年，终于混过来了，现在回顾，就禁不住要问，一，如此不惮烦，究竟有什么获得？二，不许如此，不许如彼，这权力是哪里来的？

也许人之最大患是决定忍、只能忍而仍想问。知过必改，也就不再想这些，专心准备还乡的一切琐碎事。主要可以分作两类。第一类是那间房，要腾清，修整到能住。这看来不难，只是三五日之功，其实不然。原因很多，只说其荦荦大者，是：一，不管吹为伟大也好，吹为灿烂也好，反正闭门自省，要承认自私是自古而然，于今为烈，修房于己无利，当然就不想动；二，二十余年说了算的传统，孕育成一种反常现象，是小官反而有更多的官僚主义。其结果是我为了表示有遵命的高尚品德，几次写信问，或不答，答，总是还没弄好。直到约百日之后，9月中，说大致完成，可以去看看。我带着我的少信哲学，去了一次。看，屋内粮食移出，靠窗给盘了一铺土炕，只此而已。求糊窗糊顶棚，说可以；但有室无门（原有门，哪里去了？都知道，我不知道，也不便问），有炕无席，言明须我自备。他们的原则是不花一文钱，收干校安家费几百元，算作意外获得。我既不要求，又不追问，因为二十几年的经验，深知要活得平安，就必须不想讲理的理。房总算有了，再说准备的第二类，生活用具，如果把身上穿的、眼睛看的（书）也算在内，琐琐碎碎，数量也不会少。单说与吃与用有关的，绝大部分可以由家里拿，少数，如书桌、水桶之类，就要买。买，也有个原则，是只求能用，越省钱越好。时间长，到10月，连煤球都买了，总算万事俱备，只待找车。再说这等待回乡的几个月,还忙里偷闲,远,到张家口和宣化,近,到西山温泉,或住几天,或只是看看,人,天命所定,只要还有一口气,就进取,可笑吗?能笑就笑一两声也好。

但笑完了,就还要说真格的,办真格的,即找车,下乡。其时,比不了改革开放的现在,什么都不方便,找车自然也不例外,奔跑,托熟人,好容易才找到一辆,名为北京130。定10月14日起行,头一天忙到半夜,把应带的装好捆好。14日晨车来,送的人不少。开车,四女儿跟着去,有名实二用:实是帮助安顿,以期困难可以少一些;名是暗示乡里,还有人管,并未到日暮途穷的地步。车沿京津公路东南行,不知为何,到大孟庄未转东,仍南行,到杨村转北,到村里恰好是中午。村里不少人来,情面是帮助卸车,心里大概是看热闹吧,少数,如小学同学石卓卿,推想会有怜悯之心,可是也只能"相视而笑"。幸而人有了生,就具有一种神妙的本领,是对于已然的,能够安之。我之被赶出都门,到乡村过自炊自食的生活,到用具等抬进屋,成为已然,我不得不安之,乡邻也就随着安之。第二天,四女儿走了,我开始走上人生的另一条路,而断断续续,这样的生活竟延续了五年。是1976年7月唐山大地震,我故乡剩的八间房都倒了,这种自炊自食的生活随着也倒了。但影像并没有绝灭,而最清晰的是初到的时候。怎见得?有诗为证。诗曰:

青衿游北序(指北京大学),*白首转西厢。稚幼争窥户*,

糟糠欲下堂（谓妻未同来）。榻前多鼠妇（家乡名潮虫子，写实也），天外一牛郎。默数晨鸡唱，方知夏夜长。

诗写成，有人看到，欣赏"榻前多鼠妇，天外一牛郎"一联，说不虚下乡一行。我喟然叹曰："以长时间难忍的困苦换十个字的对偶，代价也太大了！"

困难重重

写下这个题目,立刻想到某些自负为先进的人物必批而评之,曰怕困难,正好证明自己落后,因为力争上游,就要信"一不怕苦",并黾勉行之。不得已,入话之前,又要辩解几句。先是要随佛门之后,承认世间有苦。记得我还发过高论或谬论,是能享乐算不了本事,能受苦才是大本事。何以这样说?是因为有此本事,碰到不能避之苦,才可以不以为苦,或说不感到过于难忍。这样说,我之推重受苦,最终的目的仍是减苦,或不忌贪多,说求乐。避苦求乐,是"天命之谓性",所以受苦是不得已;如果得已,最好还是不受苦。也可以躲开讲理,单单以事证之,是高喊"一不怕苦"的,自己并不去受,而是提倡甚至强迫别人去受。强迫别人去受,自己会有什么获得吗?曰有,浅是《论语·子路》篇说的"唯其言而莫予违也",心里舒服,深是"忍看"违者或设想为违者在受苦甚至走向死的路上挣扎,心里更舒服。这是"己所不欲""施于人",结果就多种本可避之苦成为不可避,许多人就只得去受。我被迫还乡,成为许多人中的一个,凭良心说,较之加冠发往北大荒的诸君,还是如在天上。但究竟受了些本可不受之苦，为了也留个痕迹，或者还有教育意义吧，说说。以三才的天地人为序。

天指因天时而有的过冷过热。我受命还乡，由1971年到1975年（1976年地震房倒，成为欲回去而不可得），共回去五次，累计住一年以上，其中既有炎夏又有严冬。带着跟我几十年可以算作古董的温度计，感到过冷过热就看看，室内，记顶天的，炎夏是三十三摄氏度，严冬是零下三摄氏度。与北京大学朗润园的住屋相比，夏季所差不多，住北京，伏日，也曾高到三十摄氏度。可是以感受为衡量的标准，多年经验都是，三十摄氏度是个关口，稍低，哪怕只是二十九摄氏度，不觉得难受，一到三十摄氏度就坐卧不安。而我这家乡的斗室，不只是三十摄氏度，而是三十三摄氏度，其难过的程度就可想而知了。冬季的温度所差就多了，朗润园的住屋供水暖，保证不低于十八摄氏度，不算高，可是我的习惯，入夜，稍有寒意，棉被厚些，就更容易梦见周公。家乡呢，冷到零下，水缸内的水面结薄冰，空气自然也是凉的，入夜，不敢脱棉衣，躺下，被子、毯子、外衣都盖上，用毛巾蒙头，还是没有一点暖意，也就欲梦见周公而周公也不能耐寒，不来了。糟糕的是还有上床之前，冬季天黑得早，时间不短的一段，屋里太冷，坐不住，怎么办？只好到王老四的热炕头去坐一晚上。时间混过去了，但总不能免于无路可走的悲哀。

接着说地，即这间斗室。因为曾用作粮库，天赋会打洞的老鼠，推想已经在地基和四面墙（甚至屋顶）中建成公路网，所以整个一间房,无处不通风透气。也许有好处吧?例如容易换空气就是。但坏处则更加明显,是不宜于经受风雨:刮风,屋里必蒙一层灰尘;降雨,屋顶必漏水。灰尘事小,漏水事大,所以要常求人上屋顶修理。灰尘和雨是死物,还有活物,而且不止一种。大户是老鼠,想来是故地乐得重游,光天化日之下,常常由屋的某处出来,跑到另一处,钻了洞。看来也是"生活提高了",都健壮,而且像是心情也舒畅。更讨厌的是夜里,经常在顶棚上跑,踩得报纸嗒嗒响,吵得不能入睡。我没有娄师德那样的雅量,想反击,以略吐愤恨之气。于是置备了铅条制的老鼠夹,并用美食,如炸油条之类,引诱它,希望它能欣赏,啪的一声而毙之。万没想到,这李斯赞叹的"仓中鼠"竟也是"天纵之圣",不管怎样用美食引诱,硬是不下口。我非天纵,但有勇气承认失败,于是干脆把鼠夹也扔掉,着重练习视而不见,听而不闻。另一种是潮虫子,雅名所谓鼠妇,灰白色,有小手指甲那样大,像是腿很多,有时掀开席,就看到一群到处爬,虽然未必咬人咬物,却也很讨厌。还有一种是跳蚤,身体小,却害处大,也是经常有。土地土炕,宜于它们发荣滋长;它们且有优越的天赋,小个头儿,跳得快,既不容易入目,更不容易入手。白天,也许藏在什么地方吧,入夜就钻到背后,且游且吸血。贪吃,常常在褥单上留下红褐色的污点可证。如蚊,吸血后也留下遗毒,被咬处很痒。又不得不反击,是用敌敌畏,稀释后多处喷洒。战绩呢,也许同于曾文正公,"屡败屡战"吧。

最后说人方面。我是单身还乡的,人是社会动物,饮于月下,

"对影成三人",其困苦是多方面的。只说唯心、唯物两个方面。新风,唯物高,先说唯物的。以我感受最深的小事为例,比如出门,带两三个包,在车下或车上,想到厕所方便一下,如果身边有个伴,就轻而易举,反之,只是孤家寡人,就成为大难。而行路之难只是一时,我之居乡就不然,而是三四个月。现在还清楚地记得,有时为身病或心病,夕阳西下,应该动手做晚饭而"很"不愿意动,看看身边没有个人影,不夸张地说,真是一阵心酸,想痛哭一场。但哭,不要说劝解,就是看的人也没有,又有什么用?实际可行的只是,或捏着头皮动,或向高僧学习,过午不食,总之都是苦,只能不言不语地受。再说唯心的,虽然较为虚无缥缈,由苦的感受方面看,说不定还应该推为上位。这里却有了道俗之分。道是主动(或努力,或乐得)住茅棚,闭关,求常乐我净。绝大多数的俗人就不成,无事之时,身边无人,就想往街上跑,看看马路上有没有吵架的;已经跑不动,如果屋里有电视,就打开看。我是俗人,虽然有时可以安于面对书本或面对稿纸,却无大雄之力违俗人之性,不动心地过面壁生活。正面说是很希望身边能有人,或谈学问,或拉家常,甚至相对无言,都可以。可是事实是没有;没有也能生产,所生是强烈的孤寂之感,一种难以言说的苦。

仍是人事,信传说,由燧人氏起,我们就离不开火。火的大用,限于小家小户,主要是三种,烧饭烧水,照明,取暖。我的家乡穷而僻,上不了经传,但也略有改革开放的精神,照明,由我祖母的黑油壶进步为我母亲的煤油灯，再进步为我还乡时期的电灯。另外两项也未停滞不前，而是可以烧煤球（用火炉）。但煤球贵，且不易买到，现实主义，就仍得无改于祖先之道，烧柴。北方寒季长，不知由哪一朝的哪一位天才发明，室内盘火炕，室外（外屋）修灶（灶上安铁锅），灶与炕道相通，炕道远于灶的一端转为上行，穿出屋顶，升高为烟囱。这样，比如冬季，晚间点火做饭，烟囱抽火和烟往里走，就可以室内无烟，炕面变热。点火，能做熟饭可不在话下，另一神妙是炕变热，室内变暖，就可以饭后，聚坐在热炕头，听讲鬼故事，到听得发困，往被窝里钻，被沾身，有暖意。我熟悉这有诗意的优越性，第一次回去已经是秋冬之间，当然愿意照方吃药，室外已修上灶，就试。可是烟不往里走而往外冒。请人修理，找原因，糟糕的是谁也说不清原因，只能猜想，碰。不幸是猜也没猜对，碰也没碰对，修理之后，只要一点火，烟还是往外冒。如此，不要说取暖，连吃饭也成了问题。急中生智，想缩短通道，把灶移到室内炕的一角（家乡称为搭锅炕？）。改造完，点火试试，仍是照旧，而烟则都留在室内。又失败了，而不得不吃饭，就启用备用的煤油炉。可是，也许我的技术有问题吧，也竟是不好用。就这样，主要是第一次回去（以后就不再用柴灶，而用煤油炉），为了火，我简直伤透了脑筋。

  人事方面还有个很难避免的困难是患病。病，如果不很轻，一般要吃药，卧床静养，这就一定要有人照顾。可是我是孤家寡人！幸而老天爷开眼，怜悯我这孤苦的，下去五次共住一年多，竟没有得严重的病。我们家乡说的头疼脑热（感冒之类）不能免，而就是这样的小病，既来之，就会发烧，浑身无力，想卧床，也应该卧床休息。可是卧了，休了，到该"传膳"的时候怎么办？所以还是只能挣扎着起来，点火。还有一次，是挣扎着也起不来，至今想起来还有些后怕，应该具体说说，以求如鲁迅先生之"立此存照"。那是最后一次回去，1975年的8月24日，星期日，早晨起来，吃了早点，还写一封信，忽然觉得发冷。不一会儿转为发烧，头昏，赶紧躺下。又过一会儿，加上晕眩，天旋地转，而且反胃，躺，躺不住，起，起不来，非常痛苦。想叫人找医生，又一想，门插着，要先去开门。可是晕眩得太厉害，不能睁眼，自然更不能起身。其时已经是中午，心里想，这样下去，万一生命如此结束，就连一两句遗言也没有，怎么好？动不了，也只能忍一忍看。一直躺到下午三点左右，反胃过去了，晕眩也轻了些，试试起身，成功了。当机立断，投奔张庄马表弟，如果暂不能好，总不会没有人管。马表弟是中医，挣扎着走到他那里，药，饭，卧床，都有人管，困难才化为空无。

至此，困难说了一大堆，都是个人身边的小事。有什么意义呢？语云，小可以喻大，也就未尝不可以放大。放还可以一放再放。一放，可以得个消极（不该怎样）的教训，是像这样损人而未必能利己的强制措施，已然的，要确认是错了，并前事不忘，堵死再出现的道路。如何堵？要以小民的幸福为重，如何行，取决于多数人的慎重考虑，而不是一个人的灵机一动。再放，还可以得个积极（应该怎样的教训,是道听途说,讲治平之道,放眼世界,有些地方是把"福利"奉为措施的指南针的。其结果,人有了生,只要不危害别人(包括多数,即社会),就可以为所欲为,包括满足于吃救济金而不干活。我"无缘飞异域",眼见是办不到了,但仍愿意学耳食之徒,闻而不疑,并希望我们也试试。试,有什么好处呢?为所欲为,不敢,总可以不被迫还乡了吧?

劳而食

这是想说说，还乡时期，劳动方面的情况。劳动指生产劳动，在农村，即农业劳动，起火做饭之类不与焉。人有了生命，要求能活，而天上不会落下馅饼来，所以不得不从事多种劳动。一个人的所能有限，不能，也不宜于把多种劳动包下来，所以要分工。工有多种，有没有高下之分？难言也。爱因斯坦坐在屋里写相对论，邻居二大妈站在院里喂鸡，由都需要方面看，也未尝不可以说在什么什么面前人人平等。可是转为别的角度，如难易、文化的积累、社会效益等，二大妈的劳动像是又不得不屈居下位了。由此我们会想到，天之生材不齐，只有"都要能活"不许打折扣，其他都可以灵活。分工是灵活；没有工作能力（老弱病残），可以不劳而食，同样是灵活。但总的原则应该是，人人要尽己力之所能，劳动。违反此原则，如旧时代，有些人不劳动，反而多享受，不合情理；新时代，分配王力去看楼门，朱光潜去打扫厕所，也是不合情理。

与王力先生和朱光潜先生相比，我是无能之辈；但也不是任何事都不能做，不过已被判定为有罪兼无用，并逐出都门，也就真成为无用了。无用碰到无业还会产生缠夹,因为照新时代的规定,有业而无用或不用,可以依法休息(普通曰退休,高级曰离休),也就不再有劳动的义务。退职成为无业,没有依法休息的权利,而投笔归田,要在生产队之内分农产品,不劳动,不就成为不劳而食了吗?稍可自慰的是已经年过六十,颜不红而发白,守亚圣之训,"颁白者不负戴于道路",也就可以安于不劳而食了吧?可是说起亚圣,乃孔老二之徒,其师已下降为老二,其徒的话还能算数吗?所以要薄古而厚今,看看现在是如何规定的。不幸是谁也不知道——就是知道,农民依祖传,我行我素,也必是不管规定不规定。所以结果就只能走道家的路,少思,听着。也许是借了旧家的余荫吧,我走入斗室,忙我自己的事,各级有权者没说什么。

但后来还是从事过一些劳动,以何因缘呢?先说第一种,拾粪积肥。是还乡之后不久,我到村西南五里侯庄子三表妹(张庄马表弟的胞妹)家去串门,表妹夫沈如栋跟我说,我无事,常到野外走走,这样空身不好,因为农村没有这样的,觉得奇怪,就更注意看。不如买个粪筐(我们家乡名粪箕子,树条编,直径尺余,不高,一面有梁,可置肩上)背着,不论走到哪里,就没人注意了。路上碰见粪,愿意拾就拾,交生产队,也算有点贡献。我觉得他这主意不坏,主要是可以助长我各处走走的自由,就在下一个集日,到镇上买一个。还要配个粪叉,乡邻帮忙,一家出个铁叉,另一家出个木柄,安上,就胜利完成。此后,因为第一次下去,准备不够,诸多不便,还不能如以后，也读也写，屋里面壁难忍，就与这新交的朋友（粪筐）结伴，为逍遥之游。我守本分，见到路旁之粪，不是愿意拾就拾，而是必拾，所以有时机会好，就会拾满筐。满筐，是生产队的所得。我的所得更多。如阮步兵之乘车漫游，获得精神的放，纵使是短时的，一也。二是可以遐想开天旧事，比如走到药王庙之前，就可以想到半个世纪之前，晚上听刘阶明老师讲《孟子》，夜里睡在观音大士旁的情况。走到镇南的中学门口，所想会更多，因为那里原是南大寺，我幼年还见过残破的大雄宝殿。于今是书声琅琅了，有一次如做南柯之梦，忽然发奇想，心里说，如果废物利用，我走上讲台，也许还能讲几句吧？神飞至此，收视反听，瞥见身边的朋友，不禁破颜为笑，继续前行。行，有时还会走进柴门，那就会取得物质的享受。这是指顺便串亲，或东南行三里，到李各庄南院大堂妹家，或西南行五里，到侯庄子沈如栋家，或西行三里，到张庄马表弟家。显然，无论走入哪一家，就都可以吃自己不动手之饭，并佐以无名但也有酒味之酒。提起张庄，还要说一家关系比较远的亲戚，我的堂弟妇的胞弟，也姓马，他的夫人李氏。她是我们村西十二里迆寺村的人，我的最小的姑母嫁迆寺村李家，这位李氏就是李家的姑娘，所以同我就成了双层亲戚。她住在张庄西口内（马表弟住在东口内），西口外是南通天津的公路，我拾粪如西行，经常走到公路而后返，所以在她的家门以外也不断遇见她。从农村习惯，见面不过寒暄一两句。可是她的风度使我难忘，年已半百，面容还是那样粉白，就是在都市也罕见。更罕见的是面上总是堆满温婉的微笑,而且一看就知道是发自内心。也许多年以来,我面对的冷酷太多了吧,见到她,借用文言滥调,真是百感交集。感,而且是百,难写,想只抓一个我认为特大的,是翻某外国小说中的名言"人不像你想的那样好,也不像你想的那样坏"之版,说并坚信"世间不像你想的那样好,也不像你想的那样坏",这话貌似骑墙,实质则千真万确,盖举证,前半过于容易,后半呢,我想,有李氏一个人也就够了。

再说另一种正牌的。记得是第三次回去,1972年10月,秋收的时候一天晚上,生产队的负责人光临我的斗室,说"决定"我也应该参加劳动。只说决定,没有说什么人决定,听口气,这主意不是他想的,是由上边(支部或大队)来的。积多年之经验,三十六计,顺从为上计,于是问干什么活,他说:"到场上随便干点什么吧。"用不着费乾嘉学派那样大的力,我就能考出这股风是哪里起的。是远在此之前,确切时间不记得了,有个同我家关系深的人告诉我,我刚下来的时候,有那么一家人,在什么场合,说我被赶还乡,是敌我关系,应该照敌人对待。意见可能反映到上边,上边什么人说,干校送来,说没有帽子,不是敌我矛盾,这个风波才暗暗过去。但有的人,无位而性同有位之人,言出而法未随,心里存有不平之气,憋得慌,于是换个角度,或说退一步,想再找个碴口,举戈一击,出出气。于是或费力或未费力,找到个理由,是既然分劳动果实,就应该参加劳动。这是群众有意见,主其事者就要考虑,然后处理。再说这主其事者,多年与我家感情不坏，且有亲戚关系，所以执行，就明，公事公办，暗，多方关照。记得第一次上场，是分配轧场，只是站在场中心，拉着牵驴的缰绳，看着驴转圈。分配的活干完，问还干什么，常常是说："没什么活了，回去吧。"这样断断续续，也许有十天八天吧，原来有不平之气的气放出来，热变冷，主其事者干脆下令说："以后不要来了。"这个小波澜又平安过去。

关于分劳动果实，情况也要说一下。分是公，因为照规定，我不再有都市发的粮票等各种票，还要活，就不得不靠农村所能得的多种生活资料，由粮棉等直到柴草。但世间是复杂的，古语云，百足之虫，死而不僵，我虽只有两足，但未死，也就还有些不僵的条件。可以由总账方面看，由1971年5月起，我户口还乡，到1979年2月户口回京，名，我下去差不多八年，实则只是住一年多一点，而食品，如米面等，有些还是由外面带回去的，可见这劳动果实，分不分，与我关系不大。但人性论，最不能忍的是受到轻视，所以依世故，通知分，比如白薯，要到产地去拿，也立即出发，并表示欣欣然。分得的东西很杂，其中有北京家里视为珍贵的，如棉花（质量好）、芝麻（难买到），就带回北京，其余如各种粮，吃一些，剩下的送与相熟而且需要的。再有，八年，我有四年没回去，或回去，而分物时不在，如何处理？正如生产队主事人的老伴所常说，"不定哪一天就回去了"，大概都没有把我看作归化之民，我那斗室无人，就是看到名单上有名字，也视而不见了。

可能是由1972年4月第二次下去起,"惯了一样"的道加改用煤油炉的术,生活变很难为较易,于是未很饱暖而也生闲事,旧病复发,又几乎不自觉地与文字亲近起来。粗分是两类,读(读带来的书)和写;细分,写又可以分作两类,临碑帖和诌文;诌文还可以再分,是写文章和写诗词。这样,闲人成为忙人,野外为逍遥之游的兴致逐渐下降,我按规定应该劳而食,就成为不劳而食了。

苏东坡诗有云:"人生到处知何似,应似飞鸿踏雪泥。泥上偶然留指爪,鸿飞那(哪)复计东西。"我不是鸿,望"不计东西"之道而未之见,就是对于昔日的被动下乡,有时想到也不免于怀念。怀念,人之外还有物,其中应推居首位的是那个粪筐,是它,曾伴我为汗漫之游,曾伴我走入柴门,曾伴我看到想看到之人。1975年9月我离开家乡的斗室,次年未回去,想不到7月下旬地震,这斗室就变为一片瓦砾,推想这粪筐也就随着遇难了吧。真的自然灾害,人力不能左右之;只是可惜,我没有预见之明,不曾烦个什么人,为它(最好是与我形影不离之时)留个倩影,与我的余生相伴。这惋惜的心情还引来个小牢骚,是我想留影的时候,身边不见照相机,不想留影的时候,身边却有照相机,有时还不止一个。常态,被请喝高级酒吃大菜的经常是脑满肠肥的,人情冷暖,可叹!

消长日短日

题之意很明显，是想说说，孤身在家乡，日子是怎么过的，度炎夏是长日，度严冬是短日。也不少在室外，游（开始多，后来少），串亲，串门，赶集买物，挑水、分物、碾米、磨面之类皆是也。这篇想着重说在斗室之内，由黎明即起到乙夜上床，都干些什么。上一篇说到分工，那是泛论，泛论笔下就多有自由，比如由大社会缩到庭院深深，就可以说，在这小范围之内也有分工，又比如只有才子和佳人两位，则起床之后，宜于才子往园内浇花，佳人在室中烧饭，吃完，才子或读《瀛奎律髓》，或哼平平仄仄平，佳人则取出丝线绣花。——真旧脑筋！谈男女分工也是沈复、陈芸式的。其实维新也不难，那就改为说才子去拿汽车钥匙，佳人去换高跟鞋，然后……还是少费周折吧，事不同而理同，赶紧把离题的话收回，换为说我的斗室，如果消长日短日的还有孩子他妈，即有人主中馈，我就可以不管每日的三餐。事实是孩子他妈远在北京，每日三餐则一顿不能少，我度家乡之日，起火做饭，而且是三次，就成为费力大、耗时多的活动。

琐碎事，经验也是宝贵的，第一次下去，寄希望于柴灶，失败了。我没有大人物那样的身份，不以承认失败为耻，第二次下去，也因为得女儿的帮助，决定升柴灶之级为古董，陈列而不用，改为靠二煤，煤油炉（日日用）和煤球炉（间或用）。煤油，镇上不难买，耗量像是也不大。煤球，第一次下去带来不少，记得生产队还发过，不常烧，也没问题。一个小问题是不免有些烟气，窗开一些，壁上不悬书画，也就无所谓。总之，由第二次下去起，起火做饭，物方面的条件可说是颇过得去。还有技术方面的条件，予岂好吹哉！是多年以来，自信做家常饭家常菜，在外行的人群里，如果考试，我必可以名次靠前。一不做，二不休，索性再吹大一些，是降为"臭老九"之后，有时真就悔恨当初择术不慎，不拿炒勺而拿笔，如果反其道而行，推想评为特级厨师可不成问题，那就工资可以超过现在十倍八倍吧？实际主义，悔无用，还是说居乡的每日三餐，虽然做感到麻烦，吃则总是心情愉快的。三餐，费的时间不同，早晨少，主要是煮个鸡蛋；晚饭其次，常常是煮粥或吃中午剩的；中午要大举，不能烙饼，吃面食则经常是面条，如果吃米，则用我们家乡的旧法焖，味道远远胜过蒸的。只是有一样没学会（半由于无耐心），切肉，所以要麻烦小学同学王树棠兄，他住镇上，买之后还要代为切成合用的块块。总之，改吹为实事求是，适应人力和物力的条件，我不能吃过于费事的，因而桌面之上，就不免于有"食无鱼"之憾了。

圣训有云，"食无求饱"，我无此大志，求饱，就真饱了。饱之后，依又一圣（老子）之训，是要"虚其心"。在乡村，这不难，是到村口的树荫下或草垛前,加入男老朽之群,吸旱烟,听传闻。可惜我先天,没有这样厚的资质,后天,没有这样高的修养,"实其腹"之后苦于不能虚其心。如果人世间容许所谓思想改造,我的这种思想确是应该改造。可是哪里去改而造之呢?显然,干校必不成,如果可能,要请老子骑青牛回来,择个无现代交往工具的地方,办"道德经五千言学习班"。这不可能;还有,至少在这种地方我大有自知之明,是如上干校,如果必须经过考试(戒妄语)方能毕业,我是终此生也不能毕业的。人生于世,心眼儿不当过死,所以我只得辞别老子,回到儒家之门,信受并奉行"率性之谓道",坐斗室,干自己想干的。

一种是进一步温习书法。具体的行动是用废报纸练习毛笔字,而称为"进一步",称为"温习",就还要解释几句。上大学时期,我无故"乱翻书",也涉览过有关书法的书,包括讲书法理论的和碑帖。熟悉产生感情,就说够不上迷,总是很喜欢。这就会碰到一个问题,是书迹,有好坏,法书,有真伪,如何分辨?更深一层,分辨的标准是什么?换个说法,比如面对一幅字,大名家的,心中赞赏,嘴里连声说好,有人问何以这样就好,如何答复呢?我无大网而想捕大鱼,于是就多看,多思,间或也问,以期得到印证。费力不少,所得呢,也许如盲者之于日,多方推想而不能见其真。我常常想,不入虎穴,焉得虎子?求洞悉书法的奥秘,应该自己也写,即使有进益不容易,能够知道甘苦,也有好处吧?确信有好处,可是知之而未能行。原因,其小者是多年忙忙碌碌,身心都不闲;更主要的是天生左撇子,右手做什么，既无力又别扭，难得培养执笔的兴趣。而下乡就送来机会，人报废，报纸也是废，只要带几种碑帖，就正好补课。这一回是从王阳明的知行合一说，知之后即行。大概是由楷入手吧，记得曾用若干日，临褚遂良的《孟法师碑》。语云，习惯成自然，这在废报纸上涂涂抹抹，回京后也没有放弃，那里住的时间长，碑帖种类多，"入虎穴"也就深一些。只是惭愧，在这方面既无才力又没有悟力，费的笔墨不算很少，而成就则等于零。如果一定要说两句好听的，即举所得，那就可以拼凑，一，对于所谓"筋骨"有进一步的体会；二，承上海张㧑之兄不弃，为刻个大型印章，文来自《史记·项羽本纪》，断章取义，曰"学书不成"。

再说一种，是读书。不是读"红宝书"，是读杂书。正如前面所常说，我同于一切书呆子，早已养成读书之瘾，在干校，冒批斗之险，尚且偷偷吟诵"闻道长安似弈棋"之类，况在家乡斗室，无人窥视然后小汇报乎？困难是来往带东西都要背负，不能过重。只好精打细算，带需要精读并可以反复读的。记得曾带《史记》《水经注》《唐诗别裁集》《清绮轩词选》等。在乡居，还不止一次往天津亲友家看看，倪守正表弟家有些书，韩文佑兄家书更多，也就可以借一些来作为补充。就是靠这些书，断断续续一年多，我坐斗室，就可以不面壁而面对古贤哲，暂时把那些不值得见之闻之的都忘掉。

还要说一种，是写。如读，也是早已成为瘾，"情动于中"或思动于中，就想定形于纸面，如可能，就灾梨枣，送到有缘的人面前，请他或她看看。用道家的眼看，这更不足为训,《庄子·列御寇》篇说：

> 知道易，勿言难。知而不言，所以之（往）天（自然大化）也；知而言之，所以之人（世间琐事）也。古之人，天而不人。

我不走道家（理想，实际是他们也著述）的路，不是"道不同"，是因为"仰之弥高，钻之弥坚"。"四十而不惑"以后，情动于中或思动于中不少，不拿笔，不是学有进益，改为知而不言，而是为避祸。但我自知，本性或说旧习并未变，五十年代，忙里偷闲，确知必不能问世，还是写了《顺生论》第一分（"文化大革命"之风起时烧掉，重写本有补充），其铁证也。干校结业，生活变为有时"独"坐斗室，古人说要慎独，推想危险之一就是容易旧病复发吧，我果然就旧病复发了，饭后，读之后，很想写点什么。知道必不能发表，仍未泄气，而是学太史公的"藏之名山"，决定藏之破书包里。写什么呢？由"藏"字想到可以远，甚至无妨深而成系统，于是思路只是一跳就落在已经火化一次的《顺生论》第一分上。决定之后，有旧病为动力，就断断续续写。第一分题目不多，每篇字数也比较少，下去几次，居然就又写成了。"文章是自己的好"，至少是敝帚自珍，文稿都带回，藏在北京住所的旧书包里。以为不会有问世的机会，想不到还会等来改革开放，于是如官员之起复，到九十年代初，这些文篇被请出来，略补充调整，就成为拙作《顺生论》的第一部分。此外，记得还写了《怀南星》，也是放在北京住所的旧书包里。这一篇起复早，是八十年代后期，《负暄琐话》出版之后，继续写忆旧的小文，找出它来，前后加点新的，改题目为《诗人南星》，收在《负暄续话》里。

写，还有文以外的，是诗词。我束发受书，推想很早就接触过诗词。多读是上大学之后，而且听过黄节、俞平伯等讲诗词。我天机浅，常常未免有情，诗词是抒情的，当然就会喜欢诗词。不只喜欢，还利用，比如有时也有什么什么所遇，生"目送芳尘去"的怅惘，就默诵"河汉清且浅，相去复几许？盈盈一水间，脉脉不得语"，以求有所"化"。用，感激，或说爱。但不作。是畏难吗？像是又不尽然。不刨根也好，反正没作过，或几乎没作过。没想到乡居时期来了作的机会。机会有外因，是几位喜作诗词的旧同事，晋南孙玄常，苏州王芝九，南京郭翼舟，常常寄来新作，见新作，依礼要和，甚至促成技痒。还有内因，是虽然饭后也读也写，终归仍是不少余闲。于是也就试着作诗填词。说来奇怪，是其时还颇有诗兴，尤其1975年，有时一日之所成还不止一首。生产多，难免有随缘充数的，比如曾作《乡居二首》寄孙玄翁，他还是画家，就为其中"小院无人独掩扉"一句补图，画作"山居高隐"的样子，我将错就错，还写了这样一首：

黄封（酒名）漉毕着陶巾，小径花飞几度春。欲乞烟云长供养，故山犹有画中人。

显然这就成为《画梦录》，与实况无关了。当然，也有与实况符合的，比如1975年8月1日，我又想到久别的远人，一阵怅惘，于次日填了一首《诉衷情》，文曰：

  春风无赖逐杨花，扑地入谁家？疏帘不掩幽思（读去声），和泪到天涯。多少恨，碧窗纱，凤钗斜。誓言流水，望断长安，负了年华。

乡居还会有这样的思情，过于反常了吧？至于我自己，就还是珍视这一点点鸿爪，因为它可以说明，就是受这样多的折磨，我的心仍旧没有死。

叙旧

叙旧，我们家乡说串亲，就是到家门之外的亲属家看看，问安，如果安，自己心里也就安了。这样的亲属几乎都是由婚姻关系来，比如母亲是嫁到自己家来的，她原来的家就成为外祖家；姑母是由自己家嫁出去的，她的家就成为姑母家。其时的生活习惯，婚姻都决定于媒人乐于管闲事，好话多说，父母信了，点头，媒人的所熟识范围有限，所以亲属家都距离不远，三五里，七八里，超过十里的不多。一般说，结亲的时间近，来往多；少数，因为有另外的渊源，也可能亲已不近而走得近。串亲，其中有义务成分，比如新正，到外祖一家拜年，不去，就都（包括旁观者）认为于礼有亏；但更多的是感情成分，即多日不见，见到，因亲热而心里舒服。我初还乡，一则感到无事可做，二则也是仍向往这种亲热，就用了些时间，路远借自行车，路近步行，去串亲。都是多年不见，得见，可以看作经历中一项不小的收入，商业意识，宜于写入总结之账。排次序难，借助前往的方向，以东南西北为序。

第一家，东略偏北，小口哨老（意为排行第末）姨家。小口哨在运河支流青龙湾（家乡称为小河）以东，已经属宝坻县，离我家十六七里，我没去过。借一辆自行车，直东行，到大口哨上堤，过已无水之河，往东北走，不久就找到。老姨嫁潘姓，名凤泽，小于她两三岁，还在场院劳动。她一生未生育，抱养个女儿，也成年了。她长于我近十岁，其时正好古稀，还很强健。外祖母所生四女，老姨的性格最像外祖母，精明，要强要好，处理事情干干脆脆。老姨还有个天赋，记忆力好，近亲许多人，生日、忌日她都记得。见到我，很高兴，问了我的情况，没有忧愁的样子。招待我吃过午饭，老夫妇坚留我住几天，我单干户惯了，还是觉得斗室生活方便，辞谢，走了。此后就没有再见到她，可是从丰台我的表弟（舅父之子，老姨之侄）蓝文忠处还不断听到她的情况，八十年代中期还健在。现在呢，如果仍未作古，就是近百岁的人了。

第二家，正东一里河北屯镇前街（西口内之街）老姐家。老姐是药王庙街四伯父（口语称四大爷）的小女儿，长于我七八岁。在同族中，除我们本村三家出于同一曾祖父以外，与四伯父家关系最近，正月初一，吃完早饭就要去拜年可证。四伯父还有一长子，名张金，只中寿就下世。老姐嫁同镇另一街的杨姓，名景岩。我回乡的时候，她年已古稀，身体还好。我到镇上赶集，或到王树棠老哥那里去，都要过她之门，所以常常进去坐一会儿，也不少吃饭。她的身心都是老一派，觉得是近同族，有如同一个火炕上长大的，她年长，就把我看成小弟弟。比如她坐在近炕沿，见我进来，就把我拉到她身边，一面看我面容（推想是考察一下有没有受委屈）一面说："你想吃什么，说，我给你做。要不做点黏的吃，驴打滚？"我总是答，我不想吃，不必费事。我还乡几次，住一年多，接触的许多人里，也有些待我不坏的，可是把我看成小孩子，简直像是想抱在怀里温存的，只有老姐一个。她常常使我想到四伯父和大哥张金，也是爽快，热情，待我们胜过自己生的。我回北京以后，没有再见到这位老姐，曾写信问安，乡里人艰于动笔，总是又各在天一方了。

第三家，东南略偏东，八里庄大表姐（二姑母之长女）家。我家的亲属，以住八里庄的（还有胞妹家）为最远，由村东南十五里崔黄口镇（即与《红楼梦》有关之崔口）东行八里才能到。二姑母为大祖母之长女，嫁八里庄董姓，系续弦。为人如大祖母之仁厚，外加一些精明。最喜欢说媒，我胞妹，张庄三姑母之长女，都是经她好话多说，嫁到八里庄的。二姑丈体貌秀雅，通文墨，娶二姑母时已有一子，乳名长和，幼年多住在我家，我们呼为大哥，与我们感情很好。大表姐天生丽质，身长而秀，聪慧，未成年就定亲，男方姓薄，住在我的邻村薄庄，小学先后同学，记得我心里曾暗说："凭他这样子，也配娶大表姐！"也许有些嫉妒成分吧。但他究竟把大表姐娶去了，听说感情还颇不坏。可是天有不测风云，也许只是三两年，这位幸运儿转为不幸，夭折了。其时我已经到外面上学，也就很少见到大表姐。是大后来，听说由八里庄改嫁个建筑工人，到冀东某地住，再后来，大概又丧夫吧，恋故土，就回到八里庄住。我不忘旧善，当然想看看她。又是骑自行车，东南行，一个多小时就到了。已四十多年不见，面对，觉得精神也非复昔日，想到《人间词话》所说"美人迟暮之感"，心里也不免感到惨淡。如一切老年农村妇女，她还有负担，是为下一代看小孩。午饭后，辞别，还想看看也住在村里的大表兄和在外行医因血压过高回来休养的表弟。很不巧，大表兄于一个月前下世，竟再没有一面之缘。这位表弟乳名长顺，学名董文芳，也在药王庙念过小学，与我同班。见到，大不同是天真变为世故，使人不能不有"逝者如斯夫"的慨叹。别后又断了音问，是八十年代初吧，听胞妹家的人说，大表姐曾摔倒（因脚太小）受伤，不很久就下世了；表弟终因血压不能降，也下世了。

第四家，东南五六里，楼上甄庄倪二表兄家。倪二表兄名树芳，是裴（世五）大哥的表兄，多年在北京宣外菜市口一带同住，卖早点小吃杏仁茶、面茶之类。我由上大学时期，他们住南横街恒和店时候起，以后大多住洪洞会馆，很多年，在裴大哥处无数次酒饭，座上总是有他。人朴厚，对我是亲近加一点点尊重。因贫困而很晚才娶妻，女方来路不正规，容貌也差，带着回家，时间不很长又走了。我去看他，他年已八十，身体还好，能参加劳动，只是仍旧穷苦，欲吃洪洞会馆时期的饭而不可得。我看过他之后不久，他借赶集之便还来我的斗室看过我，共饮白酒，吃红烧肉。他仍是满面堆笑，说想不到在乡下吃我做的饭。其后我回北京，他不再到北京来，我们就没有再见面。是八十年代初吧，听裴大哥说，作古了，仍是单身加穷困。

第五家，东南三里，李各庄南院大妹妹家。我们张家祖父一代三人，分家，大、二（我的亲祖父）住街中心路北老宅，三住村西口内路南新宅，称南院。三祖父一子（大排行行二）二女（大排行行四和六）。二婶母矮而胖，生一子（在天津经商）二女，长女嫁李各庄李孟敏，就是这里说的这位大妹妹。土改中二婶母被打死，人亡家破，这位妹妹就真如泼出去的水，不再回来。我步行去找，在村东北角找到。见面，不异儿时，还是看作家里人，问这问那，让坐让躺。当然要留吃饭，她自己做，烙饼，炒鸡蛋，白米粥，上炕就座，有妹夫陪着喝白酒。依大排行，我妹妹不少（姐只一个），留在家乡的只有南院大妹妹和西院（三叔父一支）四妹妹，六十年代四妹妹死于非命，因而家乡就剩下这位大妹妹。我也把她看作亲人，五年下去五次，去看她也许不少于十次吧。其时农村还很穷苦，每次去，菜饭不变，都是烙饼，炒鸡蛋，白米粥，佐以白酒。饼用外屋的柴灶烙，她上顾饼，下顾火，显得很从容，因为是自己家的姑娘，也许有些得意吧，我喜欢看。饼圆形，直径六七寸，三四分厚，出锅，外黄里嫩，入口，味道绝美，我一生吃饼不少，排等次，以出于大妹妹之手的为第一。1976年起我不再回去，也就不再能吃那样的饼。是八十年代，由天津听说，李孟敏病故，她又受大打击，不能抗，精神有些失常。我不禁想到老子的话："天地不仁，以万物为刍狗。"

第六家，南偏西五里，侯庄子三表妹家。三表妹及其夫沈如栋，前面曾提到。我大祖母只生二女，二姑母和三姑母。旧礼，无子是无后，为不孝之大，于是过继我父为子，这样，依族法，二姑母和三姑母就成为我的亲姑母，亲姑母所生就成为亲表妹。总之，也因为与沈如栋熟，下乡几年，我登门去闲谈，去吃，次数就难以计算。所吃不再是一元论，而是赶上什么是什么。他们住房后面有个相当大的菜园，表妹夫有园艺兴趣，种几棵良种桃树，一次是秋后我去，他说："来得好，还给你留一个。"我随着他到后园去看，果然还在枝上挂着。摘下来，入手，软到它自身已不能支持。吃了，如何好法？只能说，我喜欢吃桃，一生吃无数次，若干种，可以断言，这一个必名列第一。自1976年起，也是多年不见了，是一年以前，遇见书法家刘炳森先生，他是大良镇的人，北距侯庄子二里，他有汽车，常回去，问我有没有兴趣回去看看，如果想回去，他可以送我去。我无暇，又深怕有丁令威之戚，就辞谢了。辞谢之后，有时神不守舍，就想也无妨搭便车去一次，车停在铁栅栏门之外，推门而入，看看表妹夫妇之外，还要看看后园，几棵桃树还能结那样的桃吗？

第七家，西略偏南十二里，迤寺村季汉臣表弟家。这位表弟是我老姑母的长子，幼年多在我家，一起玩，如张庄之马表弟，最熟。当然想看看他，去了，进村问他的住址，才知道已经升了官，大队的书记。入门，有好事者把他找来，没看出有什么官派。也许没忘记昔年，不好意思多变。招待吃饭，谈到老姑母，说前三四年才下世；告诉他我的情况，他没说什么。饭后，我问同村我的通县同学刘荫桐（名凤舞）的情况，说想看看他，他拿出原则性，说："我看还是不看好。"我明白，这是因为刘的家庭成分是地主，依教义就下降为贱民。语云，入其国，从其俗，我就不再说什么。我念通县师范，同班三四十人，毕业以后，与刘荫桐的来往不少，记得三十年代后期，为什么事急用钱，还求他支援过；八十年代，我写些不三不四的，如果有幸问世，就寄给他求指教。可是直到现在，竟没有得机会见面，想到那一次，竟过门而不能入，又不能不有"苛政猛于虎"之叹。

第八家，正西三里，张庄马德山表弟家。因为离得近，关系近，且走得近，下去几年，在诸多亲属中，我去的次数最多，帮我最多，是这位马表弟家。马表弟有妻室，二子（庆福、庆泰）一女（庆香），都不改三姑母的家风，规矩而忠厚。我孤单无依，常常不得不，或说乐得，投靠他们。闷，去闲坐，懒，去吃，病，去服药休养，来往，由他们接送，后来表侄女也升了官，路条问题本村刁难，就由张庄开，姓张，由张庄来，更无懈可击。马表弟是中医，小于我四五岁吧，于今也是八十岁以上的人了。有时很想他们，就难免幻想，或者一努力，下去几天，住，当然最好是张庄。马表弟夫妇仍如二十年前吗？可惜是很久没有他们的信。

第九家，西北十二里，李大人庄大表姐家。这位大表姐是大姨母的长女，其弟刘荩忱（名国忠）出外上学，与我交往很多。我外祖父行二，弟兄二人，大外祖母少产，只一子一女，女即大姨母，嫁同城村刘姓，先生一女，即这位大表姐。高个子，白净，精明，嫁小河（青龙湾）以北中营村孙姓。这位表姐夫也是到外面活跃的农民，有个遐迩皆知的特点,是喜欢说诳话,毫无所为也不说真的,所以得个绰号"瞎话精"。言不能不波及行,比如锄地,有时就详两头而略中间。幸而大表姐精明,常去考核,瞎话精有惧内的美德,还不至于"三径就荒"。也许真是"皇天无亲,常与善人"吗?大表姐生了几个儿子,瞎话精先走,去骗小鬼和阎王老爷去了。所生几子,都叫孙元什么,我见过两个,未必也说诳话,却学高层人物,有点个人迷信。大表姐嫁后从夫,是中营村的人,何以住李大人庄,当时问过,忘了。关系不大,转为说去看她的因缘。是同乡兼同学石卓卿,其次子同我来往不少,一次,他说次日要往李大人庄他岳父家,步行往返,问我有没有兴趣,路上遛遛。我说正好那里有亲戚,就结伴去了。见到大表姐,她很亲热,一同吃了午饭。她境况还可以,只是倒霉,不久前被个精神不正常的退伍军人砍了一下,伤不很重,养个时期,好了。

第十家,北略偏东八里,杨家场村的表兄蓝文秀、表弟蓝文举家。其实就是外祖家或说舅父家,因为上两代皆已不在,高不成所以低就。——就是这低也大多外出,如蓝文忠在北京丰台,蓝文香在天津丁字沽,尤其蓝文忠,多年来不断有来往。关于杨家场外祖家,我1963年春回家葬母亲骨灰曾去一次,一则依礼俗,要通知娘家,二则想看看那位严氏大姐。对于这位严氏,我写文章谈论过,不想在这里多重复,但也无妨画龙点一下睛,是体貌,罕见的秀丽,性格,罕见的温婉。提到睛,还可以加说一句,是眼球之外,像是永远围着一汪水。她是我们村东南六七里马辛庄的人（是老姨说的），幼年丧父母，经什么人撮合，送到大舅父家，做蓝文秀表兄的童养媳。结婚前，童养媳算家里的女儿，所以我们一直呼为大姐。那次见，文秀表兄还在，大姐虽已年过花甲，却还不少昔年风韵。这次去，距上次八九年，文秀表兄已作古，大姐年及古稀，果然年岁不饶人，已显得苍老。此后没有再见，是八十年代初吧，听蓝文忠表弟说，也作古了。

以上串亲多处，得了不少来于旧家的温暖，都是还乡之赐。回北京以后，距离变近为远，少闲，想重温这样的美梦就太不容易了。

乡党

这是上一篇的姐妹篇，因为亲属之外，还有不少对我不坏，别后难忘的。语云，远亲不如近邻，居家度日，朝朝夕夕，难免有意外的不顺适，急需救助，就要靠近邻伸出援助之手。就是没什么大事，雨天雪夜，困坐斗室，闷，也难忍，希望有谈得来的来闲谈，更是要靠近邻。就我居乡的情况说，靠近邻就还要超过一般，因为对镜才有苍颜两个，何况我还没有镜。正面说是需要多同乡邻来往，以求化度日的大难为不很难。乡邻，性格不同，因缘不同，结果就成为关系有远近。近的，算了算，也不少，小庙不能容过多的和尚，决定只记一些最近，至今想起来还很怀念的。以距离我斗室近然后及远为序。

石卓卿。小学同学，长于我两岁，住街南斜对门（偏西）。人有两好，功课好，脾气好。得善报，娶个林黛玉式的美人。有些美人真就不许人间见白头，为他生两个儿子，回"灵河岸上三生石畔"去了。他读完小学未升学，但也借识字的光，很长时期帮村东头一石姓家赶集卖布。这比干农活轻快，干净，还可以吃到烙大饼加炒肉丝。吃炒肉丝，比在家里吃窝头下咽快，可是成为习惯也会带来祸害，是布业停,回家吃窝头,难于下咽,想吃炒肉丝却没有。六十岁以后,独立能力更减,随着儿子吃饭,长媳没念过《内则》《女诫》之类,或念过而不管那一套,经常在饭桌旁指桑骂槐。他仍是脾气好,不是"予欲无言",而是无言,也就可以相安无事。所以一生的大难,除过早悼亡之外,是后半生,想吃些顺口的而终于未能得。我回乡的时候,他年龄恰好同于《易经》的卦数,身体勉强,还能参加些辅助劳动。休闲时候常到我屋里来,仍是老习惯,说几句规规矩矩的。不只仍旧视我为小时候同学,也没有觉得我已经由乔木落入幽谷。我是1971年10月14日还乡的,大概是其后若干日,副统帅由很香变为很臭的情况才传达到农村的高层人物,有一天,他到我屋里来,屋里没别人,他小声说:"真想不到,林彪也黑了。"他不是党员,我问他哪里听来的,他说:"那你不用管,反正假不了。"后来,果然就传达,连"地富反坏"也听了,因为,据说,本想不让他们知道,可是学习、讨论,他们还是朗诵"副统帅永远健康",与实况和要求都不合,所以才破例,一视同仁了。听到特号秘闻,快来告诉我,是把我看作自己人,我感激,也安慰。我回北京以后,没有再见到他,是八十年代后期吧,听家乡来的人说,作古了,推想还是未能常吃炒肉丝,所谓赉志以殁了。

  王老四夫妇。就老宅说,王姓一家是西面隔一家的近邻,祖孙几代都与我家走得近。乡里序辈分,与我父亲同辈的名王瑚(比父亲略小),娶妻外号王聋子,常借我家后院的磨来磨面。夫妇生五个儿子,长乳名福来,小于我一两岁,小时候常在一起玩。次名福顺,三名福成,五名老仓。福来刚成年不久就夭折,福顺夫妻,我还乡前相继病故,福成外出不归,老仓参军,所以我还乡这几年,王家,与我称兄道弟的只有王老四夫妇。王老四生性窝囊;妻不壮,朴厚中带一点点精明。很穷困,住两间小土房(坐西向东),几乎不能蔽风雨。已有孩子,所以生活就更加紧张。知道家史,也尊重家史,所以看见我表示亲热,敬为兄长。我到他们屋里去,大多是冬天的晚饭后,为避寒。说话的永远是女的,话千篇一律:"二哥来啦,快上炕!"一面说一面找笤帚,清扫靠灶的一头。刚做过晚饭,炕席面上确是有些暖意。与新设备的水暖或气暖相比,炕头的微温也许既可怜又可笑吧?我珍视不忘,是觉得,这样的小屋,以及小屋里的人,没有机心,多有朴厚的古风,是另一种难得。果然,也可以说是"盛筵难再",1975年之后,朔风飘雪之时,我就再也不能到这样小屋的炕一端坐坐了。

裴植的夫人黄氏。裴植是裴(世五)大哥的堂侄,邻村薄庄人。因裴大哥的关系,呼我为二叔,与我走得近,他在天津几个旅馆里工作,我去看过他,他来北京,常到家里来看我。依嫁后从夫的旧礼,他的夫人黄氏,我还乡的时候,与我也走得近。听裴大哥说,黄氏是我们村西北十几里某村的人,父亲是小有名气的教书先生。书香熏陶,可能也识字吧,没问过,但看得出来,言谈举止,是带些农村罕见的自负成分的。其时裴植还在天津工作,不常回家,与我来往,都是由黄氏出面。知道我来乡居,隔些日子就来一趟,坐在对面,问寒问暖,并问有什么活,交她去做。有时还带些吃的,家里所做,农村所谓差点样的。很少时候,也许她腾不开身吧,让孩子送来。记得还请到她家里吃过饭。专就对我说,与镇上的老姐不是一路,而是一半恭敬加一半客气。但知礼总是好的,也就应该感激。后来她的女儿裴玉兰嫁北京郊区,她有时到女儿家里来,所以我回北京以后还见过她。努力为下一代奔走,壮志未酬,不幸得了与脑有关的病,终于不治,作古了。听到她死的消息,我不知怎么就想到苏东坡《赤壁赋》里的话:"固一世之雄也,而今安在哉!"

韩大叔。邻村冯庄人,人都称为傻韩(因高跷会中扮傻小子),我幼年时候,多年在我家做长工。人爽快,有风趣,健谈。我参加做农活,愿意同他在一起,听他谈在天津拉洋车拒绝拉肥头大耳富商的壮举。我到通县上学,记得多次是他牵驴,送往长途汽车站,我仍呼他为韩大叔,他还报却升了级,是二先生。他多年穷困,也就因穷困而独身。推想旧去新来之时,他成分好,会得些优待吧,我还乡的时候,去看他,入门,见院内有牛,进屋,见室内有比他年轻好多的韩大婶。我祝贺他升为小康,他说困难不少,有时觉得,"还不如在你们家扛活呢!"我笑他没学习好,他说:"甭听那些好听的。"见到我仍如昔日那样不见外,只是因为已年及八十,不再有当年那样的英爽之气。让韩大婶做饭,留我吃,说没什么好的,对付着吃点吧。吃完,由房后面园子里摘几条秋黄瓜让我带走,并说:"别人种的就长不了这么直。"因为是幼年时期的忘年交，每次下去我都去看他，是1975年最后一次回去住，又想去看他，听邻人说，就在一年前，我没回去的1974年，下世了。

韩珩。也是冯庄人，住在村东头，村里人称为韩老，推想是大排行居末。面黑，大个子，我的印象，就是高跷会扮棒子和尚，走在最前面的那一位。我们原来不认识，是我背着粪筐转到村西，路上遇见他，也背着粪筐，他先开口，才结识的。他通文墨，也许真就"臭"（难闻之义）味相投吧，明显表示愿意同我亲近。以后就来往很多，十之九是我到他那里去，因为他有个宽敞而安静的家。他有儿子，在一起住的却只是老伴，虽然年已古稀上下，还看得出来，二九年华时正是《诗经》第一篇说的"窈窕淑女"。他很少留我吃饭，原因很明显，是没有什么可口的东西端上桌面。我回乡几次，常见面，见面多谈，相互理解，甚至可以说有同好，是他。就是因为有这样的相知关系，我回北京的时候还通过信。但终归如古诗所说，"去者月以疏"，进入八十年代，也是渐渐断了音问。他年长于我，现在还能与迟暮的窈窕淑女，对坐喝稀粥吗？

王树棠。我的小学同班同学，河北屯镇前街的人，长于我两岁。念完小学以后，近半个世纪没有交往，我还乡，到镇上赶集遇见，像是时间真就能倒流，立即恢复药王庙厢房教室的同桌（据他说曾同桌三年）关系。他为人罕见的厚，念旧，知道我被动还乡的情况，认定我孤苦无依，（心里）毅然把照顾我的担子担起来。他有老伴，三个女儿都已出嫁,经营房前的一个小菜园,生活不富裕。可是凡是他有的,粮食、菜蔬、调料,等等,都给我。镇上只有一个公家的肉铺,卖肉的是他女婿的弟弟,我有时吃些肉,都是他去买,买回来并给切成合用的碎块。我到镇上,视他家为暂驻之地,到饭时就对面吃(依农村旧习,妇女不上桌面)。又因为他的关系,我交了不少镇上的朋友,得到的帮助(心的,物的)也不少。总之,我回乡以后,不久,心里就觉得又有个家,有困难,关系不大,王老哥必能分担。1976年起我不再下去,我们还不断有书信来往。其后我恢复工作,有了微薄的收入,逢年过节,就寄给他一些钱,数目不能大,也只是表示,我同样未忘旧而已。是八十年代前期吧,收到他家里的信,说故去了。又十年过去,我情况好一些,很想多寄给他一些钱,以期他能够食有鱼,可惜他已经墓木拱矣。

李世杰。镇上北头(靠北的一条南北向街)的人,稍小于我。知识分子,曾教镇立小学,告退家居。也许熟悉我们弟兄之名吧,听说我还乡,常到镇上,就到我常落脚的地方等我。见到,像是久别重逢,长谈深谈之后,还约我到他家里去坐,泡清茶,叙心曲。住一个长条院子,前部种庄稼:有田野之趣。家里只老伴一个人,也是高个子,脚过于小,几乎站不稳,虽然也客气,却少说话。他是诗书门第出身,年未老而报废,心里难免有些愤懑,也就愿意向我这他视为有较多学识也报废的人倾吐。总之,就说是同病相怜吧,我还乡几年,我们相聚畅谈的次数不少,当然也就相互引为知己。记得是1975年9

月初我最后一次离开乡居,行前他把家中旧存的一个手卷的卷尾送给我,还拿一张玉版宣裁为对联的纸给我,说何时有兴致,给他写一副对联,他装裱后挂。我感激他的盛情,诌一首歪诗留别,词句是:

退隐陶公韵,慵游季子(苏秦失意而归)家。荆扉稀辂马,桂圃植桑麻。把麈闻清话,擎杯呷苦茶。相期新岁后,酌酒看春花。

诗是写实,希望次年再会面也是大实话,没想到这一别竟成为永诀,因为此后我没有回去,地震之后不久,他老伴病故,他精神不能支持,到天津投奔他儿子,不久也从老伴于地下。那副对联纸乃民初旧物,我未敢在上面涂鸦,"佳"物利用,烦启功先生椽笔一挥,写我的集《古诗十九首》之联,曰"立身苦不早,为乐当及时",权算作与他相聚数年的纪念吧。

王勤。我们村西二里赶庄东南角一个小村肖庄的人,小于我六七岁。可能由于一生未吃饱饭,不能发育,小个子,神情显得落魄而可怜。住村子中间街北小土房两间,房前种枣树两棵,既无院墙更无院门。室内当然不会有主中馈的。总之,在我的同行辈里,考穷苦,他必永远居榜首。我成年以前,我家在肖庄东头向南有田二十亩,据王勤说,我来田里劳动,他常在我身边玩,同我熟识的。我还乡,西行拾粪,常经过肖庄一带,他一眼就看出是我,心情几乎是想拥抱,他不会，说亲亲热热的话，他也不会。但看得出来，他感到又见到他小时候的哥哥，这哥哥倒霉了，他应该伸出救援之手，把他的一切都给我，可是他什么也没有。——但还是给过东西，一个他自种的大茄子，二斤熟而自己落地的枣，他看苇坑，用未熟苇穗（熟则飞花）捆的小巧笤帚。他身体不佳，多病，我给过他药以及挂面之类的食品。他没文化，又过于穷，连见到我都感到坐立不安。但不能忘小时候义气，到我身边，总愿意多待一会儿，纵使不会说什么。我也同他近，每次回京都到他那里告别。1975年9月作别，次年地震，其后的1977年5月，我回去一次，主要是看看斗室中什物破坏的情况，想去看看王勤，大概是听王树棠老哥说，病故，还不到一个月。回京以后，有时想到他，感到凄惨，秀才人情纸半张，写了两首题为"悼王勤弟"的七绝，小序说："乡里总角之交，至贫，终身不娶。为人朴厚，辛亥（今注：初还乡之年）后断续乡居时多有往还。丁巳春旋里，闻其病逝才数日耳。"诗曰：

  小径春深覆枣花，茅檐不葺赤贫家。斜阳挂树虚窗暖，几度盍簪忆岁华。

  乙卯新秋话别离，村墟犹记泪双垂。龙（1976年）蛇（1977年）未尽君西去，絮酒生刍悔我迟。

其实，祭方面的遗憾主要还不是迟早，而是我受了西学的"污染",不信人死后还能有知;无知,"纸灰飞作白蝴蝶"还有什么意义呢?科学知识,我们不能不接受,可是同时就失去一个多有情趣的《聊斋志异》式的世界,终归是太可惜了。

口腹之享

常说的口腹之欲，由生涯的理想一端看是小事，换为实际一端又成为大事。我近年来借了报刊上反复说的"拨乱反正""改革开放"之光，吃饱了。人之常情，吃饱了就理想抬头，比如读《论语》，碰到"食无求饱"的说法，就一反因"大跃进"而挨饿时的感觉，认为也不无道理。有时还进一步，形诸文字，对出高价偷吃天鹅肉之类表示厌恶。但是人，平庸如我，就是吃饱了，常常是实际也抬头，少数时候还抬得更高。这是说，也想吃点寒斋桌面上一时没有的。这指什么？非天鹅肉、娃娃鱼之类，而是由免于父母之怀时候起，在家乡常常或有时吃到的。这范围太大，与写还乡的碎影之文理不合，所以要减缩，只写还乡这一段吃到而今日还想吃的。写这些有什么意义？其实也可以反问一句，不写有什么意义？与其走兵家的路，抬杠，不如走道家的路，既然有兴致谈困苦中的一点享受，就任其自然，谈吧。

其实值得上口（义双关，吃和说）的不过很少几样。也要排个次序，走个人迷信的路，先谈出于自己之手的，仅有两种，曰炸酱面，曰红烧肉。都平淡无奇，但臭腐尚可化为神奇，况平淡乎？以下着重谈平淡中之神奇。先说炸酱面。神奇在炸酱而不在面;但面也要说说,因为做法还有来头。这来头是裴大哥所传,曰小刀面。做法是和面稍软,放时间稍大一些,俟锅中水将沸,将面轧成长椭圆之片(三四分厚),用刀断为手指形条,然后逐条拉为细长条,放在沸水锅里,煮三五分钟即成。这种做法,即抻面之化整为零,比机器切面有弹性,好吃。再说神奇的炸酱,用分析法,应该说,所以成为神奇,是因为酱好。酱为王树棠老哥所做,做法为我童年,镇上福源号杂货店黄师傅(能制点心及各种调料酱、酱油、醋等的名技师)所传。原料为黄豆、面粉,发酵等程序都用古法,不偷巧,不求速成。王老哥是一年做一中等缸,我掀开盖看过,酱深黄色,上漂酱油,一种难以言传的香味钻入鼻孔。我是用这种酱,加五角钱的鲜猪肉丁炸的,拌小刀面,其味之美——如何形容?真是如佛家所说,"言语道断"矣。而乡居之时,我可以常吃;不再下乡之后,就再也吃不着了。

　　再说红烧肉,是乡居时候间或吃的。也是要靠王老哥,买(三斤左右),必是上好的合用部位;切为略小于方寸的块;然后最重要的,是给一些酱缸里的酱油。我还乡前,由旧邻居借个很小的煤球炉带下去,做红烧肉,就要点着这一个。也是用古法,先用沸水煮一下,然后用糖炒,下锅,水不多,火先大后小,多半熟加调料,主要是酱油,其次是葱、姜、大料、料酒、香油、白糖(最后放)。我的经验,在火上两个半小时(或略多),看锅里汤已不多,成酱色黏液,即可出锅。味道呢,是醇厚而不油腻,与北京润明楼的红烧肉条、同和居的黄焖肘子、恩成居的扣肉等相比,我的小煤球炉炖肉(家乡之名),可说"别是一般滋味在心头"。

吃过炸酱面和红烧肉,黔驴技穷,改为说不出于自己之手的。可以分为经常和偶尔两类,先说经常。镇上有一个公营的食堂;只一个,是因为美酒佳肴是文化的重要组成部分,既然要革文化之命,它当然就不再有活路。且说这一个,本诸"月是故乡明"的大道理,也是比干校的黄泥铺高出百倍。我最欣赏的是烙肉饼和木樨汤。肉饼是京东名产香河肉饼的做法,可能是由于加些菜,不油腻,反而比香河县城烙得好吃。木樨汤的主要原料是鸡蛋,还加些黄花、木耳之类吧,一碗才一角二分钱,可是味道,就我近年吃的多种名堂说,主观唯心论,我还是最喜欢我们家乡的这一碗。何以这样好?我的推想是人存政举,这人是我外祖那个村杨家场的薄师傅。这位是"农村"的颇有名声的厨师,我像是听人说过而未能识荆,这次算是有缘,去吃肉饼时常见到(未得暇交谈)。细高个子,风度沉静而不冷漠。我很想找个机会同他谈谈,说说我和杨家场的关系,可是终于没找到机会,也就只能心里说一句:终归是杨家场的人,能够超出一般。1975年之后,我不再过乡居生活,也就不能再吃出于薄师傅之手的肉饼和木樨汤。记不清是七十年代末还是八十年代初,家乡来人,我询问薄师傅的情况,答说已经不在食堂,又听说回杨家场,故去了。

接着说偶尔的,共有两次,都是在镇上。一次是王老哥家。我们河北屯镇有个名厨师,名杨福,是镇东南角一个小村马庄子的人,与王老哥是儿女亲家（王之女嫁杨之子）。杨师傅，其时六十岁上下，还在西北方十五里大安镇的食堂工作，休假几天在家，为款待我，王老哥请他到家里做一顿午饭。料是农村的，买几斤猪肉，杀一只鸡。记得端上桌面的有炖肉块鸡块、炒肉片、炒鸡丁、氽丸子。几种味道都好，最出色的是氽丸子，形是滚圆、素白、光滑，味是醇厚兼清淡。我一生入饭馆，吃氽丸子次数不少，包括山东馆的高手所做，与杨师傅这一次的比，至多只能说及格。可惜是曲高和寡，我离开家乡以后，间或走入高级餐馆，很想得尝一次这样的美味，例如前不久，最后一道菜正是氽丸子，我急着看，不圆不光，夹一个尝，怎么评价呢？只能说，为了情面，勉强咽下去而已。

说再一次的偶尔，恍惚记得是焊洋铁壶的杨师傅，名杨瑞，请吃一次家常饭，参加的还有王老哥，其他人不记得了。所吃，家乡之名为菜饽饽，即上锅蒸的个儿大的饺子，一般是蔬菜做馅，玉米（家乡名棒子）面做皮。这一次的菜饽饽则多有特点：馅有肉，菜则用刚出苗不久的菜地间（读去声，指拔去过多的幼苗的一种劳动）苗拔下来的嫩菜苗，皮用白面和玉米面各半的混合面儿，包成大饺子，不是放在屉上蒸，而是锅底部加水，水以上，饺子贴在锅面上（家乡称为锅贴）。这样，锅下（即灶）烧柴，水沸，出蒸汽，蒸熟饺子不接触锅的部分，接触的部分则如上铛烙，成为焦黄（家乡称嘎渣）。出锅，吃，味绝美，现在还清楚地记得，是嗓子眼儿以下都满了，再吃就没有空间容纳，才忍痛把筷子放下。放下筷子，还想搜索枯肠，再形容一下,也就只好用比较法,是两种桌面,一种是这样的菜饽饽,另一种,无论什么豪华大菜,我必毫不犹豫,起驾去吃菜饽饽。

舍大菜而去吃菜饽饽,是不合进步之理吗?我的想法,口腹之享,或扩大的一切享,舍异而取"常",舍繁而取"简",常与简合则上升为"朴",所谓"为道日损",是更珍贵的。或者撇开道,只说情,是因为有朴,对于我那出生之地,我还是很爱的。

天佑下民

由《尚书·泰誓》里抓一句为题,是想以1976年的一些经历为原料,烧一道杂烩菜;杂,有共性,是"有攸往,无咎"(《易经·大有》爻辞),所以就装在一个盘子里。以下以时间先后为序,说这道杂烩菜的各种原料。

排在首位的是3月初的迁居,由北京大学朗润园的8公寓迁到略北的11公寓。北京大学校园北面无门,住所北移,无论出东向之门还是南向、西向之门,都要多走一百几十步,何以也要写在"无咎"的账上?是因为:一,8公寓的房只是一间有半,迁后变为两大间;二,8公寓为一楼,迁后升为二楼,夏日不至过于潮湿。还可以兼说一些后话。这个单元还有个十一平米窗向北的小三号,住一位由燕京大学退休的刘姓老处女,唐山人,为人安静温厚,我们呼为刘大姐;她有个弟妇由唐山来,帮助她买物做饭,人也很好,我们呼为刘奶奶。相处几年,到八十年代前期,刘大姐善有善报,一天早晨摔倒作古,之后不很久,刘奶奶往保定投奔儿子,小三号就归我们住,记得我曾为书扩张地盘,挤进去一个书柜。计在这个单元住了将近三十年，到1994年的秋冬之际才迁到现在的住所，元大都健德门外的一座高楼里。

接着说一次江南之游。江南，我到过南京和上海，最想看看的苏州却过其门，望见城外、城内的几座塔而不入。干校结业，报废还乡，有了游的条件：己方是有闲，对方是有好客的东道主。东道主还不止一地，南京是共同编写本的郭翼舟兄，苏州是在社多有接触、在干校有邻床之谊的王芝九兄。大概是离开干校之前我就提到过游江南水乡的心愿，他们二位，尤其王芝九兄，曾在多次的信中催促定期。都觉得以春天为好，记得芝九兄曾建议在1974年，可能是因为心理准备还不够，我没有从命。至于为什么未推迟一年，定在1975年，就不记得了。总之，是一再商酌，最后决定，1976年清明节后起程，先到南京。如约，4月7日我由北京出发，到天津下车，看看胞妹，计划次日继续前行。想不到就在这一天，宣布4月5日的天安门事件为反革命，并谣传南方也不平静。妹妹全家主张不要南行，我接受一半，说暂不走，看看情况再说。看了几天，没有什么新情况，决定照约定进行，买到南京的票，15日午夜后上车。

同日晚间到南京，翼舟兄带着他的孙子在车站相候。同往大行宫附近四条巷六合里他的寓所。他住的一间面南，宽敞，窗前有小园，种一棵高及檐头的无花果。他的老伴在下干校前病逝于北京，我们就可以同住一室，对床夜话。第二天北行，游长江大桥和玄武湖，第三天东行，游中山陵和灵谷寺，印象只是一个字，"大"。还有不少名胜未看，因为都心照不宣，重点是苏州，就不多看，于18日乘火车往苏州。翼舟兄多年在苏州教中学，名胜都看过，北方俗话，"舍命陪君子"，也结伴东行。午前上车，午后到，芝九兄在车站相候。一同入平门，南行转西，到东采莲巷他的寓所。院门向北，入门两侧有平房，再前行为两层楼房。全院原是他的私产，解放后只保留楼上一大间，其余捐献，我们就住在楼上那一大间里。室南北长，敞亮，南面有廊，凭栏南望，稍偏西，约三四百米是瑞光塔。定次日开始游，到的一天近晚还有余暇，我散步，东行到三元坊（旧名，在苏州的南北中线上），南行几十步，西侧为孔庙大成殿，稍南路东即沧浪亭。芝九兄的住处在城内西南部，离城西南角的盘门不远，盘门是苏州城十个城门中唯一保存原貌（即有并排的水旱二门）的，所以正如沧浪亭之近在咫尺，我也看作我的暂住地的一个优越性。优越，要利用，因而在东采莲巷食息半个月，我得暇散步，总是或南行，登盘门城垣，想象昔日士女的乘车乘船出入，或东行，入沧浪亭，追怀《浮生六记》男女主人沈复、陈芸的欢乐和坎坷。

　　王芝九兄多理事之才，苏州城内城外，远远近近，可游的地方很多，他都安排得井井有条。远的景点绝大部分在西方，只一处，甪（读lù，不是角）直镇，在东南四五十里，他列之为排头。到的次日早晨由南门外上船，过宝带桥东侧以后，如行大湖中，以及到甪直，像是陆地，建筑，人物活动，一切所见，都在水上。自己感觉，是直到此时，才确切知道什么是水乡。甪直的古迹，有保圣寺中传为唐朝杨惠之塑的罗汉像,有陆龟蒙墓(在寺西墙外)。还可以凑个今迹,是叶圣陶先生曾在此地教小学,据说短篇小说《多收了三五斗》,就是以此地为背景的。我走到一个小桥旁,看看河道中的船只,桥附近的店铺,果然似曾相识。镇上只有一个饭馆,名东风饭店。我们在那里吃午饭,菜里有个炒肉丝,味道很好。其后十几年,我与王造年同学结伴游云冈石窟,在大同一家最高级的饭店吃饭,也有肉菜,却坏得难以下咽,使人不禁有南文北质之叹。下午回到苏州南门,返途过沧浪亭旁,第一次入内转一圈。以后又进去几次,还不只是因为行于其中,可以吟诵"前不见古人",并且因为,与狮子林、怡园等地相比,多有一些野意。

其后游地的排列是由近及远。20日游城内诸园,计看了狮子林、拙政园、网师园和怡园,附带看了玄妙观,游了观前。印象呢,狮子林人工气重,拙政园富贵气重;网师园和怡园小而巧,还值得多流连一会儿。玄妙观堂庑大,虽然残破,却有气势,我绕行一周,以略表钦仰之意。然后重点看观前,北京所谓逛大街。这有什么意思?理由是张宗子所说:"西湖七月半,一无可看,止可看看七月半之人。"(《陶庵梦忆·西湖七月半》)看人,我守佛门妄语之戒,说实话,不能不男本位,即多注意女性。而就真有所领悟,是:如果纳兰成德的词句"天将间(读去声)气付闺房"不错,我想这闺房应该特指苏州的。何以证之?也就只能举我的印象,是其一,无锡,地理条件与苏州可以说相同,可是逛大街,看人,总感到"秀"的程度差些;其二,我多年在北地，大街小巷见人不少，有个关于《红楼梦》的想法，是那些钗，只能存于曹雪芹的笔下，及至游了观前，才知道在世间找真人，凑齐了也不难。

21日到城外，游西北方的虎丘和西园、留园。虎丘是苏州的第一号名胜，果然名下无虚士。步行前往，出阊门（可惜也拆除），沿山塘（义为通虎丘山的小河）西北行，壮烈的，可以看五人墓，温柔的，可以想象董小宛的藏身之地，都会引起思古之幽情。又虎丘是丘，而且最高处有塔，也就显得雄伟，宜于远望。入门之后，会感到丰富，传说多，可看的更多。我印象最深的是剑池，其实地方不大，只是因为石壁陡立，下有深潭，就惊险得使人不敢久留。西园内有个大寺，佛像和五百罗汉像都未毁，也可算作一个奇迹吧。留园很大，有三座细高的太湖石，都名为什么峰，以及很多盆栽古花木（名盆景，有人说乃周瘦鹃所培养），都值得看看。

依芝九兄的日程表，虎丘等地看过，游近地告一段落，休整一日，23日起游西行的远地，灵岩山等处。我利用无共同活动之暇，独自出门。先到阊门，看了门内南行通金门的专诸巷，自知必不能找到顾二娘的故居，但既到了苏州，就不能不走走顾二娘的食息之地。然后乘车西行到枫桥，找到寒山寺。洋规定，不接待本国人，只好登上附近胥江上的大桥，望望钟楼，作别。入城，到北寺塔的近处看看塔，然后东行到平江路。平江路是一条南北向的街道，据说如盘门，是唯一保存原状的。所谓原状，是两层的住房，前为石板路，可行车,后为小河,可行船。河上隔不远有小桥,我在一个小桥旁坐了好一会儿,看看行人,甚至听到楼头窗内的笑语,心里想,这才是苏州的生活,也许不很久之后,这仅存的也被新风吹到无何有之乡了吧?

23日乘车,南转西行,往游灵岩山和天平山。车行不远过横塘,不能不想到贺方回的词句"凌波不过横塘路,但目送芳尘去"。据宋人笔记,这首词所写的思想是实有其事,那么,只能目送芳尘,就很苦,所以黄山谷有句云:"解道江南断肠句,只今唯有贺方回。"我修养差,不能免于为古人担忧,很想下去看看,可惜车非专用,不停,只能自注窗外,默诵"锦瑟年华谁与度"而已。过木渎,记得梁思成先生讲建筑史,说木渎有个精巧的小花园,也是可惜,车不停,也就只好过门而不入。到了,先游偏北的天平山,后游偏南的灵岩山。游天平山,宜于睁眼看天(取自然之义),因为整个山是怪石堆成,像是没有一点点土。游灵岩就不同,要闭眼想人。人为谁?当然是西施,而吴王夫差等不与焉。这有时使我想到一个问题,是所谓男女不平等究应如何理解。我认为,至少是在灵岩山上缅想西施的时候,我们总当承认,女性的地位是远远超过男性的。次日仍出门往西,过横塘、木渎以后转南,往游东山。东山是伸入太湖的细长半岛,风景好,物产丰富。真有山,最高处名莫厘峰。下山南行为东山镇,有什么人建的雕花楼。再南行游东山的重要名胜紫金庵,其中的十六尊罗汉像,传为宋雷潮夫妇所塑,看,果然有特点,是各有各的表情,像真人。东山是碧螺春茶的产地,我们经过茶林,看到不少小姑娘采茶，应该说，也是南行之一得也。西山是围在太湖水中的岛，在东山之西，据说也有名胜可看，因为不能挤在一天，只好放弃。游苏州名胜多处，以这一天走的路最多，也就最累，所以决定25日休息一天，26日再西行，到光福，游司徒庙，游邓尉山、香雪海。到司徒庙是看汉柏，共六株，分为清、奇、古、怪。到邓尉应该赏梅花，可惜已经过时，只好看看梅树，作别。

承二位东道主的盛意，苏州游完，还要扩张到其他名胜之地。分工，芝九兄是往东南，杭州；翼舟兄是往西，无锡和扬州。往无锡和杭州，仍以苏州为据点；往扬州，改为以南京为据点。往这几处，他们各有各的方便条件：杭州，芝九兄有友人陈瑜清和葛成之；翼舟兄的胞妹住无锡，长子在扬州工作。精打细算，先游无锡，为的游毕翼舟兄即回南京。往无锡是28日下午，距离近，不久就到，翼舟兄的次公子宗淳在车站迎候，下榻于南门外翼舟兄的胞妹郭增愉家。在无锡住了四夜，由翼舟兄父子陪伴，游了鼋头渚、蠡园、梅园、锡惠公园（内有锡山、惠山、寄畅园）诸地，搅扰他们不少，于5月2日上午乘汽车返苏州，当日晚乘船由运河往杭州。运河可谓水平如镜，卧船上，几乎不觉得船动，于次日晨过拱宸桥，到下船地点卖鱼桥。芝九兄的友人陈瑜清在岸上迎候，乘车往湖滨。平生第一次见西湖，大，有烟波浩渺之势，且三面有山环绕，可说是不只如画，而是胜过画。由苏州来还会有个突出的感觉，是那里的美是人工的，这里的美才是天然的。陈先生积极热情，带着游西湖周围的名胜，保俶塔，断桥，白堤，岳坟，平湖秋月，灵隐寺（修理，不开门），飞来峰，冷泉，苏堤，六桥，花港观鱼，三潭印月，真可以说是一日看遍长安花。晚饭后到城与湖之间的葛宅，葛成之先生还带着游了柳浪闻莺和涌金公园。次日为五四，仍由王陈二位陪伴，游虎跑，登六和塔，望钱塘江，入城游吴山。定5日晚乘船原路回苏州，长日无事，与王陈二位由湖滨西行，过断桥，游放鹤亭、孤山、西泠印社等地。西泠桥旁原有苏小小墓，已不见，想也是被"文化大革命"革掉了。晚5时余开船，次日天未明即到苏州。计由苏州外出游无锡、杭州两地，心情上总有匆促的感觉。也就不免于有些遗憾。无锡少，只是未尝到惠泉水。杭州多，乘船夜行，不能看看两岸风光，是一；到钱塘江大桥边，未能过桥，脚踏这个江的江南之地，是二；还有其三，是只在杭州喝了三角钱一斤的绍兴酒，未东行，到绍兴看看，其后每一想到，就有"交一臂而失之"之叹。

回到苏州是5月6日晨，定8日上午往南京，因而还有两整天的空闲。6日我单独行动，到观前消磨，买车票，买带回北京的食品等。7日，与芝九兄再游虎丘，并补游博物馆，看忠王府。8日午登西行车，当日晚到翼舟兄寓。次日早起，由翼舟兄及其长公子宗海陪伴，往扬州。先坐火车到镇江，游金山寺。登金山寺塔，东望北固山，北望江中焦山。然后渡江，乘汽车到扬州。次日为10日，先游城西北之蜀冈，新名为平山公园。上有鉴真和尚纪念堂，建筑为日本式。其西为法净寺，塑像未毁，据说是由寺僧建议，戴高帽，批斗，得过关的。再西为平山堂,为宋朝庆历年间欧阳修所建,欧词《朝中措》有句云:"平山栏槛倚晴空,山色有无中。"堂在前部,可以远望,后部有欧公祠。游毕,下山冈,东南行不远是瘦西湖,由北门进去。湖水确是窄而长,上有船娘划的小船。园林布置仿江南,较之苏州,总不免有小巫见大巫之感。11日游小半日。先到东关街看一个原属于某盐商的个园,亭台假山花样不少,但多市井气。然后至城北,游梅花岭及博物馆。馆中展品有个唐代楠木雕的独木舟,长十三四米,以及五代杨行密亲属的豪华木棺一具,都很值得一看。看完,赶吃午饭,乘过午的汽车返南京。

到南京后买得13日近晚开往天津的车票,这样,在南京就还有一天半的空闲。照翼舟兄的计划补课,12日往南往西,游朱雀桥、乌衣巷、夫子庙、秦淮河、白鹭洲等地。然后南出中华门,游雨花台,西出水西门,游莫愁湖。莫愁湖不太大,幽静坐湖边可以远望清凉山,我觉得最值得流连。北返的一天上午,仍由翼舟兄引导,东行到中山门(旧名朝阳门),登城垣望远,然后北行,看王荆公晚年息影的半山园,及其西侧的博物馆。下午四时余踏上归程,先乘汽车到南京站,近晚开车。14日近午到天津西站,外甥来接,返北马路附近胞妹家。天津亲友多,由16日起,如托钵之僧,各处走,看亲友,直到5月23日中午才登上北行的车,于近晚到北京大学。计自4月7日起程,离家共47天,超过一个半月,身心不能定,所以真是感到累了。

依照《三国演义》"分久必合,合久必分"的定理,我是动久必静。理化为事,是不得不改变还乡居的计划。家乡,我已经回去五次,多则养成习惯,或说产生规律,是由1975年起,决定每年夏日到家乡住,具体说是6月往,9月还。我南游,5月下旬才回来,如果照原来的想法做,在北京停留十几天又要外出,就因倦怠而有些怕。是6月上旬吧,与妻商酌,说明我的心情,是想不回去。她说:"那就不要回去了。"万没想到这轻易的决定,在我个人的小算盘里,却关系重大,是如果回去,就非寿而终于偏寝了。因为回去,7月28日晨的唐山大地震,我正睡在我那乡居的斗室里。我的家乡在北京东南一百七八十里,离唐山近,地震受灾相当重,镇上死将近二百人,我们小村死七口。我家的房是砖瓦的,骨架重,为二十年代所建,已经不黏固,所以事后,对面屋的石家主妇相告(原话):"我们准备到下边(称东南三四十里外的村庄)卖菜,早起在外屋烙饼,点火,刚划着火柴,觉得地动起来,就互相拉着往院里跑。就这样,我们还受些轻伤。刚到院里,就看见房轰隆一声,整个塌下来。您要是回来,正躺在床上,坐都坐不起来就砸死了。您算是命大!"命,难知,大也罢,小也罢,反正还有这条命,就要继续活下去。

活,人性论,就总是不免有所怕。怕,有缓急,远的缓,近的急。最近是怕还有余震。第一次大震,我们住的楼虽未倒塌,由楼外看,墙皮却添了一道缝,如果再震呢?结果如何,自然谁也不知道。一反老子"民不畏死"之言,于是都赶搭地震棚,移到纵使倒塌而不至砸死的地方住。幸而迁入棚居，余震就不再来。又是人之性，时间会使浓变为淡，有些人（我在内）就不听谨慎君子的劝告，仍到楼里去度日夜。不怕，也好，更没想到又来一怕，是9月9日，主席逝世了。人，传说如彭祖，也不免一死，何以会引来一怕？原因有两种：其一，数千年的历史经验，一个人说了算的制度，这一个人停止呼吸，不再能说，局势就可能有大变动，变而且大，微弱如小民，想到自己的安危苦乐，就不能不忐忑不安；其二，之后难免要中原逐鹿，如果鹿死在那位得宠的女霸之手，可以推想，过去的隔三两年一个运动必变为一年一个运动，小民就更没有活路了。

怕，无回天之力，也就只能坐待，或起来走走，听听小道消息。是10月上旬的末尾，街头巷尾盛传，以女霸为首的"四人帮"，一伙许多人，都抓起来了。人人确信这是天大的喜事，用各种方式庆祝。我当然不例外，或者说尤其高兴，因为有预感，是多少年来，今天不知明天会怎么样的愁苦生活结束了。

还是少胡思乱想，扣紧题目，说天佑下民。民有广狭二义，这一年的夏日，因累而未还乡居，逃一命，所佑之民只能用狭义，限于我自己；九、十月间的政场大变动，所佑之民可以用狭义，情况"且听下回分解"，却更宜于用广义，是一切处于水深火热中的小民都包括在内。救民于水火，是孔孟（也是一切小民）心目中的最雄伟的事业，此后就可以"做"，此前呢，是连"想"也不敢想的。能做是至大，在微弱者的思维系统里，就只能说是天佑了。

终日驰车走

陶诗《饮酒二十首》的最后一首有句云:"终日驰车走,不见所问津。"我以为描述世俗人的奔波劳碌,而不想究竟何所求,可说是绝妙。我借来为一篇之题,只取上半,是因为,还是就世俗人说,"不见所问津"是必然,也就没有什么好说的;"终日驰车走"不是必然,就像是有文章可作。非必然,意思是也可以不驰车走。这还可以分等级。上焉者提升为"道",老子直说,曰"为道日损",赵州和尚转个弯说:曰"好事不如无",皆是也。一般人不能如此高攀,但也未尝不可以,出门,篱下晒太阳,入门,床上睡大觉,即走静默的路。静默,更要有本钱,这多半来于性格,少半来于习惯,性格受诸天,所以就更难。收泛论于己身,因为难,我的一生就苦于望道而未之见,知之而未能行。一生,不宜于凝缩到这一篇里说;要定个范围,是由1971年到1978年,即报废时期,除乡居一年多,另案处理以外,这样长的一段,我是怎样度过的。具体到事,乱杂,但有个共性,是未能作闲居之赋,反而终日驰车走。驰车走,可以胶柱鼓瑟解,是经常骑那辆服务多年的自行车,各处跑;也可以灵活解,是纵使不越雷池一步，也是在室中忙这个忙那个是也。

适才说，事乱杂，依作文教程，写，就不宜于流水账式，而要学新文体之"总结"，分类。分类述说之前，想减少头绪，把北京以外的活动开除出去。还乡居不算，已经说过。此外，游江南诸地，上一篇也已表过。再此外，曾往张家口小住，计有四次，曾往天津（包括再前行，往唐山）小住，因为距北京近，计有十次左右。剩下的就成为清一色，在北京，以北京大学朗润园11公寓的一间住屋为据点，外出或不外出的诸多活动。

先说外出，几乎都是入城。说几乎，因为所看之人，有些不住在城内，如吕叔湘先生和孙楷第先生住东郊，张铁铮先生和李耀宗同学住西郊，蓝文忠表弟住西南郊，远到丰台以南。入城，有内外，内大多是沙滩一带，外是菜市口。出版社的许多同事住沙滩一带，到沙滩看人，就可以一箭数雕，而且赶上饭时，必可以对坐共酒饭。到菜市口是入洪洞会馆去看裴（世五）大哥，我们关系深，数日不见，就像是有许多话要说，有许多事要办，所以不只报废的几年，而是由我上北京大学到他先走往八宝山，半个世纪以上，他的住处，总是经常有我的影子。又骑车在北京街道上跑，有时经过，或略绕道经过，琉璃厂，老习惯，就进书店看看，语云，既在江边站，就有望海心，有时也就会淘到一两本。事都是可有可无的。但这是就理说，改为就情（或即是受诸天的性格）说，就成为像是必有而不可无。人，在一个地方食息几十年，总会有多种社会关系，也就会与很多人有交往，进一步，建立了相互怀念的关系。怀念，隔些日子就想去看看，而出行一次，看的人不能很多，其结果就如我之入城，相当勤，却还是感到，有些人的门户应该去却未能去。总之，这报废的几年，在北京，时间的一少半，也许就消耗在驰车走上了吧？而礼尚往来，同行辈的，也就常常枉驾，登我之门。登门，常见是赏光，我当然欢迎，这里是算时间的账，也就要消耗不少时间。

以下说不外出，在斗室之内都干什么。由以上提及的交往顺流而下，先说写信。北京是一地，北京以外是多地，多地的亲友相加，数目一定要远远超过一地的。量大，其中有些，会有各种事要办，有更多的人有相互怀念的关系，从而有不少话要说，都不能当面，就要靠写信。信更是礼尚往来，因此，比如叶圣陶先生，我登门去看他，依通行之礼，他送至大门以外，却不登我之门回拜，而书札就不同，我去信，他必回信，其结果就成为，较之驰车走，写信虽可以不出屋，数量却更多。还会带来额外而麻烦的负担，那是惯于吟诗的几位，如周汝昌先生、孙玄常先生、王芝九兄、郭翼舟兄等，信来，拆开看，常常附有诗词之作，依"臭老九"之礼，就要次韵之后寄回去。总之是这方面费的时间也不少。费时间，有所得，主要是解除至少是减轻相互的挂念。——忽然想到，还有无所得的，也应该说一说。那是有些关怀我的好心人，不断跟我说，干校结业，强迫我退职的处理是错误的，我应该请求改正；不请求，自然不会有人过问这件事。我感激这样的好意，也同意不请求不会有人过问的看法，不过对于请求的效力,却仍是我一贯的怀疑主义。因为怀疑的是效力,而不是看法,我就只好写请求信,记得还一而再,再而三。反应是或沉默,或说不能改,推想原因是,主其事者还在"文化大革命"的原路上走,我的信时间过早,就不能不可怜无补费精神。何时就可以不可怜呢?且听下一篇分解。

再说一项斗室之内的活动,是杂览。杂览也是读书,不称为读书而称为杂览,是因为不像三四十年代,有个大致的目的,探索一下人生是怎么回事,而是换为守株待兔式(彼时是缘木求鱼式),碰到什么看什么。或者加个小限制,是其中所讲,我认为有吸收的价值而自己还不甚了然或甚不了然的。书的来路,少数是自己所买,多数是串门遇见,借来看,看完奉还。书的分量或轻或重,轻的,也许一两天,或两三天,就看完;重的,如《爱因斯坦文集》,断断续续,就要几个月。就这样,荏苒几年,积少成多,过目的书,总数也不少。至于所得,是连我自己也说不清楚,只好说一句自我安慰的话,开卷有益吧。

再说一项,是练毛笔字,雅语曰临池。关于这方面的活动,兼说后话,真是苦辣酸甜,一言难尽。难说,但近年也说过,而且文献足征,写了两篇,《左撇子》和《学书不成》。文的主旨是诉苦,因为情况是写得很不佳而常常不得不写。已经说过的意思不宜于重复,这里只说报废时期的练习。想练习,有远因,是上大学钻故纸堆的时候就喜欢法书,看了些讲书法的书。讲法大都是模棱而难知其确意,比如折钗股和屋漏痕,何所指,大概除创此说的那个人以外,谁也不知道。那就躲开这类比喻,单单求其本,所谓好,究竟指字里的什么?显然,很难答。难答是因为难明。我不自量力,想明,并设想明的路,其中一个最重要的是自己入虎穴,尝尝甘苦。知此理,主要是畏难,兼忙,多年来就一反王文成公的知行合一说,未拿笔("文化大革命"中写大字报不能算)。干校结业,报废送来闲,不能学陶渊明,作闲情之赋,有时闲情难忍,才想到废物利用之道,找出笔墨碑帖以及废报纸,试试自己也写。要歌颂科技,旧时代,"三家村"的读书人,也习字,但几乎不可能看到历代的法书名迹,尤其真迹,现在有了影印之法,想看名迹真迹,不过走入什么店,花块儿八毛甚至毛儿八分的而已。我利用这新时代的优越性,多年以来,搜罗这类的影印本不少,说句大话,是金文、石鼓以下,够上档次的都有。于是养兵千日,用兵一时,就找出来,选某一种,陈在面前,临,追踪形态,琢磨笔法。大致有个次序,是先正楷,后隶篆,再后行草。多临少临则听兴之所至,如颜有大名,我则感到难于悟入,就写一过放下;孙过庭《书谱》写写,觉得有意思,计临了十有六过。还有的人,如米(米芾),很高,却像是无法可循,就不临,而只是看看。这样,也算曾用一些力吧,是不是也有所得呢?又是一言难尽。勉强说,对于好坏略有所知,而知易行难,到自己拿笔,总是书不成字,只能"知其不可奈何而安之若命"了。

最后说一项,是诌打油诗词。大概是上小学时期,就接触一些旧诗。上大学以后，念的诗词更多，也喜欢。可是没作过，语云，开头难，也因为深知有诗意，合格律，不容易，始终不敢拿笔。又是"文化大革命"之赐，有了闲时间，又碰巧有几位喜欢作诗填词的朋友常寄来新作，这就有如鸭子本不想上架而有人打，也就只好挣扎着上。起初的困难是两不熟，手不熟，格律不熟。格律，可以急来抱佛脚，多翻诗韵，不久就大致过了关。手不熟就要多用些时间，一方面是读，一方面是写，但渐渐，也就像是不那么难了。也许因为闲就不免有闲情吧，有个时期，还常常变被动为主动，自愿上钩，抓个题目，拼凑成平平仄仄平。现在回头看，由七十年代前期起，诌诗词（诗多词少），所成不很多，其中半数以上是报废时期写的；如果说其中有些我认为还不太蹩脚，那也是这个时期写的。写，积稿盈寸是一种收获。还有一种收获，是八十年代末，一时胆大，写了一本《诗词读写丛话》（1992年人民教育出版社出版），意在为初学者指路，这路（对不对另说）也是学写诗词的过程中摸索出来的。

该结束了，又想起终日驰车走的价值问题。为学日益，为道日损，益好还是损好呢？必公说公有理，婆说婆有理。我只好不问理而只言事，是我为性格和习惯所限，只能终日驰车走，有事忙忙碌碌，无事也忙忙碌碌。这样，路就只有一条，顺着走下去，不想相关的问题也罢。

复其见天地之心

这是《易经·复卦》的象辞，我想不管原意，只说这里引用，是表示，"复"之事有"见天地之心"的重大意义。话过简，要略加解释，是"复"，指"文化大革命"结束，女霸等人由颐指气使变为阶下囚之后，过半年多，主政者易人，求拨乱反正，其中重要的一项曰落实政策，使一切受迫害的回到未受迫害时的境遇；"见天地之心"呢，《易经·系辞下》说"天地之大德曰生"，生有进退二义，退是能活，进是活得好，拨乱反正，落实政策，使人民能生，是实现天地之大德，也就是表现了天地的本心。释义毕，还可以指实说事，是"文化大革命"之后的两三年，只说压得许多人求生不能、求死不得的多种帽子，都废弃了，这用古语说是救民于水火，用今语说是救命，其为德也就真是非言语所能形容了。

为文的体制所限，还是缩小范围，说自己的复。不值得零零碎碎说，改为总而言之，是适应政局的大变。听关心我的好心人的劝告，更抓紧写请求信，还找过据闻处理这类事情的人。仍是无下文，直到1978年六七月间才得到答复，是落实，改正，恢复退休待遇，户口回北京，退休费补发与否未定（后来补了）。此时才明白，所以长期不变，忽而有此突变，是上方经过先则人亡政息、后则人存政举的变化，有了新的应该复的指示；我的多次请求，作用充其量只是提醒办其事者，还有这样一个悬案而已。

大势已定，但变为实际，就还要履行不少手续。比较麻烦的是移户口，纵使你心里可以暗发个牢骚，"既有今日，何必当初"，事实是有了当初，就不管如何麻烦，还是要今日。记得是1978年的晚期，负责落实政策的办公室负责人张君克（可？）宽找我去，同我说，户口回来不成问题，但有个小困难，是教育部应该给我住处（部对于职工，"自"做的诸事都通情达理，此亦一证也），可是目前没有房，到公安局办移入手续，要写明移到某街某巷多少号。我回来同家里人商量，女儿不愧是在新社会长大的，说填北京大学11公寓203号（即原来的家），快办，以防夜长梦多。后话提前说，是果然，三四个月之后吧，又下来个新的文件，户口复旧改为"就地落实"，如果我等住房，就将如加右派之冠、发往晋南的孙玄常先生，有回京之机会而拖拉，就老于晋南了。且说其后是填上北京大学的住处，到次年1月，公安局准予迁回的手续办完，仍是部对职工宽厚，负责到底，未劳动我的大驾，派人到我的家乡去移户口。是2月上旬吧，去办户口的人回来，说还有些杂事未了，须我自己去办。

也好，究竟是自己的出生之地，很可能就不会有再去看看的机会，去告别吧，同人和地。仍是应该抓紧，于2月13日起程，先乘火车到天津，住胞妹家。买了些点心和酒，作为告别的礼物。为了轻松一些，让四外甥邢振奇（较多办事能力）跟着去。次日，即14日，清晨上路，乘长途汽车，上午就到达河北屯镇。应该别亲疏，直奔老姐家。听到落实情况，老姐高兴，但想到聚会几年的她心目中的"小"弟弟从此将远去，也许不能再回来，又显得难割舍。在老姐家用午饭。镇不大，口耳相传的消息也快，不久，几位多有来往的熟人，王树棠老哥夫妇，杨玉发，杨瑞等，就都见到。王老哥曾患脑血栓，尚未复原，王老嫂（当然是小脚）像是走路更难了。下午西行，先到石薄庄大队，"进谒"大队书记（初来时未行此礼，也许失之太不世故），说明变动情况。然后找会计（小队的，大队的，动笔办事的是这些人），由振奇外甥办理诸多手续，我到石庄去辞行。本村，都认识，至少是外表，要不分亲疏远近，家家必到。赶任务，不能多停留，幸而门户不很多，用了小半日，胜利完成。自己的家门当然要看看，房屋毁于地震，砖瓦木料是贵重的建筑材料，由大队拉走，正如《心经》所说，"色不异空"，就成为一片空地。次日上午继续办手续，不能快刀斩乱麻，留下振奇应付，我到李各庄去看南院大妹妹。三年多未见，她的公公已经下世。仍吃她做的烙饼炒鸡蛋。午饭后回河北屯镇，迁户口的事已经办完，于是携振奇西南行五里，到侯庄子看三表妹夫妇。告别，因为乡居时来往多，都有些感伤。感伤也不单行，听说在天津与我多有来往的刘仲三，退休后回大良镇，于一两个月前作古。在侯庄子住一夜，16日早饭后北行，到张庄去看马德山表弟一家。因为赶时间，谈一会儿就东行。过肖庄，想到王勤弟已贫病而死，实在没有勇气看他那间小屋和窗前的两棵枣树，由房后身绕过去。又到石庄，算完粮食账，到镇上午饭。饭后到几家熟人处辞行，乘下午的长途汽车回天津。在天津耽搁了两天，看了最近的三四家亲友，于19日过午回北京，往返恰好用了一周。

剩下的手续只有移入一项，或者真是归心似箭，次日上午就往海淀派出所去办上户口的手续。移入是他们批准的，当然好办，户口簿上恢复我的大名，三两分钟可以了事。还要到主管粮食的部门去转粮食关系，好容易找到这个单位，却未能马到成功。值班的是个女的，而且年轻，见到老朽不免有气，大概因为未带副食本吧，气昂昂地说，缺什么本，不成。我谨受教，回家吃午饭，下午再去办。入门，想不到值班的不再是那一位，而换为男的，年岁像是已经耳顺左右。我递上诸多证件，他看过，然后注视我一眼，面对墙，想了想，拿起笔，一面写一面跟我说："定量三十二斤吧。"我吃了一惊，但也不好说什么，辞出。何以吃惊？因为"臭老九"，而且退休不再工作，通例是最多月二十八斤。回来的路上我想原因，最大的可能是可怜我被迫还乡，受了不少苦，现在得回京，一月多吃几斤，补补吧。如果我的推想不错，对于这位的善意，或扩大为"仁者爱人"的品德，我不能不表示钦仰。此外还能说什么呢？只得抄《诗经》旧文，"中心藏之，何日忘之"，以求后来者知此事，也随着吟诵两遍而已。

至此，逐出都门近八年的户口官复原职，当然是一喜。喜一，内容却非一,也想说说。还是先唯物,是每月有了入口的那一份。其次,也可以写在唯物项下吧,是就不再有常跑派出所续户口的麻烦。还可以加个其三,转入唯心,却最重大,而且说来话长。我的老伴幼小丧父,多年孤苦无依,养成怕这个怕那个,总觉得周围多风险的心理。"文化大革命"初起,她目睹耳闻打杀抄家,心病加重,怕的范围扩大,程度加深。其中一项是我在北京寄居,入夜来查户口,她总是吓得浑身打战,心几乎要跳到胸腔以外。我劝她,说我不是逃犯,查户口,有临时户口证明,合理合法,不必怕。她说这道理她懂,可是看见民警,一想我不是北京户口,还是浑身发冷。这一来好了,我出入家门,她就可以不为我这乡下户口而心惊胆战了。

依据某名人的高论,连写诗填词都要有社会内容,我歌颂"复",就应该把喜放大到己身和老伴以外。可是这样一来,我这支本来就无力的秃笔更加无力,因为,还是由己身下笔,我是未加冠的,得复,还有由幽谷迁于乔木的感受,可以想见,那千千万万头上有冠的,千斤重压长年在头上,一旦去掉,由不能抬头变为能抬头,由不敢出声变为敢出声,由难得活变为容易活,总之由不是人变为又算作人,其感受应是什么呢?显然,是连善于编造的小说家也不能如实写出来的。也是《易经·系辞》,可是在上篇,说"书不尽言,言不尽意",那就交给"意",让有兴趣会的人去会吧?

最后还想说说,因"复"而生的"意",不只可以"会",还能产生教训。这教训是,讲治平之道,来自几十年来的见闻,有两条路。一条路，挖空心思制造多种帽子，给千千万万人戴上，使他（她）们面上无光，身上有枷锁，求生难，求死不得（包括自己舍不得受之于天的命）。另一条路，不欣赏也就不借助这多种帽子，并把已有的帽子扔掉，使人人能活，并活得有安全感。应何去何从呢？小民的意见是明确的，要坚决走后一条路，堵死前一条路，并在路口标明：此巷不通行。

十年而后返

十年是约数，指由1969年8月5日离开北京往干校，到1979年1月15日回社里工作，差不多九年有半，我离开一生工作时间最长的人民教育出版社，浮屠"三宿桑下"会"生恩爱"，况我自五十年代起，即以社为另一个家乎。所以视回社工作为我经历中的一件大事，也是一件幸事。大，宜于说说原委。"文化大革命"带来无限的荒唐事，其中一个是撤销教育部，出版社是部的直属单位，"皮之不存"，毛自然随着灭亡。但其中的人还在，只好以干校为转运站，劳动个时期，老的退，不老的分配往各地。过了几年，政局大变，要拨乱反正。单说出版社，是编印中小学教材的，当然要恢复。可是人散而之四方了，怎么拉回来？据说是主政者有魄力，下令，凡是出版社的旧人，出版社要，立刻放。于是不少旧人就陆续回来。照原来，编辑、出版等，各部门，都组织起来。可是原来的办公地点还乱而没有正，怎么办？还是靠主政者的魄力，拆平房，起高楼。楼建成之前，租饭店办公，饭店改为办公室，名不正言不顺，"必也正名乎"，也好办，称为编教材的什么会议。于是有人有地，正像约齐角色，有了戏台，就击鼓敲锣，挑帘出场，演起来。因为情况如此这般，所以我恢复上班，不是东南行，如旧日，到景山之东、老北大的第二院，而是西行，到香山饭店。

进香山饭店是后话，其前还有应该说说的，是让我回社工作，有关的人是怎么考虑的。有关的人都熟，但这类事，自己不便问，只好推断。首先是退职问题，这种退是变相的开除，让回来是起复，显然，他们认为我本无罪，受这样的打击不适当。其次是我的为人，一向以直道对人，用不着防范；工作呢，勤快，认真。也可以说有所长，文言，语法，笔下，都还过得去。可能也考虑到目前的工作，两大宗，编《古代散文选》下册和编写中学语文课本中语言方面的知识短文，以及其他一些零碎事。编《古代散文选》下册是重点，以余力做些语文编辑室的工作。说是重点，因为其中有个情况。这部书是六十年代初，由吴伯箫主持，中学语文编辑室的一部分人参加，最后由隋树森定稿，主要是供中学语文教师研习，以便改进文言教学用的。计划收文范围由先秦到鸦片战争，分上中下三册。上册于1962年出版，中册于1963年出版，下册尚未编成，"文化大革命"来了，以致多年来未能成为完璧。七十年代末出版社恢复工作，重印了上册和中册，赶编下册就成为当务之急。动手之前要组班，原来的编辑室主任王微干校结业后回他的原单位兰州大学，可是已休，还在北京的出版社宿舍住，于是请他主持。隋树森和王泗原由干校回北京，也请来参加。与上册和中册比，还嫌人力少，可能主要是考虑到这一点，才让我回来,参加这个小集团。不久分工。选定篇目,大家一齐动手。篇目定,动笔就不能一齐。多年惯例,王微是审而不做,王泗原是不愿总其成,由上册和中册顺流而下,当然应该由隋树森定稿,可是不知为什么,他说他不再担任定稿的工作,于是三面推,就把定稿的工作推到我头上。当然,定稿之前还要注释若干篇。说这些是诉苦吗?非也,因为如果没有编《古代散文选》下册的任务,我用处不大,也许就不能回社了吧?

再说说回社的具体过程。总的情况是紧凑而不很拖拉。查这一段的日记,复查办公室正式通知我干校的处理已改正,是1978年11月17日,其后六天的23日,黄光硕到我家里来,说希望我回社,参加工作。显然,这是社的主事人已经决定,他才敢传这样的话;推想传话之外还有个任务,了解一下我会不会不同意(有因多怨气而拒绝的可能)。前面多次说过,对于部和社,我一直认为通情达理,也就没有怨气,所以当即表示,我同意回去工作。其后的12月21日,我收到隋树森先生一封信,也是谈约我到社里工作的事,显然这工作是指编《古代散文选》下册。准《三国演义》之例,茅庐三顾,还欠最后一顾,是1979年1月10日,刘国正和黄光硕二位来北大我的寒舍促驾,当即商定,下周的星期一,即15日,我移住香山饭店,又过上班生活。

前几年,我写过一篇《机遇》,说机遇有摆布人的难以抗拒的力量。这次回社工作又是一次机遇,若干年之后回顾,感到影响也颇不小，只想说一点点彰明较著的，算作举例。依常见，分得失两类。用食蔗法，先说失。恢复工作以后，我直属编《古代散文选》下册那个老而休的小集团，行动自然就要随着这个小集团。记得总是回社不久，有个变动组织关系（即变休为工作人员）的机会，即填个表，申请仍旧算工作人员，姓名即可由退休那一本移到正式职工那一本。我们小集团曾非正式交换一下意见，王微组织关系在兰州大学，与此无关，隋、王二位认为，费一回事，将来还要办退休手续，不如取逸舍劳，我无主见，也就未填表。想不到几年之后，乱变为正，就陆续有升级、增薪之事，我们三人不在职工之数，当然就不与焉。隋、王二位关系小，我关系大。因为1956年评级（建国后三十余年只此一次），他们二位定为五级编辑（六级及以上算高级知识分子），我是七级，（最高级的）低级知识分子，月工资125.5元，退休后拿75%，即94元多，不够一张大票。这里说这些，非怨言也，而是想保持一项什么纪录，是由1951年到现在的九十年代，级别未变，工资未变，想当是古今中外所罕见，可入纪录，总是光荣吧？还要说一项光荣，是1987年初，社里客气，送我们几个老朽一顶"特约编审"的帽子，特约者，非来于上级官之点头盖印也，所谓内部粮票，今天借这里的稿纸一两行，声明一下，以期有"成人之美"之德的君子，不斥为伪劣可也。

转为说得，是收了些粮食，其中有生产队的，有自留地的，我一直认为，如果不回社，必将颗粒不收。何以这样说？是我们这个社会，给公家编的，如《文言文选读》《文言常识》之类无论矣，不回社就必不能成书；就是产于自留地的，如《负暄琐话》《禅外说禅》之类，你家里蹲，等于没有组织给你作保，也必没有出版社肯接受出版。所以，正面说吧，近十几年，如果（仍是脚踏在常见上）说我还略有成就，这成就的机遇性的原因是，有关的几位开了社的门，让我走进去。

两饭店

以饭店为题,是想说说,我回社工作,由1979年1月15日迁入香山饭店起,到同年11月30日迁出西苑饭店,改为到社的新楼上班止,将近一年,生活的大致情况。

在编《古代散文选》下册的四人小集团里,我的地位比较复杂,或者说模棱。他们三位定时开碰头会,地点是原公主府西路三层大房中间那一层里,散会后各回各的家,这表明编这本书,他们是专职。我呢,是由香山饭店来,散会后回饭店,这表明编这本书,我是兼差。兼差,两地有没有主从之别呢?推想,早期,香山方面会认为香山是主,四人小集团相反,会认为编散文选是主。实际正是这样,编散文选的工作单一,却很重;香山的工作多种,选文,改文,写文,等等,零零碎碎相加,也就成为重。后期(主要是1979年之后)有了变化,因为先是隋树森不愿意担任总其成的定稿工作,接着,就在这一年的10月中旬,他患脑血栓住了医院,就变不愿意担任为不能担任,我成为编散文选的主力,语文编辑室的多种工作就只能推卸了。

香山饭店远在香山，西苑饭店在西郊，动物园以西，尤其香山饭店，离社，离我家，都不近，其时我已经扔了自行车（路远是一因，另一因为怕摔倒伤骨），所以几乎是天天乘公交车在路上跑。入城，小集团会，连续几个月，都是商定目录。时间拉长，原因有工作性质的，比如选文，就要先翻书，一个人推荐，还要交换看，入选的多了，也许要剔除几篇，总之都不是三言两语可以决定的。还有时风性质的，是多年经验，大胆不如谨慎，负责不如推托，斩钉截铁不如模棱两可，所以碰头，次数不少，定目录的工作却进展很慢。到香山，来什么工作不一定，有公家分配的，有私人求的，都是急来抱佛脚性质的，多则三五天，少则当天，就要交卷。这样，香山住将近五个月，西苑住将近六个月，生活的总的特点是反道家的，动多而静少。但回到常见，也有好处，一是不会因多闲而感到烦闷；二是头绪多反而可以生产自由，比如因什么事，或天气很坏，不愿出门，就用不着请假，因为我的尊体，是既可以在饭店，又可以在城内的。说起在城内，还想加写一笔，是流连至午，要吃饭，总是或应王公微之约，或应蔡公超尘之约，到他们家既酒且饭，现在，这二位都已经作古七八年，所谓墓木已拱，每一念及，禁不住兴起人琴俱亡之叹。

《后汉书·襄楷传》中有介绍新传入中国的佛教的生活之道的话，是："浮屠不三宿桑下，恐久，生恩爱，精之至也。"我是常人，宿香山饭店，宿西苑饭店，都是三的几十倍，总当生恩爱，以致不能"精"了吧？想想，也确是这样。先说香山饭店，在北京有名的风景区香山的东麓，可谓得地利。我冬天迁入，夏天迁出，在那里度过整整一个春天，可谓得天时。再有，我住的时期，饭店的建筑还是照贝聿铭的设计改建以前的，平房，朴素而淡雅，住在里面，还可以联想到山水画上描写的山居景象。说起山居，又不能不想到受道家思想影响的生活理想，是很多人，纵使身不能离市井，心却还是在向往山林。可是入山林，如《葛稚川移居图》之类所描画，又谈何容易。所以我得这么个机会，能在山里住不很短的一个时期，一直觉得是值得常记于心的一件幸事。秀才人情纸半张，为了留住这种心境，就在其时的晚春，还诌了四首五律，标题为《香山漫兴》，第四首是：

玉勒连钱马，金轮步辇车，何如烟岫里，毕世作山家。
渴饮鸡鸣露，饥餐枸杞花。恩波应浩荡，击壤胜丹砂。

就说是梦想吧，总是曾有山居以终此生的想法。这想法还有余韵，是老友孙玄常先生看到这首歪诗，顿生火上加油的雅兴，用王石谷的笔意，为画了一幅山居图，其上抄了这首歪诗以及他和陈次园先生的和诗，文人旧习，小变为大，俗化为雅，我也就乐得顺水推舟，把它装在镜框里，以表示我曾山居，或身虽在平地，心却是经常飞往山中的。

语云，没有不散的筵席，我们住得好好的，传来消息，香山饭店即将改朴素的平房为豪华的楼，现代化，或者说，由小家碧玉升为公主,大变,拆旧的,所以我们要迁出。许多人不以为然,理由大致是两种:其一,小家碧玉有小家碧玉的珍贵之处,宜于保留;其二,迁就要牺牲山居,实在舍不得。但改建,力量是来自"钱",一群穷书生自然抗不了,于是挨到当年的6月7日,我就忍痛与那间314室(坐西向东)告别,迁往西苑饭店的561室(5号楼的61号,在三楼,面南,窗外有小廊)。在这里住将近半年,感触呢,也颇有一些。专说与香山比的优缺点,最明显的,优点是离社和家都近,来来往往省不少时间;缺点呢,是个人的私见,不再有山居那样的诗情画意。但是,为生物之一种的人,具有生物之性,是能适应的,记得过伏夜,汗不断(其时空调还不普遍),我还诌了寄南星的两首七律。提起南星,是断音信多年,不久前恢复来往的。拨乱反正,人有了安全感,就乐得温故(故交)而知新(新相识)。在西苑饭店的几个月,我结识一些新人,其中有匆匆一面,君向潇湘我向秦的,有疏变为亲,若干年来有千丝万缕关系的,《易经·系辞上》有云,"书不尽言,言不尽意",也就不说了。

北行南行

都是1981年的事,北行是往哈尔滨,时间是6月28日到7月13日;南行是往上海,时间是9月23日到10月7日。我人微,职业(兼事业)是趴桌子,除到稍远的地方看看亲属以外,几乎是难越雷池一步,所以外出,而且路不很近,就成为经历中的大事。学大报小报,要不漏大事,想列为专题,说说。哈尔滨之行在前,先说。

往哈尔滨,名义是参加7月2日开幕的"全国语法和语法教学讨论会"。说名义,是因为我对于语法和语法教学,应该说一向没有兴趣。单说语法教学,还不只没有兴趣,并且认为(并曾著文声说),求学生学通语文(主要是能写),寄希望于语法知识,结果必是费力不少而收效甚微。五十年代,我曾在语法和语法教学方面用了不少力量,那是因为靠工作吃饭,只能是上方让做什么就做什么。但也有所得,除了滥竽编写了几本有关汉语知识(其中重点是语法)的书以外,还开辟自留地,写了三本辅助语法教学的小书和一些零散文章。自留地,收成归己,就生了大利,是一家老小吃饱以外,孩子还上了大学。仰事俯畜是近而具体的利,还有抽象从而就可以行远的利,是不少耳食之徒竟以为我通语法,直到二三十年之后,我还可以借此不虞之誉到哈尔滨去观光。但也要从坦白之法,在这里说明实况,记得并没有什么会或什么人请我参加,而是我听说有此机会,想看看这个还未去过的著名城市以及住在那里的一些熟人,自告奋勇,说我愿意参加,也许竟是碍于情面吧,主其事者点了头。

起程,交通工具是火车,下午三时多开,次日八时多到。时间不很长,邻座都是熟人,入夜还有周公为伴,不寂寞。下车,想会会的友人,黑龙江大学的吕冀平,黑龙江师大的王梦白,都来车站接。下榻于松花江南岸的友谊宫。顺时风,重觉悟,先谈正事。语法之会,全国语法界的名流几乎都来了。人不少,要分组,以便讨论,记得我是分在第四组。开幕式、闭幕式,当然要全体参加,此外还有全体会、小组会,内容都是有人发言,有人听发言。我的原则是,可参加可不参加则不参加,可发言可不发言则不发言。别人发言,尊重,不洗耳而恭听,但要致歉意,是都未记住。只有一位例外,是北京师范大学的俞敏(据已故的曹君家琪说,上辅仁大学时期,官称为俞坏人),在全体会上讲语言现象的复杂,举动宾关系为例,真是五花八门,千奇百怪,出人"意表之外"。

又用晋惠帝的分类法,官的正事表过,可以转为说私的正事。先说游,分两类。先说逛大街。早听说哈尔滨是有白俄味儿的城市,当然想看看这白俄味儿。确是有一些,但像是不很多。有名的秋林公司已经改为松花江商店。问还有俄国大菜没有,陪伴的人说,早没有了。想象中的白俄肩搭俄国毯子，沿街叫卖，更没有看见。大街上有兆麟公园，进去看看，印象是过于小，而且平淡无奇。再说游松花江。因为住在江滨，望，很容易，次数不少。虽然心中藏有长江的印象，也总可以说是很雄伟。渡江到北岸，游一次太阳岛，没有留下什么印象。比较有意思的一次是乘船，先逆流而上，后顺流而下，烟雨中望北岸远方的村庄，不免有"天涯何处无芳草"的遐想。想得太多不好，还是收视反听，看看近的，是在江滨，常常看见三五个年轻人，抬两箱啤酒，手提收录机，到江边一带去野餐。三五个人喝啤酒两箱，不管是京油子还是卫嘴子，听到都要大吃一惊。但在哈尔滨，据说这是常态，量小才是变态，他们也会大吃一惊的。空口无凭，有我的一次亲历为证，是我走在大街之上，看见路旁有个卖冰激凌的小铺，许多人，老老小小，围着买。我想尝尝有没有异国味，挤上去，说买一个（一勺一个，放在一个盘里），想不到所有的人目光都射过来，像看街头的车祸一样。我当然也一惊，以目光报之，一看才明白，原来刚会走路的孩子也是吃三四个。我破了例，在他们眼里成为外地的老斗。

再说看亲友，不多，总起来才四处，其中关系最深远的一家，还因为地址不明，欲去看而末由。那是通县师范最要好的同学梁政平的妻女，五十年代初政平病故，随着女婿移居哈尔滨的。其次以时间先后为序，四十年代前期认识的是王梦白，五十年代前期认识的是吕冀平。吕是这次讨论会的主持者之一，可以说天天见到；王不参与讨论会，可是为人热情，恋旧，见的次数也不少。他们是东道主，要招待，办法只能老一套，带着入家门，见其妻子，并请喝酒吃饭。此外，其实应该说最重要的，是促膝谈心。四处，还有一家，关系是由下一代来。那是三女儿的大学同学梁荣欣（男，哈尔滨人）和沈能展（女，上海人），结为夫妻的前后，常在我家里住。这次往哈尔滨，看他们，照通信地址找，原来离友谊宫很近。梁不在家，沈在，已经成为两个孩子的母亲。她很热情，陪着我到松花江边散步。她的公婆都朴厚，有北国之风，在家里招待我酒饭，不止一次。我很感兴趣，因为酒和饭都是家常的。对沈能展，有一事我也很感兴趣，是她能入其国，从其俗，一个上海姑娘，竟是满口哈尔滨话。

至此，该办的都办了，要如《庄子·逍遥游》篇所说："旬有五日而后反。"虽然不是归心似箭，也乐得尽早到家，于是与语言研究所的陈治文、徐枢等结伴，坐飞机回了北京。

以下说题目的后一半，南行。这次不是参加什么会，而是看《古代散文选》下册清样的改正情况。这本书选文用繁体，北京的印刷厂不方便，送上海排，校过一、二、三，清样还有些改动，要由社驻上海办事处的杨师麟送厂改并找人核对，怕万一还有问题，需要参与编的人去把关。我是理想的人选，可是年过古稀，社里不放心，想让责任校对去，有问题来电话商量。我说那样过于麻烦，万一问题多，我还是要去；况且，语文编辑室为什么事，已经有三四个人在那里，我去，他们可以照顾。商定，于9月23日上午，为了避免单身旅途寂宽，我带着校样，乘飞机前往。到虹桥机场，转民航站。上海友人李世健和语文室的顾振彪去接。为了争取时间，先到余姚路，把校样交给杨师麟，然后到瑞金二路出版局招待所"定居"。杨师麟既工作能力强又负责，校样很快就到印刷厂，可是印刷厂有近于旅行的制度，到真动手改，还要一段时间；还有，改出来，要经过一位名吴文娟的女士核对，才能送到我手。这样，我这次到上海，就成为时间很多而工作很少。何以处理这闲？又只能是哈尔滨那一套，游和会亲友。著文宜于以类相从，还是先说工作，是校样于国庆节前（28日）改完，交吴文娟女士，吴女士是由商务印书馆退休的，大户出身，水平高，负责任，要通读之后才转到我手。30日亲自送来一部分，第一次会面，人清秀聪慧，虽年已知命以上，还不愧为江南佳丽。果然提出一些问题，我考虑，处理了。就这样，节后又处理了其余的大部分，上海之行的公事，得吴文娟女士之助，比预想为好地办完了。

接着说游。上海，我住过一个时期，走过一些地方，再游，可以用补课加兴之所至的办法。因为兴趣不很高，只到很少几处。计有虹口公园的鲁迅墓，是李世健陪伴去的；城隍庙和豫园，是孙玄常（其时借来编高中语文课本，先来上海，与我住在一地）和他的朋友篆刻家俞蝶庵陪伴去的。豫园值得看看，但与苏州的几个名园相比，就不免有上下床之别。城隍庙的特点是挤，本打算挤进去吃一种有名的小吃，因为都不年轻，少冲锋之力，只能望望然而去。幸而俞先生好客，我们到他家，不必挤，就得了手持蟹螯、口吞黄酒的享受。顺着口腹的享受说下去，是游城隍庙的次日，我与孙玄常结伴，游了龙华寺。惭愧缺少道心，对于大殿、佛像、梵呗之类没有留下什么印象，而至今念念不忘的乃是素馅小笼包。所以念念不忘，是一生吃包子无数次，馅多种，味道之美，以这一次为第一。补课性质的还有一处，是走到外滩，见通浦东的渡船来来往往，想创造一次"曾到浦东"的经历，也上船，到浦东登岸，转一个小圈，原路而返。非补课性质的，南京路，竟去了几次，目的单一，到朵云轩买廉价的图章石。所得不少，选其一带往太仓（详情以下说），求凌伶兄刻个闲章，文曰"中行无咎"（语出《易经·夬卦》），至今，为人写刊头之类还在用。

最后说看亲友。没有亲；友也不多，但有一位住在市外的。先说市内的，来往最多的是李世健，接，送，陪伴游历，还约到他家里去吃饭。此外还帮了个大忙，是经他介绍，认识他的弟子在锦江饭店做秘书工作的陈幸君，才未费力就买到返京的飞机票。其次是张挩之，见几次面，还送我两瓶浙江名产五加皮酒，但不知为什么，未积极约我到他家，去拜见他的尊夫人。此外还曾往新闸路看在北京两饭店新认识的朱启勋、林文桂夫妇，因为时间紧，寒暄几句就辞出。最后说那位住在市外太仓的，是同事几年（整风运动中加"右派"之冠，发往北大荒，一别就是二十多年）并很相知的凌伶。他由北大荒，借冻成残疾之光，得随原籍为太仓的夫人回了太仓（他是湖州人），"文化大革命"结束，社会环境由冷酷化为温和，我们已经有了通信关系。这次由远在天边变为近在眼前，而且有闲，当然想去看看他。先写信，很快收到他回信，说欢迎我前往，至时他到车站去接。又得李君世健之助，于10月2日上午顺利登上西北行的车。路不远，未至午就到太仓。下车，看见霜红（他的雅号）老兄正在不远处睁大近视之眼往车门这里望。走近，握手，不约而同地说了一句："都老啦！"车站像是在原来的西门以外，我们东行，总有二三里路吧，到他的家。在街南，入门，先经过其他人家，他的住屋在南端，房前有小河，风貌还是旧时代的。他的夫人出去串亲，不在家。吃过午饭，要利用半日的时间，各处看看。多年的习惯，愿意看旧的，问画家"三王"（王石谷非太仓人，老"四王"只剩三位），说地名南园，早已没有遗迹。吴梅村就更惨，连住在某街某巷也不再有人知道。幸运的是写《五人墓碑记》的张溥，不但家宅保存着，据说房屋还是晚明的原样。我们去看，在西街路北，房两层，东、北、西三面连在一起，与我们常见的富贵人家宅院迥然不同。离这所古宅院不远有个公园，当然也要进去看看，曾经北京、苏杭的沧海，太仓之园至多只是个水池，也就可以自郐以下无讥矣。更有意思的是晚饭以后的叙旧，以及枕上听到的窗外小河的流水声。良辰易尽，因为还要看校样，于次晨，最早一班车就回了上海。

飞机票是7日上午的，6日下午，与杨师麟、吴文娟共同处理了校样的问题，准时到了虹桥机场。候机室里遇见一位自信心之强使我五体投地的，是距规定的起飞时间还有十几分钟，这位（三十多岁的男子，坐在我旁边）站起来跟我说："劳驾给我看着包，我上去吃点东西（楼上有餐厅）。"我说快起飞了，劝他不要动，他说："没有准时起飞的。"还是不慌不忙地上楼了。过了不短的时间，他不慌不忙地走回来，谢过我之后，仍坐在我旁边。果然，又过些时候飞机才起飞。路上，我不能见景物，就想这位的"坚信"，一是坚信我不会拐走他的包，二是坚信飞机不会例外，准时起飞。可是他胜利了，伴我一生的怀疑主义，其价值就成问题了吧？

有关文言的工作

以下说近些年的编写，安排的原则想兼顾时间先后和内容之所近。我回社工作，开卷第一回是编注文言散文，又多年以来，用力最多也就耗时最多的是编写有关文言的读物，所以想先谈这一方面。

由以上两三篇可知，站在排头的应该是《古代散文选》下册。我1979年初回到社里，这本书的编辑工作却始于1978年。人，不只各有见，还各有自己的习性，先是三个人凑在一起，以后加上我，四个，断断续续在一起谈，编法，篇目，意见不少，决断不多，总有一年多吧，才大致定了局，其中一项是我总其成，定稿。起草的只有三个（王微一向是审而不作），其中隋树森于1979年10月患脑血栓，还休养了个时期，因而我的负担就很重。重的原因之一还有，一些篇目过去没有人注过，加注，有时就要查原始资料。原始资料，有些只见于大图书馆的善本，就不得不跑善本室。我住在北京大学，想利用近水楼台之便，找关系，办手续，领了图书馆的善本室阅览证，常常要提前回家，去照顾善本室。也确是解决了一些疑难，如选文第二篇元好问的《邓州新仓记》，开头一段说"漆水公之镇是邦也"，考出漆水公是韩琼,就是在北大图书馆的善本室翻检《嘉靖邓州志》,才查到的。一般篇目,没有这样的疑难,也是各种花样,标点,段落大意,题解,作者介绍,注解,还有全书的行文风格,都要面面照顾到,动笔处理。最后,九十四篇选文完成,还要写一篇《文言句法的一些特点》(上、中册谈字、词,也是我写的),作为全书的附录。书稿完成,记得已经是1980年的年末。排印也不快,所以处理清样,已经是1981年的9月底到10月初。

接着说编注《古代散文选》下册,费了力,也不无好处,是进一步了解,读文言作品会遇见什么疑难,想解决,应该用什么办法,又因为老习惯,心里有什么想法就想写出来,让有关的人看看,于是在编注的同时和稍后,还生产了一种副产品,即两三年之后印成书的《文言津逮》。这本书不是先有统一规划,然后依先后次序一篇一篇写成的,而是想到某一方面的疑难就写某一方面,最后排个次序,成为一本小书的。文由"文义之间"到"行文借鉴"共十篇,外加一篇附录"工具书举要",总起来不过十万字。原想命名为《文言讲读举隅》,书稿送请吕叔湘先生看,吕先生从头到尾看了一遍,改了一点点,提了些意见,写了序文,还改书名为《文言津逮》。称为举隅是有几分客气,换为津逮就自己认为可充识途老马了。且不管能否真正识途,至于写,也确是费了不少精力,其中尤其"典故探原"一篇,问题多,难度大,又不能躲,简直伤透了脑筋。书稿将完成,就得福州程力夫先生之助,福建教育出版社接受出版。记得书稿是1982年后半年寄出去的,排印迟迟如老牛车,直到1984年的后半年才印成发行。

就是在《古代散文选》下册的编注工作即将结束的1980年后期,编辑室又布置了新的工作,是与编写教材有关的专家主张,为了学生真能学而有得,各科都应该编印一些课外读物,中学语文课遵照办理,决定编两种,文言、白话各一本,把文言的一本交给我编。我第一步是设计个编辑方案。编辑方案要为"目的"服务,目的是学生能读一般的(即不过于深奥的非专业性质的)文言作品,如《陶庵梦忆》《阅微草堂笔记》之类。我的想法,有两条路:一条是应付,就是照做,求上方能点头,完事;一条是认真,即如治病的处方,医生主观上要确信,只要照处方服药,病必能消除。多年以来,我坚信,想通文言,是只能用多读的办法。课内,文言的课文寥寥无几,要用课外读物的形式,让学生接触较多的文言作品。但求多就必致碰到一个难解决的问题,是这课外的读本,容量过小,不能起学会文言的作用;过大,比如厚厚的几本,无论从财力还是从时间方面看,学生都承受不了。在两难的夹缝中,我想了个守作为"饮食"、攻作为"引线"的办法,具体说是,初中、高中各编一本,选文都是60课(有的课收文不止一篇),选文方面广,求精,而且篇幅不短。每一册选文都是从古代到现代,初中浅,高中加深到中等。估计有些学生喜欢文言,读完一、二两册,还想多读一些,以求再提高,又编了个第三册,收再加深的文章,书末尾还收了两篇附录,一篇是"古籍笺注举例"，一篇是"文言阅读参考书目"。总名为《文言文选读》。每一课，选文前有"解说"，目的有近，是介绍本篇的情况，有远，是介绍可读的古籍的情况。选文中间有"段落大意"，末尾有"研读参考"，都是为帮助深入理解。词句的注求详尽，为的是自学也不会有困难。这样编，主观愿望是：认真读完这三册，就会获得阅读一般文言作品的能力，这是发挥了饮食的作用；读完这三册，有了读文言典籍的兴趣，还想多读，就会知道读什么，如何读，这是发挥了引线的作用。设想成熟，领导编辑室工作的人没有不同意见，以后的工作就由我全权处理。先组班，约三个人参加：我的大学同班李耀宗（年岁略小于我，原在某中学教语文，已退休），我的知交张铁铮（小于我近二十岁，在北京师范学院教书），我的同事潘仲茗（女，小于我超过二十岁，曾助我编《古代散文选》下册，还在编高中语文课本）。人选定，编的工作开始。排在最前的是选篇目，原拟用民主的方式，都推荐，然后协商。试行，迟迟不能进展。不得已，改为我选定，由他们三位复核的办法。显然，这选定，之前就要翻大量的书。翻检，有难易，大致是习见（意为选本上常见）的人（如苏轼）和习见的书（如《论语》）容易，不习见的人（如李慈铭）和不习见的书（如《四库全书总目提要》）不容易，因为要到大海里去捞针。还想兼顾自己（对文章好坏）的看法和传统所谓名篇，比如选"笑话"是求选材面广，选诗话、词话、笔记之类是觉得比重气势、内容平庸的古文好，选王荆公的《读孟尝君传》，只因为它是传统的名篇，而在"解说"中点明，文章有严重的缺点。如此，我选定篇目，交他们三位复核，他们，也许是乐得坐享其成吧，很少表示修改意见。其后是分篇目去做。有编散文选的经验，"解说"，与其分别起草，交我统一整理，反而不如我一个人写省事，于是由我一个人包。不久，觉得"段落大意"和"研读参考"也以走这条路为好，于是也由我一个人包，结果他们三位就只管注解，注完交回来，由我修补定稿。工作程序上了轨道，按部就班往前走，计由1980年晚期上路，到1984年中期第三册完成，用了将近四年，这项工作才算结束。三本书，由效果方面看，应如何评价呢？内举不避亲，当仁不让，视同药方，自信开得不坏，是用作学习文言的课外读物，或扩大，用作学习文言的自学读本，至少在当时，是最合用的。但计算效果，又不能不管服用后的情况，而这后，之前，还有肯服用不肯服用的问题。有多少人，甚至有没有人，照方吃药，结果就治好了病呢？也许只有天知道。但不问天而问人，我是怀疑主义者加悲观主义者，自己推想，恐怕情况是"可怜无补费精神"吧？

记得这《文言文选读》第三册完稿是1984年5月，我命定不能享清福，又没有兴趣加入编语文课本的行列，就想还是单干，对付文言，已编的散文选、选读，所供应都是感性的，无妨再编一种，供应理性的，即讲文言的字、词、句等方面的知识，以求化偏为全。有了设想，立即施行，先定名为《文言常识》，然后考虑包括哪些内容，某一项内容请什么人执笔。正在考虑，想举步而尚未举步的时候，即

5月之后的一个月，吕叔湘先生来找我，问我手头有什么工作。我说《文言文选读》刚编完，还想编《文言常识》。他说选读完了就好，他有编书的打算，考虑的结果，以为我合适，希望我帮他先编这一本。以吕先生同我和社里的关系，只要力所能及，我只能照办。工作是编《文言读本续编》。很明显，称为"续"，是前面还有《文言读本》。而《文言读本》还有前身，是四十年代朱自清、叶圣陶、吕叔湘合编的《开明文言读本》。这读本，"原来计划统成六册一套，供高中三年教学之用，但是只编了三册，没有完成计划"。（《文言读本》前言）这三册，应上海教育出版社的要求，于1978年改编为一册，名《文言读本》，于1980年出版。因为前言里提到原计划是六册，于是有人，以及出版社，就愿意把有名无实的后三册也合并为一册出版，以完成三十年前六册一套的计划。推想叶圣陶先生和吕叔湘先生（朱自清先生早已作古）是有兴趣完成开明书店的未竟之业的，"可是圣陶先生年高体弱，我（吕叔湘先生）又杂务缠身，踌躇许久，终于征得张中行同志的同意，担任这个续编的编辑工作"。（《文言读本续编》前言）我同意了，之后是着手编。规格照《文言读本》，有不少项目，如选文之外都包括什么花样，排印用繁体字，等等，就不必考虑。选篇目是大计，主要由吕先生决定。选编的目光与常见不同，比如选《大唐西域记》和《汉书·食货志》之类，以及有些篇不加标点，一般选本就决不会这样；连我这喜欢"攻乎异端"的也担心过于难，怕读者没兴趣。我向吕先生表示了我的担心，吕先生像是未思索，就说了一句使我深受教益、终生不忘的话:"学文言就不该怕难、只图兴趣。"所谓受教益,是这一句的"文言"可以换为"什么",照做,就必不会一事无成。但吕先生还是尊重我的意见,把原定不加标点的篇目减去一些。以后就动手起草。考虑全书用繁体字,竖排,如果还要抄清,一则找人不容易(青壮年不行),二则还要校,费事,不如起草时谨慎一些,一次就成稿。这样一篇一篇往下写,选文一般要加标点,分段,其后有三项,是"作者及篇题""音义"和"讨论",当然也要一点一滴地拼凑;不加标点的,我的私心是也分段,音义略详些,以减少困难。有的篇目,如诗、词、骈文,后面还讲了些有关文体的知识,如"骈体略说""词体略说"之类。总的说,工作不容易,连写字都要时时注意,以防不小心就会出现简体。最大的困难仍是"音义"(即注解)部分,因为吕先生古典方面底子厚,见识高,专说选篇目就不同于常,也就是选了些向来没有人注过的。我旧学底子不厚加荒疏,自然,有时就会遇见典实之类,应注明出处而不知其出处(都是《辞源》《辞海》之类辞书不收的)。这就要到大海中去捞针,捞而不得就不能不起急。仅举一次的起急为例,第34课选了苏轼的《国学秋试策问》,其中说到"隋文之传餐",依注解体例应注明出处,可是查《隋书·文帝本纪》,查《隋唐嘉话》之类笔记,都没有,不得已,翻最大的类书《古今图书集成》,看帝王的勤政部分,还是没有。怎么办?这条空着,交吕先生?那就太惭愧了。算我走运,正在对书兴叹,无意中往下翻两页,居然就竟日寻不得,有时还自来,原来见于《唐书·太宗本纪》,唐太宗问房玄龄等"隋文帝何等主",房玄龄等答话中有"传飨而食"。计起草这本书共费时九个月,单是这一条就用了两天半。完稿,交,吕先生修整一遍,发稿,可能已是1985年的年底。排印也是如老牛车,直到1988年才出版。也应该说说效果,有理想和实际两个方面。就理想一个方面说,专说篇目,看看就可以开阔眼界,知道学文言,可读应读的不止《捕蛇者说》《项脊轩志》那样寥寥几篇。更重要的是学的方法,是可以认知甚至学会,不怕碰硬的。行文方面也值得借鉴,以注解为例,我看是可以说句狂妄的话,已经到了"文不加(添字)点(减字)"的地步。但转而看实际的一面,情况就会由如意变为不如意,因为单是看印数,5000册,不再印,就可以知道,也许竟没有人有兴趣,至少是有胆量,拿起这根硬骨头,啃而又啃的。

《文言读本续编》是岔出去的一笔,交稿之后,当然要回到正文,编心中略已有成竹的《文言常识》。编这本书,目的有二:一是介绍一些有关文言的各方面的知识,以帮助学文言的人加深对文言的认识;二是扫除学文言的路上会碰到的障碍。要求比较奢,内容就不能少,又准备讲的知识,性质都近于专,编写,就宜于用集腋成裘的方式,即某一方面的知识,请这一方面的专家执笔介绍。而专家,几乎都忙,有的还难求,所以内容以目录的形式确定之后,约稿就成为繁重的工作。为了表示尊重,常常要登门,有的人还不止一次。最后,章章节节,找的人都点头了,还有两个困难,一小一大,不能躲。一个小的，人之惯于抓紧与放松，亦如其面，有的答应了，可是迟迟不交稿，就既要催，又要等。另一个大的，稿交来，也许与要求不尽合，甚至大不合，就不得不动手改，甚至改约人写。举实例说，约陈遵妫老先生及其助手湛穗丰女士写的"天文历法"，陈起草、湛修改之后交来，四万多字，内容过于繁，有些地方还过于深，超过常识，我只得动笔，改为两万字出头，化难为易。又如讲文体的"时尚"，要求介绍历代文体兴衰的情况，原由隋树森先生执笔，稿交来，内容过于单薄，不合用，只好改约冯钟芸女士写。稿齐了，内容，行文风格，还有化多歧为大体一致的问题，总之都要费心思和精力。但心思和精力不白费，书稿终于完成，发出去，于1988年由本社出版。这本书，以戏剧为喻，戏码硬，字、词、句、篇等之外，还包括文言的历史、典籍、文体、辞章以及天文、地理、职官、称谓等方面的内容；名角多，如吕叔湘、周祖谟、周振甫、陈遵妫、王泗原等都出场了。反映像是也不坏，出版不很久，香港和台湾就印了繁体字本。

最后还要说一种也可以算作有关文言的书，是《文言和白话》。如书名所示，是想画两者的形貌以及讲讲其分别和关系。何以要写这样一本？是友人吕冀平（其时在黑龙江大学中文系任教）应黑龙江人民出版社之约，主编一套《汉语知识丛书》。人所共知，丛书主编的地位有如坐轿，选题确定之后，诸友人就要自告奋勇（或应召）去抬。我收到选题，来信说希望我写文言部分的"词汇"。我生性不愿走熟路，抄现成的，看文言部分的选题，第一名是"文言和白话"，觉得其中可谈的不少，问题不少且不小，无妨试试，就认购了这个。记得认购相当早，因为手头工作多而杂，直到1985年后期才动手写，1986年中期完稿。丛书原定一册十万字上下，我把想谈的都谈了，结果字数超出约一倍。事有凑巧，丛书出一些，销路冷淡，出版社化积极为消极，我这一本干脆不入丛书，单行，于1988年出版。写这本书，借了几年来与文言多有交往的光，借了语言研究所吕叔湘先生和刘坚先生都碰过白话问题的光，但用的力也不少。还费过大力，是写"文白的界限"那一章，应注意的材料很多，而结论呢，说有界限，会看到不少骑墙派，说无界限，连这个书名也就无立足之地了。这一章写了五节，问题未必能圆满解决，却得了些与难问题沙场上周旋的快乐。自认为还有一得，是讲白话部分的末尾，我不避自大之嫌，提出现在执笔，应该用什么样的语言的问题，并表明自己的态度是"依傍口语"。在许多事情上，我常常苦于自信心不足，唯有在这方面是例外，过去是，现在是，推想将来还是，在书面语言的"像话"与"不像话"之间，我是坚决站在像话一边的。

此外，谈有关文言的工作，还要提及一篇文章，是《关于学文言》。新中国成立以后，语文课大体上还是继承传统，中学语文教材里既有白话，又有文言。学文言，要求是，比如高中毕业，能够读浅近的文言作品。事实是没有做到，又因为写现代文也是大多不通，于是有的人（而且多数是语文工作者）就把怨恨之箭射向文言，具体主张是中学生不再读文言。可是也有人主张应该读一些文言，又传统的力量太大，所以尽管有人喊，语文课本里还是编入文言教材。多数学生也头疼，实况又确是学不好，而仍在学，显然就成为问题。语文报刊上谈论这问题的不少，我的私见，都不免片面。于是想用由英国薛知微教授那里学来的"分析"的方法，谈谈这个问题。计由"文言典籍的长短"到"为个人想想"，共谈了14个方面［1984年8月写完，刊于1985年7月出版的《语文论集》（一）］。分析，结果必是讲理多而主张少。但也可以看作有主张，那是文章末尾总结性的几句话：

> 有关学文言的话说了不少，可以总结一下了。这很简单，是：（1）文言是很有用但不是非用不可的工具。（2）就国家说，应该使任何人都有学会文言的机会，但同时容许任何人有不学的自由。（3）就个人说，学不学要看各种条件，这是说可以不学，但有学会的机会而不利用，总是个不小的损失。

到目前，事已过去十几年，想了想，有关学文言的问题，我的意见还是没有变。

明眼的读者可以看到，对于文言，我是倾向于学会有好处的。因为有此倾向性，十几年来，上班业余，为了供应读物，我费的精力不算少。可是，也许可以算作遗憾吧，想做的并没有做完。那是想再编两本，只是因为自知已无此精力，不得不忍痛放弃。一本是《文言文选读》第四册，性质是"高级"的文言读本，收《易经·系辞》《庄子·天下》《史记·货殖列传》之类的文章，以备学文言的人食欲增强，啃完一般选本不饱，可以尝尝这一本，而如果也啃了，就可以说是如游五岳归来，见大山也不以为高了吧？另一本是《历代骈体文选读》。我一直认为，文由散而骈，是汉语求美的自然趋势，有流弊是弊，但求美并不错。而所求得，成为骈体（指通篇对仗），或只是骈句，我们读，确是有散句所不具有的美。学文言，单是为欣赏，也应该念念骈体。过去骈体选本，大多取中古而舍近代，其实，如清代，作骈体的名家也不少，所以我想选个历代的，还要特别着重声音美。可是，从事文言工作的人都知道，注解骈体最难，因为几乎是句句用典。总之，想想自己的年龄，想想工作的性质，只好知难而退。退了，还提它做什么？也只是表示，有关文言的工作，我没有做完而已。清人徐大椿诗有句云："一生那（哪）有真闲日，百岁应多未了缘。"每一念及，不禁为之慨然。

负暄三种

三种是1986年出版的《负暄琐话》，1990年出版的《负暄续话》，1994年出版的《负暄三话》，都是隔四年一本，黑龙江人民出版社出版。由书名大致可以知道内容的性质，琐者，零零碎碎也，话者，出于口，闲谈也，而这闲谈，又是负暄之时，即坐在篱下或墙根，晒太阳时候说的。几个老朽，或年不老而心已朽，聚坐于篱下（夹注，也要说几句不至加冠之时），可以谈旧事，也可以谈新闻，我这琐话缩小了范围，至少是初动笔之时，谈旧而不谈新。旧还有个范，是"我"经常"怀念"的。所以就《琐话》说，写的不过是人、地、事之类。而我，也是人，就难得不受大小环境的影响，改革开放，说几句私见，只要意不在反，不再有坐牢或充军的危险。于是有时，嘴不严，或笔一滑，所说或所写就超出人、事、地的范围，正面说是也出现了"意"。意不多，但性质杂，间或也有属于对外的观感的，总之就不好说是怀念，有违于写《琐话》时的初衷了。

但舍小取大，三本话的主流还是怀念。那就单说怀念，为什么要写这类的内容？解释，可以走谨慎一条路，是来于己身之性；也可以走大胆一条路，是来于常人之性。这性是"恋旧"。刨根到恋旧，还可以往下刨，那是命定"生年不满百"，假定能长寿，如彭祖，活到八百岁，还是舍不得离开这个世界。舍不得，但"逝者"还是不能不"如斯夫"，因而想到过去，就不能不生爱着之心。《诗大序》所谓"情动于中"，然后顺流而下，就会"形于言"。这样说，想写这类怀旧的文章，必是由来远矣。事实也正是这样，如《续话》收的那篇《诗人南星》，就是1975年被动乡居时候写的。但真正动笔，还是八十年代初，记得第一篇《庆珍》，是成于1982年9月。开了头，像是比写其他更有兴趣，就在多种工作的夹缝里写，到1984年的年底，积稿六十多篇，编排一下，定书名为《负暄琐话》，没有能出版问世的信心，投石问路，寄给深相知、在黑龙江大学任教的友人吕冀平，请他先看看，听听他的意见。

他看了，想来一半是由于爱护，一半是由于也恋旧，他觉得还不无可取。恰巧他有个教过的学生名孙秉德，在黑龙江人民出版社负责文科书稿的工作，他写了序文，向孙秉德说了吹嘘性的推荐的话："这本书你们印必赔钱，但赔钱你们也要印，以争取将来有人说，《负暄琐话》是你们出版社印的。"孙秉德"秉"尊师重道之"德"，未犹疑就接受出版，并且既不要作者补偿万八千元，又不要作者包销千八百册。书于一年多之后出版，印了四千多本，果然赔了钱。可是反应不坏，从而销路也不坏。反应有见于报刊的，有直接寄给我的，几乎都是表示愿意看。推想也必有不愿意看的，只因为通用的办法是扔在一边，不再过目挂心，所以我就不能知道。就是能知道，且夫人，总是多多少少有些个人迷信的，我难得例外，也就必是竖起耳轮，只收好听的，不收难听的。这好听的壮了我的胆，记得是1988年8月，一阵心血来潮，写了一篇《彗星》，记在干校因看彗星而遭受批斗的趣事。写完一看，又是琐话一类，就决定一不做，二不休，再凑一本，名为《负暄续话》。计写了将近一年，于1989年5月完稿。有了《琐话》开路，这一本未费大周折，仍交黑龙江人民出版社，于第二年中期出版。写《续话》已是八十年代晚期，我个人的情况，与八十年代早期相比有了变化。用世俗的眼看，表现在名、利两个方面。名来于他人的目所见和耳所闻，所以要上报刊，最好是能上电视，我未上电视，可是已见于报刊，可以算作不再是无名氏或废名氏。而名，乃与利形影不离者也，表现于己身，是拼凑成篇，就有报刊肯惠赐一席地，其后是化零为整，印成个本本，用时髦而伟大的商业语说，是可以拿两次稿酬。又有变化，是《续话》收容的各篇，约半数以上在报刊上发表过，到《三话》就变为全部。这是说，《续话》完成之后，我还断断续续地写这类闲话式的文章，并且，其中的绝大多数，是报刊的编辑大人以订货、取货的方式，拿走爬上版面的。这样，就成书的过程而言，《琐话》与《三话》就大异，前者是"写"，后者是"集"。集，不集中写也，内容就难免杂，时间就难免拉长。记得书稿编成已是1993年接近年底，世间事就是怪，我慢了，出版社却一变过去的老牛破车为快马加鞭，只是半年就出了书。

承有些读者的雅意,著文或来信,说喜欢看,希望我继续努力,写《四话》,写《五话》。我感激这样的美意,还有,如果我还不放下笔,也会仍旧写这类闲话式的文章,可是经过考虑,决定不再编印四、五。理由有轻的,是语云,事不过三,过三,连自己也会厌烦,况他人乎?理由还有重的,是上面提到的,后之视前,情调有变,道一变,至于鲁,鲁一变,至于齐,如果竟是这样,就决不该再来个齐一变,至于九夷了。换为具体说,《琐话》,十之十是以怀念为主旨;到《续话》,就加入说教性质的《安苦为道》之类、发牢骚性质的《由吴起起的东拉西扯》之类;《三话》就岔出去更远,收入《赋得读书人》《刚直与明哲》之类,温文尔雅变为横眉竖目。读者没有报以横眉竖目,依常人的处世之道,应该见好就收,所以就下定决心,到"三"为止。那么,还涂抹这类的文章,积少成多,如何处理呢?我的老朽哲学是,明天的事,到明天再说。

以上,读者的美意说了不少,求全,应该关上门,自己看看,得失究竟怎么样。也想尽量多说些好听的,或自己认为于心无愧的。这是一,"发乎情",即不是写命题作文;更不是先想到稿酬,然后拟题,敷衍成篇。率尔操觚,我是《诗大序》所说"情动于中而形于言"的信徒,所以,至少是写《琐话》的诸篇,都是发乎情在先,执笔在后。这会有什么好处吗?至此,就不能不吹一次牛,曰可以避免无病呻吟也。可是,不止一门的重"道"的好心人会为我放心不下,"且夫情,有决堤之力者也,发了,必能止乎礼义吗?"答曰:"情发,未必及于男女，似不必因想到礼义而担心；退一步，间或及于男女，冲撞了礼义，也就只好由它去，因为著文，没有情总是不成的。"接着说二，是以"诚"对人，即所写都是自己心里想的。此意还可以由反面说。一种是不说假话，比如依时风，要如背九九歌，说什么什么是真理，我或则躲开，不提这类事，万一躲不开，也说真话，是不信。另一种是不说大话，比如我既怕苦，又怕死，就不随着喊，一不怕苦，二不怕死。还有一种是不说官话，官话者，在上者喜欢听甚至限定说之话也，还可以变个形式，即话非原样，精神却合于最高指示是也，凡此，我都不欣赏，也就不收容于话下。再说三是浅易，即开卷看看不用费力。还可以加细，分作两个方面说。一方面是内容，没有惊天动地的，如"公即位"之类；没有神妙莫测的，如"在太平洋此岸发功，彼岸的癌症病人立即病除"之类。另一方面是表达，笔下都是家常话，不用绝不见于口语的新文言。至此，好听的，共说了三个方面，以抒情为本，说实话，浅易，真可以算作优点吗？但总可以算作特点吧？质之使这样的不三不四之作得以成书问世的吕冀平兄以为何如？

最后，既然关上门，索性眼再睁大些，看看在自己编写的一些书本里，这三种话有没有什么值得说说的特点。想了想，也可以说确是有，那是较多来于"想写"，而不是碰到什么机会，顺水推舟就拿起笔。这想写，还可以用较为冠冕的话描述，那是我多年来推崇的一种为文的境界，是《庄子·天下》篇所说："彼其充实，不可以已。"仍借用《诗大序》的话,是情已动于中,不表达出来就憋得难受。按理说,我们为文,起因都应该是这个,但转而看实际,"学习语录某条的体会",甚至"交代我的罪行"之类无论矣,就是写换高级职称的什么论著,换作家之美名的什么名作,有几篇是来于"不可以已"的?吾从众,回顾往昔,舞文弄墨不少,绝大多数来于随缘,只有这三种话,以及一本妄谈人生的《顺生论》,说"彼其充实",不敢,但当仁不让,由动机方面看,总可以说是"不可以已"的。这样说,对于这三种话,我就难免有偏爱吧?实况也许正是这样。

写作点滴

记得不止一次说过,我择术不慎,走了读和写的一条路。专说写,从幼年到药王庙上初级小学,受启蒙老师刘阶明先生之教,识之无之后就拿笔,中间经过高级小学王法章先生,师范学校李星白先生、孙子书先生,指导写命题作文,以及其后离开老师,无人命题而作文,直到目前还面对稿纸,写作的经历已经近八十年,就说是为才和学所限,还未升堂吧,为文的甘苦总知道一些。"文化大革命"过去以后,百废皆兴,语文方面也是如此,有人写书,有的单位出期刊,其中有些就谈到作文,而且大多是传授方法,少谈怎样学,多谈怎样写,如怎样描写景物之类。其时我的工作是编写有关语文的读物,主动也好,被动也好,有时就要拜读这类传授作文方法的大作。说句不客气的话,总是觉得,越是谈得具体的,像是立即可以付诸实行的,越是胶柱鼓瑟,并不合用。我习惯不隐瞒观点,又一阵气盛,就说何时我得暇,也写几篇,着重谈谈怎样学,交《中学语文教学》(北京师范学院编,我社印)连载。我的大话不是空话,又是挤时间,于1983年4月开始动笔,没想到可说的意思不少,用整整一年,由

"缘起"到"结束语",写了四十个题目,十五六万字,定名为《作文杂谈》。期刊不能容纳了,给本室的当政者刘国正、黄光硕看看,说可以在社里印,于1985年年初印成,其时新华书店进货还积极,竟印了十六万册有零。

其实书的内容还是老一套,主旨是说明,想学会写,除了多读多写之外,没有另外的路。当然,读,写,也要讲方法,也就不得不具有这方面的知识。这本书于介绍知识之外,还谈了一些问题,如文言问题、作文批改问题之类。也可以说还述说了自己的一些主张,如应该写什么、用什么样的语言写之类。有少数题目,如"思路与字面"和"藕断丝连",是介绍自己的笔接触纸时的感觉或经验,可以说有用,就成为金针度人,也可以说无用,因为俗语说,戏法人人会变,各有巧妙不同。书出版,数量大,到现在已超过十年,有没有人看,可以大胆说必有一些人看,至于能不能起些作用,就只好依圣道,"不知为不知"了。但为了争取荣誉,也未尝不可以请个小朋友来助威,那是贵州的李犁,年岁在小学、初中之间,女孩子,她爸爸是中学语文教师,我的读者,有一次来信,内有父的,也有女的,女的说,她过去怕作文,自从看了我的《作文杂谈》,照办,怎么想就怎么写,觉得并不难,不怕了。还让我给她这封信评分,我给95,她爸爸的85,因为还有用力痕迹,与女儿的行所无事相比,就只能屈居下位了。这样说,对于这本小书,算作自我陶醉也好,我是认为还有些用的。

这本谈写作的书出版之后，我忙别的，一来就是四五年，大概是《负暄续话》完稿之后，忽然感到有点"闲"，老习惯，就想再写点什么。写什么呢？勤中有懒，就想到曾经准备动笔的讲诗词作法的文章。那是两三年以前，上海张㧑之先生来信约，为上海将创刊的一种内容为旧诗词的期刊写的，信中言明三项：一是不得推辞，二是重点讲怎样写，三是立即准备，因为不久出刊，创刊号上要露面。我只得遵命，想想大致的内容。未动笔，等待更急的命令。等了几个月吧，天官赐福，再来的不是命令，而是期刊未出生即死亡的消息。谢完天地之后，这只存于心的大致的内容并未随着灭绝，于是碰到闲，想动笔而想不好写什么的时候就浮上心头，并且未经过再思三思，就决定写这个。记得是1989年10月开篇，写"上场的几句话"，以下一面写一面想后面的内容以及全书的布局，整整用了一年时间。写完，定名为《诗词读写丛话》，也是由本社刊印。

推想不少相知或只是相识，知道我发愿写这样一本书，必大喊或只是心中想："你也太胆大了！"是，我也想随着喊："你也太胆大了！"旧诗词，我读过，既不多，又不熟。作呢，虽然也曾附庸风雅，却自知很不像样。可是要上讲台，指手画脚，不是太不自量了吗？不幸是我有个脾气，不只多年，而且根深蒂固，是在拿笔方面（也只是在拿笔方面），有所想。之后常常是乐得知难而进。这好不好？我不敢确说，但就事论事，回顾，若干年来，有些书，有不少篇文章，就是捏着头皮，硬拼，终于完成的。《诗词读写丛话》就是这样的一本，其中有些内容，或问题，如"情意和诗境""诗之境阔，词之言长""捉影和绘影"几个题目所写，真是"惚兮恍兮，其中有象，恍兮惚兮，其中有物"，这象，这物，到拿起笔的时候还是苦于看不清楚，想不明白。已经没有退路，只好面对着笔想，慢慢往前挪，其间有时是笔修正思路，有时是思路修正笔，总之是问题逐渐明朗，最后还是成为象，成为物，固定在字面上了。此外如诗韵、词韵等一般的常识，好讲，需要费点心思的只是要条理清楚，简而合用。还真曾以金针度人，这主要是"凑合"那个题目所写，以及"上场的几句话"中所说："会多多少少窥见其中的一些奥秘或说偷巧之道……讲作法，有时难免触及用心和招数，近于泄底，或说杀风景。"还是总而言之，是希望对于想作诗词还不得其门而入的人会有些用。

这本书还收个附编《说梦草》，选印了我自作的二百多首诗词。所以要这样，是：一，家丑不怕外扬，自己作了些，总愿意有人能赏以慧目，可是不用这种夹带的办法，就必不能上版面；二，自己说东道西，推想有的读者也许想看看货色，以证所讲不只是坐而可言，而且是起而能行。想不到这一选印还有了反响，是有的人上门，敦劝我把未选印的多首也拿出来，合印为一本，单行。我谢过雅意之后，坚决表示不同意，理由是，作旧诗填词，自怡悦无妨，单行问世，想到唐宋人，或只是明末清初人，就没有这样大的胆量了。

以上两本之外，还可以加说一本，是《谈文论语集》。书稿是1992年暑假期间，弟子范锦荣女士（她教中学，只能利用假期）帮助编的，由内蒙古教育出版社于1994年出版。编这样一本书，起因是上海友人，大概是由我的得灾梨枣的闲话推而广之，想到我多年从事有关语文的工作，也写了不少有关语文的非闲话的文章，如果集起来，也会有些用，推想有的出版社会接受出版，其后是根据此如意的推想，劝我动手，集而编之。我感谢友人的好意，却没有集而编，因为想了想，单是由五十年代算起，涂涂抹抹，其中确是有不少与语文有关的，可是如《关于"给"的词性》之类，除了迷汉语语法的人以外，谁会有兴趣看？又如《〈黄生借书说〉讲读备考》之类，不是讲此文的教师，就决不会拿起来过目，读者不读，出版社当然就没有兴趣出版。友人积极，我消极，锣鼓响了几下停止，都只当没那么回事，过去了。想不到真会有死灰复燃的事，是两年之后吧，主持内蒙古教育出版社业务工作的友人徐学文到北京来，一起吃饭，酒足饭未饱之时，闲谈触及我近年编写的一些书，徐说没在他们社出版一本，他一直感到遗憾。我对于这样的盛情，一时不知如何是好，随手摸摸记忆的口袋，恰好就碰到这本有人提出、我不想编的书，就说有这样一本，上海友人设想的，决定编，给他们。两厢情愿，酒杯饭碗旁三言两语定案。以后是拖到暑假，约范女士来，商量如何编。由我提出要求，是对一般也读也写的人"比较有用"，由范锦荣提出取舍的原则，是与"作意""作法"有关的收，反之不收。原则定，有关语文的文章搜罗来，其余去取、排次序等事不难做。总之，不很久，书稿就完成，还了愿。排印不快，直到1994年才出版，果然不出所料，只印两千一百册,可见是很少有人肯开卷看看的。

至于开卷看看,是否真就能有所得,编者范锦荣是乐观的,她在"编后小记"里说:"觉得大多含意深刻,切合实际,对于初学以及学有所长者都能给予启发。"我的看法就要打点折扣,因为对于文章好坏,也是人各有见,我宣扬的只是我的所见,宣扬时当然相信是对的,至于离开己身,改为站在今日上上下下都颂扬的民主的立场,对错就要另说。所以我不敢说必有所"启发",总是可以"参考"吧。

平心而论,几十年来,对于文应该怎样写,我怀着供参考的意愿,整本的,零篇的,写得不算很少。就是近一个时期,事多而精力日下,有时目有所见(限于文的范围之内),耳有所闻,不免有所感,就还是拿起笔乱说一通,不管别人高兴不高兴。这所说有分量重的,如《笑与泪》(大意是文学作品,总是使人发笑不行,要能使人落泪)之类;有分量轻的,如《为汉字争坐位》(我不愿意看《1天3顿饭》和《万一他不来》同坐在一条板凳上)之类。由主观愿望说,总是意在文也由坏变好,好变为更好。天不变则道不变,这里说一下,只要我还能拿笔,这方面的文章就还会写一些吧?所谓人不辞路、虎不辞山是也。

杂学杂家

以"杂"为题，想谈谈碌碌一生，所好，所学，所说，所写，都杂七杂八，既不纯又不精，如室中人所评，"样样通，样样稀松"的一种情况。说"样样"，自己也感到过于夸大，比如许多人迷恋的围棋，我就如妻梅子鹤的林和靖，既不好更不会，所以大话要缩为中，或者专由读方面立论，只说喜"杂览"吧。杂览要有主、客两方面的条件，主是喜欢看点新奇的，或说原来不熟悉的，客是有比较多的图书供自己浏览。这主、客，在北京大学上学时期恰好成为"二难并"，于是就如前面所曾说，四年，在图书馆，翻看了许多馆存的典籍。量多，手中类杂，优点轻飘飘，是开了眼，缺点则过于沉重，是未能专精某一门。毕业的前后，也是前面曾言及，忽然灵机大动，想钻研人生是怎么回事，于是重点又变为涉览另一套。总之，回顾往昔，计所好是杂，计所学仍是杂。所会呢？如果要求不高，是许多门类都略有所知；换为要求高就泄了气，是任何门类也拿不起来。多少年来，用时风的检讨口吻说，我就是手托着这样的半瓶醋，混。

有人也许要说，你醋有半瓶，情况就好于《论语》的微生高，他是一点没有,别人向他要,他就不得不"乞诸其邻而与之"。就真有人来要,是1963年夏季,周叔迦居士亲自到我家里来,"命令"我为锡兰(其时尚未易名为斯里兰卡)百科全书写"佛教与中国文学"一个条目。周先生是老师行辈,有命,我只能遵照办理。其时正忙,延迟到近年底才动笔,因为周先生有话,说内容无妨充畅,又因为究竟是一个条目,字数不宜于太多,走中间路线,面面俱到,提纲式,到1964年初夏完成,写了五万字。交稿,审稿的不是周先生,说字数太多,要减为几千字。我谢绝,把稿塞在书柜里。一转眼过了差不多二十年,我同孙玄常兄合住在社里工字楼的一间房里,安徽教育出版社的周荣显来社,找孙先生约稿,挂角一将,先是想让我写一本讲逻辑常识的,我无暇,就想到这五万字的存货,他们说要,我找出来,于1984年初给了他们,印得不慢,只半年多就出版。

佛教与中国文学,意思是佛教传入中国,与中国文学接触,都产生了什么新情况,问题不小。说不小,是因为,比如单说影响吧,显然,就既有佛教影响中国文学的可能,又有中国文学影响佛教的可能;还有,情况是客观存在,至于是否来于影响,有不少就不好说。我没敢碰过于难的问题,只从俗,理解为佛教给予中国文学的影响;而所谓影响,只举能揪住辫子的,以行善事为例,随着有善报的算,未提及果报的,算不算难说,就躲开,装作没有那么回事。这样写,因为字数不能多,提纲式,结果就成为麻雀虽小,五脏俱全,而某一脏是什么长相,就只能从略。

书出版之后，据周君荣显说，竟有不少读者来信，表示愿意变从略为加详，即由提纲式变为一般读物。读者说了话，亦一最高指示也，于是出版社找我，希望我依指示办事。可惜对于舞文弄墨之事，我没有兴致走熟路，想找人代办，又不得其人，所以这本书，直到现在还只能安于提纲式。

也许真是与佛门有缘，是四年之后，我又写了一本《禅外说禅》。这本书，开头列"缘起"，写了两节，所说是偏于"学"方面的原由；还有"事"方面的原由，这里补说一下。是1986年，曾在语文编辑室工作的田小琳早已到香港去从事出版兼写和讲的事业，一次来信说，有人（中文大学？）约她写"禅与语言艺术"的文章，她不知道如何写，希望我指点一下。我不自量力，给她写个提纲。不久又来信，说还是写不了，希望我动笔，要快，因为已经答应人家，刊出日期临近。原定一篇几千字，我说那说不明白，结果写了两万字。刊出之后，大概真有人看吧，田小琳由出版事业方面考虑，说如果我全面谈谈禅，成一本书，她愿意出版。其前孙玄常兄多次评论我，做文言的编注工作是为他人作嫁衣裳，不能算自己事业之言犹在耳，我一阵奋发，就决定写一本讲禅的，因为对于顿悟得证涅槃以及自性清净之类的理想我一直未能尽信，所以定名为"禅外"说禅。记得由1987年3月动笔，到1988年4月写完，得二十五六万字。书稿给香港，想不到他们从香港之俗，要多计较锱铢，我不习惯，书稿索回，还是给熟地方黑龙江人民出版社，因为中间多有曲折，直到1991年才出版。

关于这本禅书，如此写，也有需要说说的。最大块头的当然是"禅外"，外是站在外面看，不是走入禅堂参。何以如此见外？又不得不搬出洋鬼子老师来，那是读弗洛伊德，相信他说的，人同样是充满欲望的动物——这会有损于自尊心吧，那就改为说，人都是"常人"，在自然的定命之下，有所求，求而不得就感到苦，之后是希望苦变为乐，于是想办法，因为苦的情况多样，而人之性，同之下有异，想的办法也就多样，禅不过是办法之一种，就其来源和所求说，与邻居二大妈心中有气，走上长街，骂一个来回，并没有两样。这样看，我是把铃木大拙之流心目中或只是口中的神秘拉到常识里，其后是看，只能用常识的眼，讲，只能用常识的话。显然，这由坐在禅堂里的人看，从头到尾都是门外汉之言，或干脆称为瞎说。我不想辩解，但无妨表明一下立脚点，是人各有见，我不过言己之所信而已。其次是讲禅之前，还讲了些有关佛法和佛教的常识，这是因为我多年在出版社，做普及工作惯了，估计读者有不少是不熟悉佛教和佛学的，多费几页纸，这类的读者如果所需不多，就可以不必再找介绍佛教知识的书看。其三是还可以诉诉苦或表表功，是纵使用科学常识的眼看，关于禅，有些还是很难讲的。主要是两个方面。一个方面是禅悟，或说参禅的所求或所得。严格说，这只能体现（如果有）于得悟之人的感知中，而，借用禅师的口头禅，"不可说，不可说"。可是讲禅又不能不说，所以就辟了"禅悟的所求"一章，尽己力之所能，学盲人摸象，或说猜谜，总算是未逃避，讲了。另一个方面是求禅悟的一种常用的方法，机锋，如赵州和尚的"庭前柏树子"，长沙景岑禅师的"东家做驴，西家做马"，究竟是什么意思？能起什么作用？当谜猜也困难，可是又不能不讲，情况也是未躲避，讲了。至于讲得怎么样，我无力评定，所能说的也只是尽己力而已。

以上谈写与佛教有关的书，竟一而再，好像我是甘心投身佛门了，还能称为杂吗？所以要解释一下，这一而再，都是路遇性质，并非如王子猷之雪夜访戴。再有，专说写，我也并非总是出入佛门，记得还是四十年代，曾为某期刊写介绍儒学的文章，共得十篇，标题为《儒道管窥》。一跳到八十年代晚期，胆量随年岁增大，曾想效古人读书札记之颦，以《庄子》之文为主线，写自己的发而挥之的观感，主要是谈人生，或可积为一个本本，名《参庄偶得》，至今虽未能兑现，也无妨学习有高位者，亮出理想，虽未能或不能实现，只是一亮，就值得人称颂，已飘飘然吧？此外，说到杂，像是还可以把办公桌上的工作包括在内，那就各种性质的都可能有，因为分量重，时间长，从而记得清楚的计有审改《历代绝句选》和《小学生字典》等。零碎涂抹的笔下就更加五花八门，只举一例，是1991年，看到启功先生的力作《说八股》，我见猎心喜，就尾随其后，写了一篇《〈说八股〉补微》，篇幅大致同于万言书。八股是有些遗老（也许还有一些遗少？）念念不忘的国粹，且夫国粹，亦成双成对者也，有的人联想力强，也许就先则意一跃继而问："你还想写女人的小脚？"答曰："也没什么不可以，只是因为天津大冯（骥才）写了，我暂且歇歇吧。"

不过说来说去，由禅到八股，都还没有跳出文的范围，称为杂学勉强，扩大为杂家，就远远不够了吧？所以还要凑点别的，以求所罗列能与题目相应。而居然就找到两种，确是文以外的。这是书法和砚，乃多年所好，至少是耗时间不算少；所得呢，别人吹捧的不能算，自己评定，仍是半瓶醋。关于书法，半瓶醋是能说几句，至于写就不能成字。这情况，前几年曾写一篇小文，曰《学书不成》，挖掘不成的原因，是一，无才（左撇子是火上加油），天所定，只能认命；二是功力很差，退笔不只不能成冢，简直装不满一茶杯。但究竟还是能说几句，而说与吹牛为近邻，干脆就吹几句。主要是"自认为""大致"能够分辨好坏，或具体说，能够透过外形看出有没有筋骨，有是好，没有是以花架子唬人。这有没有筋骨还是鉴定名迹真伪的重要依据。——不好，嘴一滑竟扯到鉴定，不能不想到我尊之为上人的启功先生，惭愧惭愧。但回顾，在这方面还真是写了一些文章，总是自己觉得还略有所知吧。再说砚，也是有兴趣看看，或至多用墨磨墨，而非研究。但有兴趣加时间长，也就会有所得。有所得，纵使少，仍是有，而有些人，年轻，所喜爱学老朽，而所知竟是零，于是看到我这半瓶醋的就颂扬为专家，而且不到此为止，比如买了新砚，就拿来让评定好用不好用，得了旧砚，有款识，就拿来让鉴定真假。我据所知陈述，总是有时也会说对了吧，于是而在有些惯于耳食的诸君的心目中就真成为砚的专家了。是想顺水推舟吗？不知道，总之就真写了一些谈砚的文章，如《砚田漫步》之类，这是略有所知，不珍秘。可是有人约写谈砚的书就谢绝了,这是实事求是,不愿把鸴鸠说成大鹏。书法,半瓶醋,砚,同样半瓶醋,但半瓶而有两种,立于杂的文之外,有人称为杂家,也就可以安然受之了吧?

最后还想追究一下,杂有没有什么优缺点。有缺点,前面已经说过,是难得专而精。其实古人早已说过,而且更深入,那是《汉书·艺文志》评论杂家的话:"及荡者为之,则漫羡而无所归心。"无所归心,大概就是我说的不能"终于信仰",可叹!优点呢,要声明,是我觉得,不只不少,而且不轻。专由读书方面立论,多少年来,我一直认为,应该尽量杂,不要总是小说,或稍扩大,总是文学。说得再具体些,应该也念点初接触未必有兴趣,如各门类的科学常识之类,或更发狠心,念念科学理论、知识论之类。这有什么好处呢?仍是我觉得,比如你有了些心理学(包括精神分析)的知识,你就不会再信"天纵之圣"一类的鬼话,有了些因果规律的知识,就不会相信手捧一本《易经》,就能预知吉凶祸福。实际是与郑板桥的牢骚话"难得胡涂"相反,为了活得平安合理,无知总不如有所知。这样说,对于杂,我是纵使有大失而不悔了?想了想,只能说,过去的事总是定了,由它去吧。

试论人生

前面说过,近年来我率尔操觚,积字成句,成篇,居然印成一些本本,其中只有主要写怀念的"负暄三种"和谈人生问题的《顺生论》是没有外来机缘,自己想写的;或者不避吹牛之嫌,引《庄子·天下》篇的话来壮壮门面,说其化意为文也,确是近于"彼其充实,不可以已"。但这两种又大有分别:前者是篱下闲谈,无论所谈是人,或地,或事,我表示怀念,可以说都是自己的私事,听者(假定肯听)认为值得也罢,不值得也罢,无妨都看作"吹皱一池春水,干卿何事";谈人生就不同,无论如何委婉,总要走说教的路,即向人表明,立身处世,应该如何如何,至少是最好如何如何,这显然就是自以为是,甚至自以为高,真是太狂妄了。

狂妄来于"不可以已";想不管狂妄不狂妄,单说不可以已的情况。这在前面也已经说过,主要是两点。其一,来由至今说不清楚,是大学毕业前后,忽然有了想明白人生是怎么回事、怎样活才好的相当强烈的求知欲。其二,欲之后必随来"求",于是在治学方面就转了方向,改为钻研哲学,尤其人生哲学。总有十几年吧,读了一些书，多数是西方的（本土的，包括来自印度的，已略有所知），想了一些问题，大多是古今哲人思考过的。所得呢？可以说不多，因为未能如上至（各种教的）教主、下至信徒自信的那样悟了道；也可以说不少，因为，至少是对于有关人生的问题，比前些年有了较多的了解，具体说是，知道某些根本性的问题，我们无力解答，其下许多零零碎碎的问题，或则不难解答，或则不成问题。

"有了较多的了解"，当仁不让，是自信有所知，也化为具体，是对于怎样活才好，有了比较明确的想法，包括应如何如何、不应如何如何的理论根据。老习惯，有所想，尤其有所信，就愿意形于言，或进一步，形于文，让己身以外的人听听，看看。可是，在"思想改造"的乌云压在一切肯思肯想的人的头上的时代，我这自知非正统甚至异教的思想，何况还是关于人生的，当然不敢形于言，形于文，而且不只此也，还要装作没有想过这类问题，也就没有在读书方面"攻乎异端"，因而也就没有可以称为自己的未必合于时宜的想法。这类的伪装不很难，不过是古人说的"良贾深藏若虚"。也有难，是不少来自威权的想法和行事，与自己之所信背道而驰，自己要装作信受，可是与信徒相比，就有如蹩脚的演员，虽努力而终归演得不像。能力所限，或事实不过如此，也就只能安于人己都不可意，往下混。

记得是五十年代，中期？晚期？外，不能形于言、形于文，以求入他人之耳之目的形势未变，可是内，天命所定"有话想说"的根性忽而发荣滋长，逆，无力，又不想用简捷式，如希腊神话所说，跑

813

到河边，俯身面对流水，说国王头上生有驴耳云云，于是终于决定，拿起笔写，成篇之后"只可自怡悦"，然后"藏之名山"。依思路的次序，先写人生问题的哲理部分（即成书之后第一分的"天心"部分），因为"存在""天道"一类内容与现实距离远，违碍的可能性小些，就是闭门只图自怡悦，也就胆量大些。用多长时间，不记得了，大概写了八九个题目吧（成书之后是十二个），究竟只是自怡悦，兴趣不很大，截止，未能藏之名山，就塞在一个旧书包里。因为生活少余裕，自怡悦的闲情很少，也就没有再看，时间稍长就把它忘了。是"文化大革命"使我又想到它，不少书，唯恐红卫英雄判定为"反"，或扔或烧，出于他人之手的尚且如此，况自己手写，讲人生的白纸黑字乎？为了避免可能的生命危险，赶紧找出来，用火攻之法，使之灰飞烟灭。

想不到六七年之后，我由干校放还，夏秋之际到家乡去斗室面壁，却迎来过多的闲。语云，闲情难忍，还要加上旧习难改，这旧习是眼前有书，手中有笔，单说手，就想写点什么。当然不是想发表，即写，就又是只能自怡悦，其后还会有藏之名山吧，于是"文化大革命"开始时灰飞烟灭的几篇谈人生的文稿真就死灰复燃。"复"燃，走老路，时、地不同，具体说是或野外拾粪归来，或吃完自做炸酱面并小睡之后，独坐在无"记"的"西厢"，仍是由"存在"起，以下"生命""鬼神"等一个题目、一个题目写下去。后来检查，是连带"天道""命运""快乐""出世""本性""节制"，一共写了九个题目，单看篇数也是功亏一篑，因为自知必不能问世，也就未感到有什么遗憾，仍旧放在那个曾经容纳此内容的旧书包里。这是二稿，乡居时所写，留有乡居时的痕迹，即"生命"一题开头所说：

邻居有一只母羊，下午生了两个小羊。小羊落地之后，瘸瘸拐拐地挣扎了几分钟，就立起来，钻到母羊腹下，去找乳头。

这是纪实，所谓邻居，有名（暂男本位，玉民）有姓（石），则小羊出生也就真是亲眼所见。亲见会有什么价值吗？也只是使我想到"生命"，感慨更深而已。

这双料的未完之稿（就全书说未完，就哲理部分说仍是未完）在书包里酣睡了十年有余，其间外面的大环境经历了罕见的变化，主要是人亡政息加改革开放。用知识分子的眼看，最值得重视的变化是，由原来的不许有自己的思想变为可以自己想想，由原来的不许表达自己的思想变为可以适度地表达自己的思想。换句话说是，有所思，有所见，只要不是明显地表现为反的，形于言，形于文，就不再有加冠，发往北大荒或投入监狱的危险。对于书生之流，这可以说说、可以写点有诱惑力，我不能例外，所以走入八十年代，尤其中期及其后，就写了些自己认为还可以算作温柔敦厚的。但也知道，如果移前二三十年，就是如此温文尔雅，也会招来灭顶之灾，因为里面终归有

815

自己的思想感情，与读"宝书"的体会或说"万岁体"不是一路。非"万岁体"也可以爬上报刊版面，并进而印成书本，对于书生之流，就如运动员之得服兴奋剂，上场，像是还有余力可以发挥。向哪里发而挥之呢？也许真要藏之名山？或者竟未深思，就把未完稿从书包里找出来，决定补写，完成《顺生论》的哲理部分。其时是1988年的夏日，断断续续写了《利他》《不朽》《增补》三个题目，并入早已写成的九个题目，合为十二个题目，就成为1992年全书完成后的第一分，"天心"部分。

未完变为完整，心里感到小小的安然，但沉吟一下，还是放在书包里。因为照预计，第二部分要写"社会"，且夫社会，如何组织，如何管理，以及有问题如何解决，我的想法未必与"宝书"上所讲以及至上之所言所行相合，或竟是多有不合，纵使我有兴致并有胆量写出来，也必没有地方肯印，至于藏之名山云云，不过是太史公的无可奈何的自慰，实际则是，至晚由马、班起，直到目前舞文弄墨的诸公诸婆止，动笔而确知必不能问世，一定就劲头儿不大，吾从众，也因为还有别的事可做，这想写的"论"论了一段，就又放下了。

这一放，差不多经历了三年，查日记，是1991年4月7日、8日，这本多年想写的书才可以说是正式动手写。7日的日记说："看已写成之顺生论第一分天心部分十二篇。"8日的日记说："写顺生论社会部分第一篇《群体》，两千余字，一日完。"校完旧的，继续写新的，可见真是如先进人物所常喊，"下定决心"了。何以会由劲头儿不大变为下定决心？想了想原因，或者可以说是三面夹攻吧。第一个方面是大环境的改革开放向广处深处发展，虽无明文规定，事实却表现为，对于个人私见，已经不再是一律用权势压，而是变为含有不很少的容忍成分。第二个方面是有一些相知，觉得我的这方面的所知来于多年的读与思，至少有参考价值，不写，余年无几，一旦晏"步"（因无"驾"），随着遗体火化，未免可惜，我听了，一阵忘其所以，觉得也有些道理。第三个方面是自己被改革开放之风吹时间长了，心里乐观的成分增加，有时甚至想，也许能问世，就是暂不能，写成总比没有好，还是立即动笔吧。之后就真的动了笔。可是速度不快，主要是杂事多，不能连续拿笔，以社会部分的开头为例，第二个题目"组织"，是写完"群体"之后一周才动笔的。就这样走走停停，社会部分和己身部分，共题目四十有八，将近二十万字，费时一年零一个月，即到1992年5月，写完了。

关于写的过程中的甘苦，像是也有值得说说的。人生，在有生的人的身边，想离也离不开，可是想抓住它，并进一步说说，它就轻则表现为千头万绪，重则表现为恍兮惚兮，而写，就必须使千头万绪变为有头有绪，恍兮惚兮变为有物有象。这不容易，所以就成为苦。还有一苦，来于有些意思不好直言，因为自知不合时宜。不能入时，理论上有两条路可走：一条路是修改意思，使之入时；另一条路是意思保留原样，据实陈述，不管入时不入时。移到实际，则两条路都难通，因为，放弃原意，写就没有必要；想什么就说什么，以老子骑牛西行为喻，过关就困难了。要在两难的夹缝中挤出一条路。幸而我们的祖先早已有从夹缝中挤过来的经历，并且想出妙法，是换个不刺耳的说法。如当权的老太太不愿意听"死"字，可以改为说"山陵崩"；李三郎玩女人误正事，直说唐朝君主不合适，可以改为说"汉皇重色思倾国"。吃祖先也是祖先所传，我何乐而不为呢，于是照方吃药，用"换个不刺耳的说法"之法写我的意见。也举例以明之。有小换，如"政治"，多年来喊政治挂帅、政治第一、突出政治等，直说，过于敏感，就到《礼记·大学》篇那里去乞讨，拿来"治国平天下"，简化为"治平之道"，听，不刺耳了，看，不刺目了。还有大换，这要多说几句。比如讲治平，我不赞成完全信任英明，小民早请示、晚汇报以等待幸福的办法，理由可以凑一大车，可是直说，就难于不触及曾经一个人说了算的制度和实况，这必不合时宜，而又不能不说，不得已，只好仍是到古人那里去乞讨，而就从孔、孟那里讨来个"王道"，从多方面论证那种幻想不可通，时不同，理则一，我自己认为也可以算是说明白了。但终是心中有苦，表现于字面就成为不明朗。这里提一下，希望能够得到大度君子的体谅。

为不刺耳绕大弯子，目的很明显，是能够刊印问世。还真就有人找上门，说愿意接受出版。那是熟主顾黑龙江人民出版社，已经印了我四本。但是这一本，我不骗主顾，告诉他们，内容与谈闲话、谈禅不同，让他们先拿去看看，印不印以后再说。拿去，看了，果然有老成持重的表示迟疑。我听到反映，立刻把书稿要回来，交给打过招呼的中国社会科学出版社。他们看了，大概认为，关于人生之道，无妨各言其所信吧，没提什么疑问，印了，于1994年年初出了书。

一本多年想写而没有信心能出版的书得问世，我当然很高兴。因为高兴，想再说几句兴之所至的话。还是说治平之道，专就其中的思而言说，处理的态度，有对立的两条路：一条，只许至上一个人思，二个人言，其他千千万万人只能信受奉行；另一条路，人人可以思，并言己之所信，不知道别人怎样想，我是坚信后一条路好，因为消极方面，可以减少铸成大错的危险，积极方面，必有利于国家民族的发荣滋长。至此，无妨再说一句大话，是回顾平生，我写《顺生论》以及一些有些人看到未必愉快的文章，费力，心苦，所为何来？也只是想到国家民族的前途，未能忘情而已。

予岂好辩哉

昔日之有大志者,常以希圣希贤自勉,我无志,或无大志,一贯甘居下游(非下流也),至多是中游,也知道圣贤多有值得效法之处,可是自知天机过浅(庄子语),不敢希。但是,也是圣贤所说,"懦夫有立志"(《孟子·万章上》),我想也无妨立"一"次志,不能大举,只是拉一句话为文题,以表示我虽然不能上游,有时坐井,还是忍不住往上望望的。接着说这一句话,来于《孟子·滕文公下》篇,为了省自己的口舌,多抄几句:

公都子曰:"外人皆称夫子好辩,敢问何也?"孟子曰:"予岂好辩哉?予不得已也。……我亦欲正人心,息邪说,距诐行,放淫辞,以承三圣(禹,周公,孔子)者,岂好辩哉?予不得已也。"

抄了,还要断章取义,断是舍去"承三圣"之类的高攀话,然后就可以取,干脆变为直说自己的,是有时有所见,有所闻,颇不以为然,就禁不住拿起笔,发点牢骚。

这是说,近些年,我率尔操觚,有时也写些议论性质的,包括零零碎碎,一般称为杂感的。写这类性质的文章,有因缘,而且不少。可以分为内外两类,以远交近攻为序,先说外。首先是大环境,上一篇也曾言及,已经由一言堂变为适度的容忍,如果没有这样的变,歌颂,还担心不得体,祸从天上来,况看到什么,觉得不顺眼,发点牢骚乎?大环境之下有小环境,或说机遇吧,这所谓机遇是指牢骚形诸文字,爬上报刊版面的机会,没有这样的机会,有牢骚,写在稿纸上,也就只能在案头卧着。而说起这机会,就不能不话长。是1986年晚期我的拙作《负暄琐话》出版之后,谷林先生在《读书》(1987年6月号)发表一篇评介文章,因为我在小引中说到"逝者如斯",他就根据《赤壁赋》顺流而下,标题为《而未尝往也》,说了些奖掖的话。好话多说惊动了特级书迷赵丽雅(其时任《读书》编辑),到书店书摊去求,不得,为得虎子,急着入虎穴,写信给负责出版此书的孙秉德,居然讨来一本,还想臭豆腐浮面加一两滴麻油,写信问我,能不能给签个名。字工整清秀,有筋骨,署名"赵永晖"。我受宠若惊,立即复信,表示理当遵命。记得是1987年10月19日,她来了,我见到,一惊,进出第一句话,竟是"原来你是女的!"此后我们交往很多,相互理解日深,她帮助我也很多,我难以为报,只是在笔锋撒野之际,说她"就是今代的柳如是",以表示钦慕,可是接着还说了一句感到美中不足的话,是"脚太大"。——野马跑得太远了,赶紧改为言归正传,是借了她的光,我的不三不四的文章进了《读书》。且夫《读书》,以商店为喻,马聚源(头上)、内联升(脚下)之类老而正经之字号也,我的拙文能够登上其货架,于是有些惯于耳食的读者以及编辑大人就以为文真就可传,写文之人呢,随着也就增加了身价。商业意识,身价增必引来(由利己的角度看)善果,表现为两种场面:我写,送货上门,很少吃闭门羹;我不写,或来信,甚至来人,表示版面留有空地,恭候我去填充云云。

再说因缘之属于内(触景生情,景属于外,为方便,合并在这里说)的,即应该由自己负责的种种。也排个次序,由有的人听到就皱眉的人性论说起。我上不能投靠《诗》三百,"不识不知,顺帝(天帝)之则",中不能投靠《庄子》,知道"知道("朝闻道"之道)易,勿言难",而不能勉为其难,勿言,除非置身于"伟大"的祸从口出时代,为保命,装作"口不能道辞"。其次是治学的经历,这已经说过多少次,是曾经面对人生,如相看佳人,前前后后,左左右右,看看,看就有所见,而有见一滑,就难免变为有意见。再其次是,对于有些现象,虽然嘴里常常表现为绝了望,而深追到心,则仍是希望坏的能够变好,好的变为更好。这有更深的根源,是对于自己出于其中的人群(包括过去、现在和未来),不能不爱。爱是总纲,其下有目,或表现为不满,或表现为憎恨,甚至表现为咒骂,而究其本意,不过是恨铁不成钢而已。

以下说说恨铁不成钢的具体情况,以证真有所谓"予不得已也"

的心境，所以才写了些议论性质的文章。情况和心境都多而杂，大题，只能用举例之法小作。想分为三类，一类是关于知见的，另一类是关于时风的，还有一类是关于权与利的。先说第一类，是我看到一些现象，感到时至今日，还有不少人表面看有文化，实际却所知甚少，以致在许多大关节上表现为愚昧，心里就不能安然，不平则鸣，也就写了些板着面孔近于说教的。举其中的两篇为例。一篇是《何须蜀道问君平》，反对迷信《易经》、迷信占卜等的。《易经》（指卦爻辞，不包括十翼）是三四千年前周民族中专业占卦的人的工作手册，我们生于牛顿、爱因斯坦等人之后，不通因果规律方面的知识，也不知道学因果规律方面的知识，而把几千年前占卦的人的手册供在案头，想从"见龙在天""亢龙有悔"一类模糊语言中推出明天会不会降雨，明年会不会发，如此愚昧，也太可怜了。另一篇是《月是异邦明》，反对歌颂清官的。官，清当然比赃好，何以不赞成歌颂？是因为，那是不民主、非法治的专制制度之下的产物，小民不能做主，平安和幸福毫无保障，万不得已，才希望头上有个略有良心、大致能够维持公道的父母官。所以幸而遇见一个，歌颂，就等于默认专制制度为合理，官不清，就仍低头忍，也是太可怜了。人，愚昧，可怜，可怜过多就成为可怕。可是，我们睁眼看看，侧耳听听，迷信占卜，歌颂清官，仍是随处可见，想到情势也许竟是每况愈下，"帝力之大，如吾力之为微"，在稿纸或版面上叫喊几句又有什么用呢？"予不得已也"也是颇为可怜的。

再说另一类，有关时风的。这是指近年来大为流行的拜金主义和享乐主义。要略加解释。无论由人生之道还是由治平之道方面看，都得承认富比贫好，乐比苦好。时风的拜金主义不是泛泛的富比贫好，而是钱至上；享乐主义也不是泛泛的乐比苦好，而是用全力追求肉体（假定可以把生活分为精神和肉体各半）欲望的满足。两种主义混合，成为引导人舍命扑向前的荣誉观念，就是：什么最光彩？有钱；有钱应该怎么花？享乐。衡量价值（一切人的和事的）的标准，不管在各种冠冕的地方怎么说，事实上成为单一的，怀揣十万，比一万的价值高十倍，百万的高百倍，千万的高千倍，其余可以类推。而钱，靠男耕女织，是不容易积少为多的，因而就不得不开辟新路。花样繁多，以力的自小而大排次序，欺骗（包括制造各种伪劣，用广告夸大，甚至无中生有）是一条路；力加大，成为偷盗一条路；再加大，成为抢劫一条路；更加大，就升了天，成为卖权一条路。总括而言之就成为，至少是已经有为数不少的人，"无所不为"。这情况的危险，两千多年前的孟老夫子早已看到，那是"上下交征利而国危矣"。我，说句不自馁的话，看到，感到痛心，所以有时忍不住，就也写一些，挤入有些报刊的角落里。自知必无用，而仍拿笔，也是出于"不得已也"。

再说最后一类，有关权与利的。古人说，"不在其位，不谋其政"，"君子思不出其位"，推想都是想到权，不敢碰，才这样吞吞吐吐，表明谦退谨慎的态度的。余何人哉，而想于古人之外，另辟蹊径吗？曰不敢。可是有时，有些现象，你不想看而送入目，你不想听而送入耳，如全国一年用公款吃喝超过千亿，而许多小学教师领不到工资，不少比七品芝麻官小好多的人物，因为权太大，说了算，一贪就是百八十万，屡禁不止之类，也实在使人烦心，情动于中，不形于言感到憋得慌，也就写些零零碎碎的，发表了。有的力争上游的人物也许感到不满，因而说："你说比七品小好多，七品以上，甚至红顶花翎的，你还敢说吗？"曰，我昔年读《诗》，由《大雅》中讨来个护身符，曰"既明且哲，以保其身"，其后长佩于身，就真见了奇效，是至今还健在，并能啃烤白薯，受益，效古人一饭之恩不敢忘，也就不想也来个"改革开放"，指大户之名、道大户之姓了。

但是，就算作不痛不痒吧，总是写了些可以称为发点小牢骚的文章。不是积"稿"盈尺，是积上有自己之文的报刊一大摞。书生本色，"文章是自己的好"，字数能够充满本本，就愿意编排一下，然后进谒有些面善的有出书之权的编辑大人，作揖打拱，以求能够点头，或拍板，然后是经过不少曲折，终于得与读者见面。改为务实说，是把散见于报刊上的单篇文章，可以称为议论的，可以称为杂感的，以及述说点私见，可以勉强算作杂感的，都找出来，由徐秀珊女士协助，分作两堆：内容分量较重和（或"或"）篇幅较长的入第一堆，反之入第二堆。两堆中都可以找出几篇"代表作"（恕我自吹自擂），第一堆的可以称为议论，即称全堆为《横（读去声）议集》（语出《孟子》"处士横议"）；第二堆的可以称为杂感，即标全堆为《说梦楼谈屑》，屑者,鸡毛蒜皮之类也。找出版社,没有费大力,《横议集》给经济管理出版社,于1995年年底出版;《说梦楼谈屑》给北京出版社,于1996年年初出版。书,出了,总会有人看,看后会有什么感觉呢?不知道;至于我自己,稍可自慰的只是没有走西方某哲学家的路,比歌颂更上一层楼,承认"凡是实然的都是应然的"而已。

自知乎？自信乎？

写这样一个题目，是想说说，到九十年代中期，我未能行庄子所说，"佚我以老"之道，仍于吃喝拉撒睡之余，拿笔，或写或编，而所写所编之中，竟出现这样两种：《张中行自述文录》和《流年碎影》。前者是所编，包括上下两卷，上卷《写真集》，收自己直接写自己思想的；下卷《留梦集》，收自己直接写自己感情的。后者是所写，用大话说是自传性质，用中话说是回想录性质，且不管大小，总之是述说自己的经历。写真，留梦，经历，都没有离开表白自己，何以如此不自量？说来又不能不话长。由泛论起。且夫人，几乎是百分之百，自知最难，自信最容易。举古的非常之人，唱别姬的楚霸王，垓下被围，四面皆楚歌，"自度不能脱"，还说："此天之亡我，非战之罪也。"这是过于自信。举今的非非常之人，志于学与而立之间的，领其带而不自以为才子，高其跟而不自以为佳人，盖有之矣，吾未之见也。这是过于不自知。我同样是常人，也就同样必患有过于不自知、过于自信的遗传病或流行病，有病，要治疗，哪里去找特效药呢？想用自我招供之法试试，招供，可以夹说一点点"我无罪"，但主要还是如"文化大革命"中之面对至上,说"我有罪",自己承认有罪,就可以只留自知、赶走自信了吧?我希望能够这样。

再说非泛泛的。八十年代,我写了些文章,并编印了一些书,文,不管上报刊还是入书本,总会入有些人之目,而入,比喻为出前门,有的奔往珠宝市的花汉冲,买香粉,有的奔往厂东门的王致和,买臭豆腐,这就可见,积字成篇,香也罢,臭也罢,总会有人喊几声好,变为指实说,是我的不三不四之文,不只换来稿酬,还间或传来写得不坏的声音。其间或其后,还出现火上加油的情况,是九十年代初期,先来信,接着来人,我交了个很年轻的朋友靳飞,此人的活动能力与年龄成反比,而且惯于起哄,特别喜爱为他赏识的人吹牛。如王宝钏之掷彩球,砸在我头上,之后他见熟人,吹,熟人有不少是编报刊的,于是场地扩大到版面,仍是吹,熟人还有些是在电台或电视台上班的,于是场地更扩大,到电的什么,仍是吹。夫吹,亦如流行歌曲,有传染力,于是有些不姓靳的,也就随着飞,耍笔杆的,写印象记,拿剪刀糨糊的,登印象记,真是热闹得不亦乐乎。我是当事者,常常见到这类吹文,有什么感想呢?语云,官不打送礼的,何况我是小民,当然要感激盛情,但感激完了,就忍不住要说几句,总而言之吧,都是吃过糖瓜的灶王老爷一路,好话说得太多,多就难免言过其实。实是什么情况?我自省之后还是认为,文,尤其为人,纵使不是毫无足取,也是缺点决不比优点少。别人有兴趣,写我,我欢迎,至少是尊重他(或她)的思想自由和言论自由,但总是希望能够实事求是，也不少写缺点。这，像是没什么困难吧？其实不然，也许为写印象必好好好的时风（甚至文律）所囿，是时间拉长，见的篇数增多，还是没有优缺点平分天下的。不得已，想变守株待兔之法为缘木求鱼，不久前《写真集》编完，应该由编者范锦荣女士写编后记，我以为她对我有较多而且深的了解，就希望她借此良机，一反常例，多写缺点，至少是兼写缺点。郑重地向她提出此要求，想不到她未假思索就回了一句："我不写。"最后的一点希望破灭，就更坚定了我编印自述文录的决心，其意若曰：别人写，意在成人之美，就不免失实，至少是片面，既然还有人愿意了解我的本相，那就还是由我自己招供吧。

先说这自述文录上下卷，成书问世是经过一些曲折的。是1993年或1994年吧，有一次同范锦荣女士闲谈，曾说到这个设想，只是一本，收写心的，或交处于娘家地位的北京大学出版社出版，希望由她选编。她同意，可是我们都忙，说过就置之脑后了。这回记得清，是1994年中期，一阵深情动于中，就由徐秀珊女士协助，把言情的一些篇集到一起，标名《留梦集》，送给一个熟人出版。名留梦，可见其中都是我视为梦的，即我的生活的情的一面。"人心唯危"，不简单，即以我而言，就还有"理"（或说思）的一面。是1995年的年尾，忽而灵机一动，由偏而想到全，很快就决定编自述文录，上卷收自己写自己思想的，由范锦荣女士负责；下卷收自己写自己感情的，利用已成书的《留梦集》，略调整补充，仍由徐秀珊女士负责。全书于

1996年夏日编成,交作家出版社排印,问世恐怕要在1997年了。

推想必有或曰,写自己之文出版,多到两卷,非露才扬己而何?我的想法,这要看从什么角度看。用街头巷尾的名利的眼睛看,可以说确是有这样的一面,因为涂抹能够印成本本,就既可以拿稿酬,又可以作为评高级职称的资本。此外,说不定还可以混一顶作家的帽子。至于退入自己的蜗居,尤其月暗星明之夜,面对屋漏,前思后想,情况就会成为另一种。就"写真"说,我自己看,大的方面,轻些说是攻乎异端,重些说是成为异教。我们知道,有文献可征的任何时代,多数人的心所向是子曰诗云,异端或异教,离子曰诗云远,其为不能入流就成为必然的。大之下还有零零碎碎,如看佳人,总是嫌唇太红、跟太高之类,就不只是不能入流,简直是落伍了。再说"留梦",收的文字不少,性质却单纯,无非是爱这个,爱那个,舍不得这个,舍不得那个。所以名为"梦",梦者,如"庄周梦为蝴蝶",曾经"栩栩然",可是事过境迁,只能存于记忆中,或竟至思而念之而并未入梦,总之都是可怜的。如果提高到用"道"的眼看,那就还不只是可怜。道,祖传的有儒道释,以之为高标准衡量衡量看。儒,对于老年,孔子有"戒之在得"的话,有梦,不能舍,是不只想得,而且升了级。道,老子推崇"虚其心",留梦,心就不能虚,而且加了码,不想虚;庄子由人的根性方面立论,说"其耆(嗜)欲深者其天机浅",嗜欲者,表现为情,深则成为梦,为得天独薄的铁证,也就可怕。凡此种种,到佛家就总其成,或说加深,成为烦恼障,不能破烦恼障，也就难于脱离苦海。这样，我这自我招供的两本，比之灶王老爷上天所说，就有了优点，至少是特点，可以总括为两项：一是近真，二是可以显露那出淤泥而染的一面。

再说回想录性质的《流年碎影》。写回想录，有世间默认的不成文法，要是名人，有大成就，至少是有大影响，余何人哉，而敢高攀名流，述说自己类乎鸡毛蒜皮的经历，送到读者面前，请人浏览吗？可是事实是写了，就要说说因缘。因缘之大者来自外和内两个方面。外是一些相知，看到我近年写了一些文章，印了一些本本，有人买，证明有人看，就认为我有了不小的成就，也就无妨高攀，写回想录，说说自己的一生是怎么走过来的，会有参考价值，以及可读性，即如已出的一些本本，会有人印，有人看。这样的美意，我感激，也煽动了我的"人过留名，雁过留声"的凡心。其实，由效果方面说留名，不如由动机方面说"怀念"，是自己生活中的许多事，许多人，纵使当时是不适意的，到桑榆之年回顾，也不免有"逝者如斯"的留恋，留恋，心情就如写负暄性质的闲话之时，很想把它留住，固定在纸面上。这是内与外合了伙，也认为可以写。这期间还生了个近于造反的念头，是近邻如喜欢串门说张家长、李家短的二大妈，远亲如嫁出去受气的表弟的表姐的表兄的表妹，如果能写，而且真就写了，其可读性，甚至其传世价值，也许竟至超过丘吉尔的和赫鲁晓夫的吧？可惜的是古今的二大妈和表妹之流都没有写，遗憾，可补则补，所以我不量力，告奋勇，决定之后真就动笔，以期为千百年来无数的小人物如二大妈和表妹吐一口不平之气。可是终归是人微言轻,写,就如寒士得个百宝橱,必苦于没有什么像样的东西可摆。为救苦,想了两个办法。其一是事不够多,不够重,不宜于用帝王本纪的写法,以年月日为纲,改为学新凤霞,以小题目为主脑,有话则标题,无话则无题。其二仍是事不够多,不够重,想把重点移为对所身受、所见以及所闻的看法,这样,以看珠翠遍体的佳人为喻,人也许竟至无可看,但无妨说说看后的己见,是不如体外减些珠翠,体内增些墨水。以为墨水比珠翠好,是一己的私见,未必能取得人人首肯,总是可以参考吧。全书由1994年1月15日写起,到1996年10月3日的今天才算是接近尾声;至于哪一天能住笔,哪一天能问世,我不信《卜筮正宗》,就不能编造个预言来欺人了。

选来选去

自己的所写印成本本,还有重重复复的一类,也应该说说。重复而有人印,原因简单,是印者能够或希望能够赚些钱,或兼混个编辑出版的热闹。重复而自己肯编,原因就由简单变为复杂,或说很复杂。过去的名作家,有不少人印过"自选集",这是书店和自己都认为,有些读者主顾想读而没有时间和精力遍览,主顾是上帝,所以就供应个舍粗取精的,精者,作者自认为乃拿手菜,值得品尝者也。我也印过一本自选集,名《张中行选集》,来由则不是通行的一路。那是九十年代初期,有个在深圳工作的年轻读者,说我的作品可读,可是印装都不佳,于是他发愿,在香港给我印一本豪华的,少数,不卖,算作笔耕多年的纪念。主意已定,让我供稿。我想,既然作为纪念,而且豪华,内容的分量就宜于重,于是稍微想想就决定编选集。工程较大,得范锦荣女士的帮助,终于编成。为了排校的方便,求内蒙古教育出版社的友人徐学文经营,交通辽印刷厂排版。路远,校改不便,为此,我于1994年春还到通辽去了一次。想不到排校完毕,到香港去豪华有了波折,考虑一下,改变计划,即由内蒙古教育出版社印装，不豪华，发卖，于1995年出版。这本书是杂烩性质，所收有文，有书的章节，还有诗词，自选，当然是自己觉得写时用力多、成篇后值得看看的。这是说，其中虽然很少新货色，让肯收留的读者花一次钱，我作为作者，抱愧还可以不至过于厉害。

此外的多种重重复复就不同，但也不能一概而论。选而印成本本，有独占型的，有合伙型的。先说独占型，即全本都收自己的作品。第一炮是《张中行小品》，还记得是1991年10月，人民大学出版社的编辑王小琪女士登门来约的。其时我的卖文小铺开业不很久，生意还说不上兴隆，有主顾登门言明多买，心情的兴奋是可想而知的。这兴奋，在这个选本的自序里留有鲜明的痕迹，抄录如下：

> 人民大学出版社王小琪女士来，说希望我把多年所写散文随笔之类选出若干篇，集为一册，名为某某人小品，他们想印。这年头，识几个字，有时不自量力，率尔操觚，也想变成铅字，得点小名小利，许多人都知道，大为不易。出版社有刊印之权的人找上门，自是天大的喜事，无论依理依情，都应该欣然表示遵命。

这本小品于1992年年初编完，其后一年多，小友靳飞受武汉长江文艺出版社之托来组稿，言明杂收近作，字数可多到三十万以上，定书名为《张中行近作集》。熟人，为拉来主顾，心里也就还是高兴，所以写自序，说了这样的话："写，当然希望有人看，可是看，先要有人印，所以有人上门表示肯印，应该说是求之不得的事。"记得这本书稿要得急，也就编得快，只是一个月左右吧，交了稿。没想到其后三四个月又来了主顾，是有三两面之识的郑州《时代青年》的编辑段海峰登门，为其地的中原农民出版社组《当代名家感悟人生丛书》稿。我仍旧贯，心高兴而口答应，并同样在自序中留下痕迹，那是这样说的：

> 从新潮，家有敝帚堆中，挑柄长的可以算一类，苗细的可以算一类，等等，有主顾登门，就乐得卖。敝帚，有人买，"发"，谈不到，但总能获得些须所谓"钱"，而钱，其用之大及力之大乃人所共知，所以每有组稿人光顾，言明买某种敝帚，我就满口答应，然后走到敝帚堆中去挑，集而成之，交稿。

感悟人生，话大而抽象，容易凑数，由存货中找一些，到佛门借个牌匾，曰《观照集》，应酬过去。

万没想到，这应酬之门一开，不久就出现难于招架的情况。主顾多，多卖钱，像是好事，可是这样的好事最容易变成坏事，是货色不多，买主有些是回头客，则比如说，春城无处不飞花的时候买一本三五集，秋雨梧桐叶落时的时候买一本月明集，回到书斋一看，原来包装不同，里面的货色无别，或大同小异，即使主顾大量，不要求退货，卖者清夜自思，能不为殆等于欺人而出冷汗吗？新的情势，今天，某出版社的编辑大人，或某先生、某女士与编辑大人合伙，登门，或写信，或电话，言明买散文；明天，另一批编辑大人，或某先生、某女士与编辑大人合伙，也是登门，或写信，或电话，言明买随笔，等等，使我领悟，这样选来选去，在不同的地方，用不同的花样，印，卖，分而言之是会使读者受损，汇总，我就必致陷于难堪的境地，因为，读者即使不说，也会想，这是为多卖钱，连良心，至少是脸面，也不要了。领悟之后，知变为行，再有主顾上门，我的态度就与以上提及的三种选本大异，即不再是遵命，而是抗命。

抗，意思是说明理由，或说诉苦，然后表示感谢，举杯送客。打如意算盘，客都有度苦的佛心，听完，体察下情，表示谅解，含笑而去，于是随着来的就是完事大吉。而事实呢，却很少有这样的大吉，因为几乎是十之十，你诉苦，他（或她）没兴趣听，而抢着说的是他的理由，甚至他的苦，他也有苦，完事且难，况大吉乎？抗命，不依，这是出现了某些人大为欣赏的斗争。斗争的结果是有胜负，也许出许多人的"意表之外"吧，负的一方经常是我，就是说，纵使我改变了对选本的态度，几年以来，我还是捏着头皮，编了一些选本。负，"非战之罪也"，是因为对方的兵力太强。为了减少自己战败的罪过，以下举例，说说对方的兵力有不同性质的强，而都是难于抵挡。如有那么一本散文之选，我向约稿人声述不便重重复复的理由，约稿人立即举起大帽子，说这是"国家计划"，就是重复千百次，他们也得出。且夫国家，耳边常响之政治第一也，义不容辞谢，只好遵命。又如一本散文杂著选，入什么系列，主编为吴小如先生，人所共知，任主编如坐轿，四抬也好，八抬也好，作者被点名入四或入八，就只好装束整齐，奔往轿旁去抬，也就是不得不赶紧选编，准时交稿。再如一年前凑世界妇女大会热闹的一个选本《关于妇女》，选编者，写序者，写读后者，以及题书名者，都是妇女，我不隐讳弱点，对于妇女，动于中的情大多是怜爱，也就怕，既怕矣，还敢到阵前去周旋吗？所以也就只能遵命。再说一种，包括两份，必出的理由都是计划已定，收入我这"老"，你能说你不老吗？承认，就是上了钩，也就只好选编，交稿。最后还有一种更难抗拒的，是或打招呼，或不打招呼，越过作者，自己选编，印了。如某些作家，为脸面，或为一口气，去打官司吗？可惜我天性不能争强，于胜诉与坐篱下吃烤白薯之间，我是宁可吃烤白薯的。

那么，吃完烤白薯，重复问题就可以大事化小吗？显然不能。不得已，只好寻找机会，把惯于向编辑大人诉说之苦改为向掏腰包的读者说说。机会多有，说也就不止一次，抄一些看看：

  书生，涂涂抹抹，得印成本本的机会，并写自序，是双料得意的事。我这次却例外。为什么？是因为这样的生意，正如我常常自己坦白所说，厨内没有生猛熟不猛之类，还要

837

卖，只好拼凑，小葱拌豆腐，一盘，豆腐拌小葱，另一盘，而居然换来钱，还能再这样拼凑吗？真不好意思。

（《桑榆自语》自序）

上面已经说明，其中绝大部分是见于另外几本书的，您也许买过，为分类集中而又破费，也许要后悔吧？那就也以不买为是。

（《月旦集》自序）

可是上门买的如果不止一次，而所求是新货，就带夹难于处理的问题，是，比如说，已经买了一次，所得是臭豆腐，又来，想尝尝别的，送到手的却还是臭豆腐，纵使三顾大量，未说什么，开小铺的总当过意不去吧？想避免过意不去，就应该在店门外张贴，言明本店只有臭豆腐，意在买新货的主顾，请勿登门可也。……但要卖，千万不要忘记，把店门外张贴的那份买新货者请勿登门的声明抄在货的包装上。

（《当代散文名家精品文库·张中行卷》后记）

话说了不少，会有什么用呢？推想必用处不大，因为无论如何，你总是翻来覆去选，而且印了。

只好不再纠缠，改为说合伙型的，即选一些篇，与其他作者的若干篇合为一本，印了卖。作者非一，花样就更多，都可以看作他人瓦上霜，视而不见。单说与自己有关的。多数是不打招呼，就选，就印；其中有的印了，卖了，还是不打招呼。有的人有打官司的瘾，怂恿我到什么地方去告状，我在这里郑重说一下，请所谓侵权者放心，我仍是老作风，有闲，宁可坐在屋里诌打油诗，也决不为一壶醋钱打官司告状。合伙型的选本，也有不只先打招呼，而且请求推荐篇目的，这费力不多，我可以照办，因为合伙，就不会有同样货色反复卖的问题。

说到此，好像我对于选编的形式有不赞同的意见，其实不由然。我有意见，不是因为远，是因为反复选。即如我自己，也曾把谈人的文章，择要编为《月旦集》，目的是喜欢看这类文章的读者就可以一网打尽。而由选编我又想到个愿望，是所写之文，如《桥》《蟋蟀》《剥啄声》《起火老店》之类，述说对身边事物的观感的，如果能凑几十篇，集为一本，不知道别人怎么样，我是会放在枕边，渴望剥啄声而终于门庭寂然的时候，翻开看一看的。只是可惜，时至今日，我如京剧《女起解》中崇公道所慨叹，心有余而力不足了。

旧地新情

《后汉书·襄楷传》:"浮屠不三宿桑下,恐久,生恩爱,精之至也。"这是其时所谓道人的生活态度。至于我们俗人,至少我觉得,对应的态度就无妨相反,而是宿至于三,尤其超过三,就应该生恩爱,不得已而离开,也要恋恋不忍去。我幸或不幸而有了生,未夭折,虽然生的旅途平淡少奇,回顾,宿多于三的地方也太多了,那么,生了恩爱,离开的时候都曾泣下沾襟吗?如果我也惯于编造小说,就可以这样描画,可惜我不会编造小说,但写实,也总要说恋恋不忍去的。当然有例外,比如在干校,那是接受改造,身心都痛苦,一旦放还,装箱,卷铺盖,离开那个床位,就并未恋恋,因为其前没有生恩爱。以上是泛论,完了,改为说具体的。旧地,指我的工作地点人民教育出版社,称为旧,是因为新中国成立之前,它是我的母校北京大学的第二院。第二院是理学院,我是文学院(第一院)学生,上课地点在红楼,可是大学办公处在第二院,办什么手续要到那里去,那里还有个大讲堂,上普修课,听讲演,参加什么集会(如刘半农的追悼会),也要到那里去。此外,我走入校门,同那里还有开卷第一回的因缘，那是，一，报名是在数学系楼（今之高教楼）南面的廊下；二，录取榜是贴在大门外的板壁上。总之，那里是我的母校，毕业后若干年入其门，就颇有嫁出去的女儿回娘家之感。再说入其门，我是由1955年6月下旬社由教育部小红楼迁入的时候开始，而这里所写是1981年春夏之际以后的事，是因为以前的入其门而未宿（"文化大革命"中受命集中，不许回家的若干日，与宿桑下有别，不算），这之后，门内有了下榻之地，入其门，不只可以三宿，而且事实是断断续续，宿了十数年之多。时间如白纸，拉长，上面就可能，或说不能不写上一些文字，会不会有生恩爱之类呢？想捡拾这方面的碎影，看看。

由得下榻之地的因缘说起。其时我是无房户，住在北京大学（新的，即昔之燕京大学）朗润园，是借女儿一间房。朗润园在校园内东北角，我上班，由住处出学校西门挤公共汽车，要走十五分钟。然后是等，挤，都成功了，到白石桥站还要换无轨电车，坐或立到景山站，走六七分钟，到社。总而算之，要费一个半小时左右，外加精力，而来后还有去，就成为每日三个小时外加精力。我身受，语文编辑室的头头理解，不言而喻，如果社里能有个住处，就可以公私两利。两利是希望，应该说是由1979年年尾迁出饭店到社的新楼上班的时候起，可是希望能否成为现实，还要看有没有实现的条件。等条件，一等就是一年有半，而真就来了，是由东北借调助编课本的两位女士任务完成，回东北，她们住的一间房，两个床位，成为燕子楼空。其时孙玄常兄早由晋南来,到社里帮助编高中语文课本,在其令弟的福绥境大楼里借住,更是无房户,于是照顾两个白头翁,把这间房给了我们。房在工字楼,入面南楼门,左转再左转,有两个南窗的那一间。房原是老北大的教室(一部分),"文化大革命"前曾用作叶圣陶先生的办公室,高大,敞亮,是优越性。还有个优越性,是原来住的二位,从社里借了被褥、脸盆、暖瓶等全套装备,我们也继承了。用经济学家的慧眼看,还可以再加个优越性,是算集体宿舍,就不收房租和灯水等费用。查日记,我们是1981年5月29日住进去的,我高兴,秀才人情纸半张,还诌了一首七绝,题目是"新下榻处为母校二院工字楼与玄翁同室题壁",诗云:

五十年前教学楼(1931年为入学之年),洪涛过后半方舟("文化大革命"之后,后半拆去,改建为五层楼的家属宿舍)。

今来斗室悬双榻,对话开天两白头。

住进去之后,就迎来更大的优越性,是节省了大量的时间和精力,都用在工作(包括自留地的)上。我习惯早睡早起,不看电影不看戏,住社里并且不看电视,所以成为定例,早六点进办公室,晚九点出办公室,除三餐和午饭后躺一会儿之外,可以终日面对书或稿纸。现在回顾,十几年,为公,为私,编写了十几种书,虽然大多不成气候，而计劳有苦劳之说，这能劳，有不少就是在旧地得个下榻处之赐。这下榻地，与孙玄翁共用，差不多两年，想也说说这位多年的同事和朋友。他有个好籍贯，浙江海宁，多才与艺，能诗词，能中西画，治国学的各门类，还厚古而不薄今，通英语法语，攻现代汉语语法。成语有个恃才傲物，他未能免俗，眼眶高，就常常不能谨小慎微，守口如瓶。为此，1957年挣得一顶右派的帽子，押出国门，发往晋南稷山县，过低头忍辱的生活二十年。拨乱反正，有个时期，户口可以重入国门，因为他未抓紧，错过。这次来京，先是应人民大学之约，开《左传》课，课结束，赶上社里编课本任务重，就来社里帮忙。然后说共住，因为共朝夕，时间略长，对于他就有了新的了解。先说大醇。以参禅为喻，他是祖师禅，我是野狐禅，因而闲谈，他就多论道，至少是论学，我大多是未洗耳而恭听罢了。再说（用常人眼看的）小疵。他有才而使其才，因而做任何事都快，也就难免粗枝大叶，甚至丢三落四。一件使我至今不忘的是锁门常常把钥匙忘在屋里，以致回来就不能进去。还有一次是丢了眼镜，钻到床下去摸，终于摸不着，后来发现，原来不在床下而在床上。他好交，常常进谒社会名流之门，也就有不少人来看他，印象不深，从略。单说个印象深的年轻姑娘，名魏亚田，其时只有十六七岁吧，常来。印象深，是因为她理想（或说幻想）多而情热，所想和所行与一般娇羞的女孩子大异其趣。与玄翁结识的一幕可以为证，是在王府井大街工艺美术服务部，玄翁买宣纸，她远远望见白发垂两鬓，大概以为像西方甚至文艺复兴时代的某画家吧,就上前问:"您是画家吧?"玄翁答曾学画。她进一步说:"我想跟您学画。"接着就到我们共住的地方来,成为玄翁的"入室"弟子。她已经离开学校,多闲,不能如旧时代闺秀之安坐室内绣花,就常跑来,坦白她的生涯和幻想,其中有出国、恋爱等等。像是想得很多,实现的很少。因为常见,对我也不坏,玄翁返晋南以后还来看过我几次。去者日以疏,渐渐,不来了,也许真就到国外了吧?祝愿她有不少的幻想能够成为现实。还是说玄翁,因为有个新规定,帮忙要是户口在北京的,他不是,不得不回山西。记得是1983年的3月中旬,他收拾行装,准备又出国门。我表示惜别,小礼是招待一顿酒饭,大礼是拼凑一首七律,题目是"玄翁将归晋南以戏语赠别",诗云:

晚岁书林试滥竽,输君嘉遁出王都。讲章作嫁非真智(翁常谓我做选注工作乃为他人作嫁衣裳),匡雅传名信若愚(时翁奋力治《尔雅》)。胜业久参刘子骏(汉刘歆字子骏,精《左传》,翁亦然),清才应愧柳蘼芜(柳如是,号蘼芜,翁曾为我临其画,今尚存箧中。柳纤足,翁每有微辞,余曰,钱牧斋、陈寅老尚五体投地,况吾辈乎)。追思一事留余憾,未得寒宵听鬼狐(翁喜论道,无柳泉居士之雅兴)。

与玄翁在这间屋里共住近两年,得他的助益,除许多幅画(有不少是为友人求的）之外，还由他的介绍，印了一本《佛教与中国文学》，受他的激励，写了一本《禅外说禅》。

玄常兄走了，这间屋由我一个人住。未派来新人，是出于惜老怜贫的厚意。老年人多喜静，一个人住有许多方便，此惜老也。我原来城里有住房，"文化大革命"中不得已而放弃，于今有了一间房，比如老伴进城干什么，就也有了下榻之地，此怜贫也。就这样，我在这间敞亮的屋里独自住了五年多一点，半方舟的这座楼也要现代化，或说经济化，两层变为三层，即将动工，我只好迁出去，当然仍有下榻之地，但不再是母校原有的。五年，时间不短，所经历，身，心，都不少，也可算作千头万绪吧，因而就写不胜写。幸而前些年写过一篇《府院留痕》(收入《负暄续话》)，其中关于这方面，曾说了几句概括的话，为避难就易，抄在这里：

> 我没有孟老夫子四十不动心那样的修养，有时难免有些感慨，因为抚今思昔，恰好是半个世纪。在这间屋里一共住了七年，春风夏梦，可怀念的不少。但记得最清楚的还是面壁时的岑寂，见夕照，闻雁声，常有风动竹而以为故人来的怅惘。幸或不幸，总算都过去了。

现在想，只说到岑寂，还是轻描淡写了，因为分明记得还写过这样的诗：

感怀仍此室，闻道竟何方。有约思张范（张劭、范式为生死交，见《后汉书》），忘情愧老庄。欲问星明夜，摇红泪几行（摇红，烛也）。

依中国文学的传统，蜡烛垂泪是替人的，则心之所经就不只是岑寂了吧？也是总算都过去了。

如果迁入工字楼的这间屋也计数，算作一迁，我在母校第二院的居住史就可以上比孟母，共迁了三次。二迁是迁到招待所，在新建的三号家属宿舍楼西部一半的地下室。招待所有南北两个门，进西端的南门，下台阶，右拐右手（向南）第一间房就是我住的。面积小多了，但保持原状，仍支两个床，我睡西面的一个，东面一个可以放些东西。我是1988年4月7日迁入的，住到1990年4月17日，共是两年多一点。招待所是旅店性质，语云，官不修衙，客不修店，人同此心，我也就没有结庐安居的感觉。

还是1989年的初夏，社最北部东西一个长条的五号楼（两层，下为家属宿舍，上为办公室）楼上有空屋，曾建议我迁过去，我谢绝了，因为这座楼屋顶不能隔热，夏天室内温度太高，难得入睡。到1990年春季，不知什么人想的高招，楼顶加个大块空心砖的砖棚，推想可以隔热，我于4月18日迁过去。房为筒子形，南北对面两排，我的一间在南面，编号为221，在楼的中间偏西，估计地点相当于原公主楼的东端。室宽大，缺点是窗外不远就是五层的四号家属宿舍楼,阳光几乎永远不来"光"顾。这关系不大,因为大白天,我总是在办公楼的办公室里活动。三迁到这里,我有了陶渊明"结庐在人境"的安心之感,于是模仿帝王,得天下要制礼作乐,除由工字楼带来一个大而旧的书桌以外,又由社里借个书柜,还有公家赠送的一个小木柜,可以安置书和其他长物了。计住到今日已是六年有余,室内由原来的空荡荡变为桌上、柜内,以及那个空床位之上,都不再有隙地。俗语说,破家值万贯,物多也影响心情,是有时安坐室内,客至,宾主就都觉得是个家了。由1995年9月起,我不再有编审公家书稿的任务,因而走入这个家就由经常变为偶尔。形势是我不能不扔掉这个家;或者升级,由于健康的情况,总会有一天,我走出这旧府院之门,含泪回顾,与母校告别吧?还是舍远取近,只说这个家,也是春风夏梦,有说不尽的悲喜。难尽,但也未尝不可以因小见大,那是所写的《案头清供》(收入《负暄三话》,下一篇同),供是供在这间房里,所写的《剥啄声》,轻敲之门也是出入这间房的那一个。

又一家乡

我出生地的家乡,小村中一个院落的故居,四十年代后期土改,动产净尽,房屋分出一部分,五十年代后期"大跃进",吃饭困难,家里人都外出,各找各的生路,房屋空闲,用作生产队的办公存物处,1976年唐山地震,房屋全部倒塌,砖瓦木料由大队运走,地基改为通路,这故居就由败落化为空无。我自二十年代中期外出,外面有住处,可是万一富而且贵,想行古人之道,"不归故乡,如衣锦夜行",就会有无家可归的处境,也总是个遗憾吧。幸而我没有富而且贵,这遗憾也就可以化为空无。但花花世界,未来之事移到眼前,常常有出人意料的。是1986年的夏秋之际,一个不认识的女士,由一个认识的女士介绍,到我的办公室来访问,目的是了解一些旧事。她自我介绍,说到籍贯是香河县,我的心一震,因为,就算作封建思想吧,她是由本乡本土来的,只是听到乡音也感到亲切。她姓王,职业是教师,兴趣是写作,而且在县里已经有些名气,常常参与县政协的一些活动,也就与县里的上层人士多有交往。她喜爱文学,看到我的拙作《负暄琐话》以及编的几本书,认为可以算作香河县的荣誉,到县里，有机会就吹嘘。于是渐渐，县里的有些人就知道有我这样一个老朽在北京，说香河，道香河，是可以提一提的。

依照王阳明知行合一的理论，知要化为行，于是县政协的头面人物就有接我到故土看看之议。议后要执行，于是择吉，于1987年3月下旬的一个下午来车，接我到已经没有城的县城去。这是解放后的第一次去，住了四夜才回北京。时间不短，事情不少，只说说值得记下来的。吃了香河的名产肉饼，不止一次。到那里的次日，乘汽车西行几里，先看自西而东，由县城以北流过的潮白河，河身仍有昔年风韵，只是水已不多。然后大致是沿着运河的东岸南行，至一地名红庙，估计是在河西务以北不远，看运河支流青龙湾由运河分出的情况。青龙湾由运河分出后向东偏南流入七里海，我的家乡在青龙湾南十里，我幼年在家乡受河决口之灾共两次，先是运河，后是青龙湾，所以看这两条河水的分合之点，心里就不免萌生忆旧之情。只是可惜，这分合之点并不分明，远望只是一片黄沙。看景物，路上忙里偷闲，曾到一个村庄名七百户的看一个朋友，因精神患病扔掉律师职业，多年家居的李朝瑞。找到他的家宅，未能见到人，因为已经于几年前往生净土。也许因为发现我多有怀旧之情吧，东道主说有时间，有车，可以南行，过青龙湾，到老家看看。我感激他们的好意，但谢绝了，因为：一，亲友太多，我没有都看看的时间和精力；二，坐汽车还乡，有炫耀之嫌，则万万不可也。东道主还说了个更值得感激的意见，是生于香河县，虽然我的老家于五十年代划归武清县，我应该

849

不忘故国，仍说是香河县人，恰好老家已经没有住处，那就欢迎我到县城住，把县城看作家。这个意见，我欣然接受，因为写籍贯，改为说是武清县，总觉得很别扭。

香河县城大致方方正正，周围有四华里吧，不大，城内由东门到西门一条线，由南门到北门一条线，交叉为"十"字，把城内的地盘分为四块，靠东南的一块名东南后（不知何以名为前后的"后"），西南的一块名西南后，其余两块同。我下榻于县政协，在东南后，与东街平行而紧邻的一条街路北。有闲，可自由活动，当然要到各处，尤其昔日有印象的各处看看。最可惜的是那个完整的砖城，拆了，连痕迹都没留下。连带东门以北城墙上那个魁星楼，当然也没有了。城中心有个两层的观音阁（当地土音称为gǎo），也不见了。我当年到县城，大多住在西街路北我长兄工作地点的县立小学，小学的建筑变了，其东邻的县政府迁了，再东邻文庙，大成殿未毁，改为文化馆的什么室。还有两处不见经传的，一处是小学对面一个卖烫面饺的小铺，因为做烫面饺的是个头发少的姑娘，通称秃丫头烫面饺，味道很美，找而不见了；另一处是北门内路东，上小学时期到县里开观摩会住过的客店，我的一篇拙作《起火老店》（收入《负暄续话》）曾提到它，也无影无踪了，都禁不住兴起逝者如斯之叹。

这还乡的开卷第一回是个大举，住了四天之多，认识不少人，主要是县政协的，上至正副主席，下至普通职员以至看门的老王。香河县城离北京几十公里，他们不断来北京办事，也就常到我这里来。所谓"来者日以亲",亲表现于心情就成为,他们把我看作家乡的人,我就真把县城看作家乡了。看作,心也,心必化为物,于是由八十年代后期起,直到现在,总有七八年吧,有机缘我就去住,多则三五天,少则一两天。他们则更是隆重,中秋,常接我去赏"月是故乡明"之月,腊月中我的生辰,常接我去过生日。来来往往,共有若干次,都说不清了。也无妨用结总账的形式说说。住,乡两处,五百户卢家的驴声小院,孙家止务的鹅声小院;半乡半城一处,南台凌家的维新客房(已易火炕为软床);城两处,县政协和大气物理研究所香河站。游呢,乘车看了尚未建成、位于安平镇附近的天下第一城,早已建成位于北务屯村西的度假村,香城屯村西辽代的两棵银杏树;步行踏了运河堤内的沙滩,坐了青龙湾堤内的沙滩,还要加写一笔,坐在沙滩之上,顺着有一点点水的河身东望,只是二三十里吧,河的南堤之外就是外祖家,可惜时间无情,外祖母、严氏大姐等等都不在了。再说吃,我最怀念,是仍保存昔年的朴厚之风。先说早点,以旧城为坐标,城外东南角有早市,有个老者卖豆腐脑,味道好,我总是在他那里吃,成为熟人,比如多日不去吃,又去,他会说:"又回来啦,得住几天吧?"话里有家乡之情,使我感到真是有家可归了。午饭晚饭两顿,常常是,我也最欣赏,酒菜为炸土产的小虾,价廉,味道很好,然后主食是自做的香河肉饼,最后不是汤,而是玉米楂粥。近年来,我有时参加各种情况的所谓宴会,循时风,都要菜贵而多,我的肠胃出身低,不能适应,总是酒未三巡、菜未一半就想告退,如果真告退,主人会问:"这是怎么啦,哪儿不舒服吗?"如果据实陈述,我应该说:"是患点小的心病,不过是思乡而已。"

思乡,因为豆腐脑、玉米楂粥等之外,还有不少可留恋的,大题要小做,想以曾住之处为纲,说说有些事或人,长记于心的。卢家小院风景不坏,南面的遮栏不是墙而是篱,篱外南望,穿过一个水塘和杨树林,可以清楚地看见青龙湾的北堤。主人养一条狗,也好客,见生人如我,摇尾而不叫。入夜常常听见叫声,是西邻的一头驴,惜哉王仲宣早已作古,不能享受如此的美声了。最值得怀念的是主人卢叟的朴厚,晚饭,佐以乡下菜一二品,对饮一两杯,相视,无言,也可以说是华严境界吧。孙家止务的住处在街心,没有卢家小院可以远眺的优越性。但可以近取,那是院内养长颈的大鹅两只,见生人就嘎嘎叫,表示欢迎呢还是不信任?可惜我没有孔门弟子通鸟语的本事,只好多闻阙疑了。比鹅声更难忘的是室内的火炕,卧于其上,不由得想到儿时,冬晚坐在祖父身边,听讲黄鼠狼故事的情景。一晃七十年过去了!南台在南门外一里多,房屋以及设备改为半现代化,反而没什么可说的。但出其后门,却有所遇,那是一农家养的两头驴,经常在一块空地上吃草。驴一大一小,估计是母子关系。可赞叹的是那头小的,超常的温驯,第一次见,我摸摸它的颈部,再见,就慢慢走过来,贴在我的身边,不动。我感谢它的温情,无以为报,恰好有人来照相,就同它合照一两张,虽然有违"鸟兽不可与同群"的圣道,我珍视之,是不亚于与什么星挤在一起的。在县政协的前后两排房,尤其后一排，我住的时间长，可说的多，就宜于挑挑拣拣。想略去上层的，以免有眼惯于向上看之嫌。干脆由下层的一端着眼，说一点点我觉得可以说说的。前排房西端有三间旧时代的房，坐北向南，磨砖对缝，其精致的程度可以比山西乔家大院的，问其根源，说是某盐商的，只残存这三间，这就不能不慨叹，旧时代的珍异，我们应该保存，只是因为迷于革新的什么口号，就轻易地毁了。后排房西端那一间，窗前有一棵核桃树，论年龄，只相当于人的十几岁吧，每年秋后也可以收一些果实，我也就可以分润几个，放在书柜里的显眼处。在政协，招待吃饭的有时是王女士（已调政协，编文史资料），备酒，酒菜，出后门是东街，西行，到一个卖酱肉、酱杂碎的年轻姑娘那里去买，品尝，味道仍是儿时在出生的家乡吃的，也就感到亲切。在王女士屋，有一次是吃清炖排骨，请她的一个朋友帮忙做。也是个女士，名白萍，在县立的中学工作。年已过三十了吧，因为心脏不好，讲课（英语）费力，做些教务工作，仍是独身。细长身材，貌清秀温和，罕见的北国佳丽。人聪慧，暂做厨工，不慌不忙，井井有条，做成，客客气气地请我吃，味道之美，在我吃过的各种做法的排骨里，实事求是，应该说是第一位。我问王女士，这样的一个人怎么能流落到香河，说是家在北京，"文化大革命"中下放到云南，不服水土，得了病，想回北京，难，有机会来香河，总是离家近些，所以来了，等再有机会还是回北京。其后我们又见过几次，还有一次结伴回北京。计到现在，有三四年不见了，还在香河吗？病有否转机呢？我有时想到她，就不禁有佳人薄命的怅惘。近几年，我到这又一家乡，总是住在大气物理研究所的香河站。其地在原东面城墙外，东门与城东南角之间，面积大，房不多，有城市山林的幽雅之趣。主人住宿舍楼的第三层（最高层），姓孟，也是县政协的人，其夫姓孙，不用"兽不可与同群"的圣道，我珍视之，是不亚于与什么星挤在一起的。不用说也是大气所的。住在这座楼，曾赏窗外的中秋之月，曾多次吃自做的家乡肉饼。最值得怀念的是主人有助人的高谊，把一间闲屋让与我专用，我虽然不能常到香河住，其地有个可以随时下榻之室，专说心情，也就觉得在故土有个家了。

然而"胜地不常，盛筵难再"，是两三年以前，也是钱至上，一切为商业让路吧，县政协迁居，原地拆改，可以想见，三间精致的旧建筑，还很年轻的核桃树，就都不复存在了。其后，是不很久以前，由于居住地点的变换，大气所的主人把那三层楼上的住房放弃了，我那心情上的家当然也就随着破灭了。记得还是县政协的院落拆除的时候，我在香河，傍晚入东门散步，翘首西望，想到昔年，一阵感伤，曾哼了一首七绝，词句是：

绮梦无端入震门（东方为震），城池影尽旧名存。长街几许开天事，付与征途热泪痕。

不忘开天旧事，来往有泪，是我还不能放弃这个又一家乡。对家乡有深情,有没有发宏愿,干脆择地结庐,终老于此之意呢?还真做过这样的梦,是有个上层的管房建的人物,与我多有交往,有一次他说,也无妨自己买个小院,来家乡住就可以更加方便,我一时想到方便,未想到其他,点了头,并表示感谢。过了总有两年吧,没有下文,一次与大气所的东道主言及,他们说:"是我们给制止了。您想,要是您还能写,您就不能离开北京,到不能写的时候,就更不能离开北京了,要那个累赘干什么!何时能来,我们担保有地方住。就是想下乡,睡火炕,家里也现成,保证烧热热的。"说起睡火炕,不只我,连我认识的有些人,包括领其带、高其跟的,都有这样的梦想。语云,人不辞路,虎不辞山,既然我还有这样一个故土的家,就利用机会,或自己,或带着同样有还乡之梦的谁,到那里去,吃家乡饭,睡火炕吧。

游踪记略

依照我的对于生命的理解,求扩充绵延,游也是人生所必需,因为"年寿有时而尽",多看,多经历,亦多得之一道也。但这是就"理"说,至于具体到某一个人,如何做,就还要看外和内的多种条件怎么样。单说我自己,青壮年时期,也会有上穷河源、骑鹤下扬州的兴致吧。好汉不提当年勇,只说老而朽之后,提起游,态度就不能如一般现代化的人那样明朗,或者说,常常不是欣然愿往。态度不能从众,有原因,而且不少。从时风,物为上,先说物方面的,比较简单,是既少闲又少钱。少钱,想看看金字塔就办不到;少闲就更厉害,比如只是二三十里之外有个什么名胜,看,一算往返要半天多,也就只好放弃。再说心方面的,就复杂多了。游,我有偏爱,只说大宗,是喜故厌新,尤其豪华的新,如香港、深圳一类地方,我是必不往。这是一,理由之轻轻者;还有二,加重,是来自常见的"听景胜似看景";还有三,再加重,是来自赵州和尚的"好事不如无"。总之,多种条件,多种因缘,万法归一,是与好游的,古,徐霞客,今,赵丽雅,相比,我的生涯中,简直可以说是无游。但是,如莎士比亚在某剧中所说,"乞丐身上也有几件没用的",况我还未沦为乞丐乎?而想想,限于近几年,真就游了几次。游,其时有踪,其后有影,依这本书的体例,有影应该存,并画,让有闲心的人看看。共游了五地,内蒙古的呼伦贝尔,以郑州为据点的开封、洛阳,承德避暑山庄,以石家庄为据点的正定、邯郸等处,以太原、临汾为据点的山西中南部诸名胜,都是揩油性质。所见不少,不宜于用记账式,想着重谈一点点观感。

以时间先后为序,先说1990年7月11日到25日的呼伦贝尔之行。这是国土的北端,风土人情有特点,所以有机会就愿意看看。机会是有个华北五省(区)市(河北、山西、内蒙古、北京、天津)教育出版社的年会,这一年轮到内蒙古做东,会的主持人徐学文请我社的张玺恩、李成治和我作为宾客,参加玩玩。徐学文办事能力强,食宿行程等都安排得很好,因而耗时两周,获得生活舒适、大开眼界的善果。眼所见太多,还是照原来的想法,只说观感。为头绪清楚,分项。其一,我们乘飞机先到呼伦贝尔盟的盟所在地海拉尔,次日就西行看大草原。确是大,平坦,一望无边,只是据说,草已经退化,不再有"风吹草低见牛羊"的形势。其二是到大兴安岭看大森林。大多是松林,也有桦木林。树也如人,争,是争阳光,或说争天地,都挺直地往上钻,肩并肩,有些地方很密。干粗超过人体的不多,据林业局的人说,常说原始森林,其实没有原始森林,因为没有百年以上而不失火的。其三是看满洲里以南的达赉湖(旧地图名呼伦池),也是大，南北长二百里，站在湖岸上面西，也是一望无边。水产丰富，如在大草原吃的是全羊席，到这里就变为全鱼席。其四，往满洲里，由海拉尔是西行到尽头（再前行就出国境）。我们曾北行也到尽头，地名满归（东略北百余里即黑龙江省最北部的漠河）。这里已经是北纬五十二度多，晨起看日出，景象不一样。还有大不一样的是早晚到室外要穿毛衣，而在北京，则正是汗流浃背之时。凉爽，就是夏日也会含有不利的一面，是连蔬菜也不能种，因为无霜期太短。冬天呢，那就更不得了，据说经常是零下五十摄氏度。在这里，北望，不知怎么神魂一飞，竟想到充军西伯利亚（等于中国的北大荒），怎么过下去呢？人生终归是不容易的，所以就更不能不诅咒专制制度以及专制魔王的为所欲为。其五，再说个大，是东行到阿里河，北行约二十里看嘎仙洞。洞在面西的山麓之上，高大而深，稍阴暗，如果一个人进去，向上望（有五六层楼高），向内望（总有百八十米远），就会心惊胆战。洞是天然的，何以造山时形成这样大的一个洞，真不能不赞叹自然之奇妙。前不久，发现入洞门的北（右方）面石壁上有刻字，辨认，所记为北魏皇室来此祭祖的事，与《魏书》所记合，才知道北魏视此洞为其祖先的发祥地。也可能鲜卑人的远祖真就在洞里住过，总之就不能不发思古之幽情了。其六，转回来说在满归，曾到密林中鄂温克族猎户的一个居住点去游览。林中空地有几个帐篷，养有狗，不远处有驯鹿群。只见到几个妇女，都朴实，而且好客。午饭招待我们吃鹿肉。我到帐篷里看看，卧的地方铺鹿皮，现代化的装备几乎都没有。帐篷附近走走，捡到一个桦树皮做的长方形小碗，据说是吃饭用的，用几次就扔了。在帐篷里坐的时候，曾经因主人生活条件的简陋而慨叹，可是返途的路上，心情忽然飞到另一端，是想到他们可以多日手不沾钱，而我们，手中没有三百五百就会呼天喊地，真是太惭愧了。其七，上面曾提及满洲里，其地是到海拉尔之后的再次日去的，目的主要是看看国门，曾登上瞭望塔（八九层楼高），用高倍数望远镜看苏联妇女在住房前做农活。其时两国不通商，街道上清爽洁净，印象是颇宜于隐居。其后不久通商了，听由海拉尔来的人说，大批倒儿爷、倒儿奶奶蜂拥而至，用伪劣商品骗人，而现世报应飞快，也是不久，货不再有人买，以至彼方的商店门外都标明"本店不卖中国货"，满洲里又恢复为清爽洁净。可是，街道，清爽了，人心呢？就是倒儿爷、倒儿奶奶，也该想想了吧？痛心的是，倒儿爷、倒儿奶奶，以及制造伪劣商品的，我们不能不承认也是"民吾同胞"！其八，幸而在内蒙古所见，尤其蒙古族人，几乎百分之百是朴厚的。以招待吃饭为例，总怕你吃不饱，上大盘菜，一二三四五，六七八九十，没完没了。他们自己喝酒就更值得欣赏，都是整瓶白酒，一个人一个玻璃杯，三个人，一个人三分之一，四个人，一个人四分之一，分完，大口喝，不推托。说到这里，不由得想起我在通辽印刷厂住十一天，小食堂照顾吃饭的那个蒙古族妇女娜仁，也是唯恐我不能吃饱吃好，而厚意的表示却几乎不用语言。告别，我只说一声谢谢，想不到，不久有人从通辽来北京，却给我带来两瓶白酒。我一愣，不知道如何才

859

能报答她。到通辽的机会大概没有了，真想还能见到她。那就化私为公吧，或者只是自慰，而说，因为国里也还有些这样的人，就可以确信，我们终归是有希望的。

接着说1994年5月23日到28日的郑州之行。当然也有因缘，是有个关系较深的张君在郑州工作，有供应食宿以及代步的条件，听说我没到过开封和洛阳，表示欢迎我去看看，本想安排在4月，因为到通辽去看校样，推迟到5月。碰巧石家庄《语文周报》的高莉芙女士到郑州去办什么事，就结伴同行。中夜上火车，次晨到，当日看了郑州的大河村先民住房遗址和商城遗址。次日乘汽车东行往开封，看了相国寺、铁塔等名胜，当日回郑州。过夜，乘汽车西行往洛阳，住一夜，看了龙门石窟、白香山墓、白马寺、少林寺等名胜。郑州认识的人不多，陪同游历，有省政协的袁蓬先生，以及有写作关系的段海峰君（《时代青年》编辑）和李莉女士（中原农民出版社编辑）。开封和洛阳都是古都市，因为时移事易，可看的却不很多，也说说观感。其一，厚古，先说商城遗址。直而长的土岭，还可以显示当年的高而且厚。我们知道，商朝是常迁都的，每迁一次，都是这样筑城吗？为了统治者一家的安全和享受，小民的负担也太重了。还会联想到其后的秦始皇，变都城为长城，小民的痛苦必大升级，今日提到长城而感到自豪的人还会想到吗？——不好，这是由游乐而滑到斗气，应该迷途知返。说适意的，是遗址上还有些陶片，有的上面有网纹，也许真是商的遗物吧？高莉芙女士捡了几片，放在手提包里。其二，开封是《东京梦华录》的东京,可是据研究中州文史的袁蓬先生说,因为黄河多次决口,宋时的城已经埋在九米以下,这样,不要说李师师的故居,就是"杨柳岸晓风残月"的杨柳岸,也都难得找到了。大相国寺像是也可以为证,如宋人笔记所写,应该很大,可是今日的不大,总是有其名而无其实了。其三,城内东北隅的艮岳更是这样,也是一点遗迹都不见。名胜之一的铁塔(实是黑色琉璃)完整,问是何时所建,承见告,可惜未以文字记下来,不久就忘了。其四,宋朝一条街的矾楼是新建的,过于雄伟繁复,推想是为旅游创汇,宋朝的商店,总不会这样千门万户、雕梁画栋吧?其五是到了洛阳,当日下午即南行约二十里,游第一名胜的龙门石窟。石窟很多,还有第一,是奉先寺,不只佛像大,而且诗圣杜甫有诗,曰《游龙门奉先寺》。到此处游的人当然不只杜甫,异性,高如杨玉环,低如张好好,都不会没到过吧?所以站在窟外,面对佛像,总不能不发思古之幽情了。我更感兴趣的是古阳洞,因为讲书法,有名的造像记,所谓龙门二十品,都在这个洞里。石窟依南北向的山而凿,在伊水西岸,都面东,下午背光,洞内无灯,阴暗,看不清楚。我最想看到的是《始平公造像记》,原因是:一,字最精;二,字凸起,稀有;三,我有个好拓本,可是估计是看不到了,感到遗憾。"情动于中而形于言",万没想到,陪游的李莉女士听见,向上一望,指,大声说:"就在那里!"原来它在北壁的最上方,且紧靠外,光能照到。我用小望远镜细看看,照了相,大有不虚此行之感。其六,过龙门桥到伊水东岸看白香山墓。墓如城市里的环岛，不很高而面积大，环绕看看，不知怎么就想到《本事诗》里记的他的诗句："永丰坊里东南角，尽日无人属阿谁？"这所述是伤老之情，所以就"于我心有戚戚焉"。其七，返途，由洛阳东行二十里游白马寺。据说寺的地点还是东汉的，建筑当然不能仍其旧。寺有高名，是因为在中国建佛寺的历史上，它排名第一。据旧记，东汉明帝时是建在洛阳城西，现在的洛阳却在它的西方二十里，可见变化之大。游白马寺，东望，我禁不住想到古诗的"驱车上东门"，以及《洛阳伽蓝记》中所记，嵇康被杀于建春门外的马市，永宁寺的祸乱，瑶光寺的香艳，直到百果园枣，刘白堕酒，等等，可惜都化为空无了。其八，由白马寺东南行，穿嵩山，游少林寺。未见到练武；文像是也没有，最多的是商业。几层殿，塔院，都没留下什么印象；印象深的是寺门内那几棵粗大的银杏树，也是因为思古，坐在最大一棵的根部留了个影。车继续前行，路上想到有名的寺院都辟为旅游点，大赚其钱的问题。佛寺，所谓精舍，或清净山林，是修行求解脱之地。何以想求解脱，如何才能解脱，就必须信受奉行"本师释迦牟尼佛"的"四圣谛法"。这是承认娑婆世界是苦海，"苦"来于"集"，要以"道""灭"之。辟为旅游点，卖门票，卖纪念品，收香火钱，显然都是"集"，也就不能走向"灭"。这样，表面看，香烟缭绕，日进斗金，寺院是越来越兴旺，而实际呢，扔开四圣谛法，货真价实的佛教就如影随形，不复存在了吧？

接着说同一年8月27日到29日的承德之行，路较近，所看不过是避暑山庄和外八庙。是同事张玺恩的公子张放招待，以报他成立公司求人书写牌匾的小惠吧。乘汽车，张玺恩同往。晨起上车，经古北口、滦平等地，十一时许到下榻之地山庄宾馆。下午看了一部分庙，次日上午游山庄，下午仍看庙，还剩下一个庙，是再次日，登上返途之前看的。很对不起，对于帝王的游乐享受，我一向兴趣不大，所以见景物不少，几乎都没有留下什么印象。印象比较清楚的反而是那个天然景物，棒槌山的棒槌，可惜我好逸恶劳，没有乘缆车到跟前去看看。回来的路上，由我提议，在古北口吃了一顿午饭，菜有村野风味，我觉得有意思，这关系不大，值得记下来的是青年时期就耳熟其名，想亲临其地看看，直到桑榆之年才得这样个机会，在街头盘桓一会儿。

接着说1995年10月23日至29日的石家庄之行。是有个读者兼友人在石家庄某学院工作，有供应食宿和代步的条件，听说我还没看过正定大佛寺和赵州桥，就约我于春秋佳日去看看。因为我和他都不是闲人，一直拖到10月下旬才来车接。要歌颂现代化的高速公路，晨八时许由北京我的住所出发，十一时左右就到石家庄。日程排得不很紧，单说游，由近而远，先是正定，游大佛寺（正名隆兴寺）一处；其后是东南行到赵州，游赵州桥和柏林寺两处；再其后是南行到邯郸，游黄粱梦、丛台、学步桥、回车巷四处。也说说观感。其一，正定大佛寺比想象的好得多。以为不会这样大，却很大，包括还有遗址的六师殿，共有七层殿，殿与殿间距离大，因而远望，就有占据半个

863

城的气势。六师殿柱础还在,如果不倒塌,更会大得惊人。尚完整的摩尼殿(在六师殿后)和转轮藏(坐西向东)为宋代建筑,木架结构雄伟而精巧,据说昔年梁思成夫妇来,看到也叹为稀有。后面大佛殿里的铜佛高二十多米,在国内也许是仅有的吧。这寺里还有个重要文物是隋朝的《龙藏寺碑》,讲书法的人都知道,因为造诣高,对唐初的楷法有不小的影响。碑在一个殿前的左侧,已残破,有个砖砌的小房(前面用玻璃)保护着。就体积说,在寺里它是小字号,寺里的人也不重视,门内的导游图上没有它,我告诉导游的人(一位女士,是文物单位的)应该添上,比如通中国文化的日本人来,未必知道宋朝建筑摩尼殿,却一定知道隋初刻的《龙藏寺碑》。其二是到赵州,先看州南五里洨河上的赵州桥(正名安济桥)。桥的构件已非隋朝之旧(栏杆、路石等其旁的展览室中还有一些),但地点、形式都是原来的,也就很值得看看了。其三,然后到原州城内东部的柏林寺。据说这里就是唐朝禅宗大师赵州和尚(法名从谂)驻锡的观音院,而殿宇却是全新的(后部尚未完工),想来也是"文化大革命"时候毁的吧?寺里柏树不少,且大多很粗大,不知与赵州和尚的有名机锋"庭前柏树子"有没有关系。导游的人是当地文物单位的,告诉我寺里有个出家人(法名明海)是北京大学出身,建议我同他谈谈。找来,剃发布袍,确是没有世俗的浮华气。他很年轻,至多近于而立吧,是毕业以后出的家。我问他出家的因缘,他说是在大学念哲学系,接触佛教经典,信,所以出了家。这就与六祖慧能闻人诵《金刚经》,心悦诚服，决心脱尘网，是一路。面对这样一位，我想得很多。他明的理（主要是情欲乃苦之源）也从我心里走过，并且，灭苦的愿望也绝不比其他人微弱。如何灭呢？禅宗的"顿悟"是理想，至于实际，就不得不秣马厉兵，面对情欲，做长期抗战的准备。有的人，如明海，是决心应战了。一定能够告捷吗？只能说，希望他能够这样。说到我自己，也读过《金刚经》《大智度论》之类，不幸是读，还没记牢，就转而翻兵书，念"知彼知己"，翻儒书，念"畏天命"，也就没有胆量应战了。其四，由石家庄南行，到邯郸，住一夜，次日早饭后先看黄粱梦。这景点来自唐人小说《枕中记》，当然是编造的。记中说"行邯郸道中，息邸舍"，这邸舍是旅店，可是现在成为道观，供各种保佑人得福得禄得寿的神仙，塑像都俗而陋。还有一陋，是所有文字解说，"粱"都误为"梁"。这样，这个景点就成为既虚假又庸俗，实在不值得看。其五，黄粱梦在城市的北方，路相当远，看完，回车南行，看丛台。这是赵武灵王练兵之地，名丛台，推想应该有许多土丘，可是现在成为一个砖砌的小城堡，可见也是来于附会。其六，再南行，已经是市内了吧，看一个平面的石桥，名学步桥。典故来于《庄子》，任人皆知，那是寓言，而且原文只说"学行"，并未说在什么地方，这里指实是桥上，也是很勉强的。其七，最后还看个回车巷，说是战国时候，蔺相如受廉颇之阻，车避入小巷的地方。这就更可笑了，因为战国时的邯郸城并不在现在这个地方（据说以南若干里曾发现赵城遗址）；而且，即使城池未变，街巷还会是两三千年以前的吗？所以在邯郸所见，四处，可以总而言之，都是假古董，唯其好古敏求的人就更可以不看。

接着说1996年9月15日至22日的山西之行。又是借了华北五省（区）市教育出版社年会（轮到山西教育出版社做东）的光，到未曾到过的太原。以之为据点，并南行，以临汾为据点，看了一些名胜。山西是我多年来想看看的地方，因为民情保守稳健，视旧如宝，保存的巨细，有不少很值得看看。年会送来机会，我决定再"老骥伏枥"一次，与北京出版社的吴坤定先生结伴，去了。我二人的名义是特约代表，有不掏食宿费以及不参加会议的特权，于是到太原之后就可以会亲友，然后是专心游。共游了十处，以时间先后为序是：交城县的玄中寺，晋祠，祁县的乔家大院，平遥县城，吉县的黄河壶口瀑布，隰县小西天，蒲县东岳庙，洪洞县的广胜寺、大槐树和苏三监狱。还是说观感，有话即长，无话即短（或从略）。其一，住太原四夜，只乘汽车穿过一些街道，印象有一些，不完整。总感到阴沉沉的，听一个亲戚说，是空气受污染，夜里，星辰也只能看见一个（想是金星）。其后西行南行，见路旁常有许多高大的烟筒冒烟，说是用煤炼焦，出口。这些都是工业化的应有之事，可是如此一化，日月星的三光就丧失一光，以及不再能吸到清鲜空气，得失如何，总当想一想吧？其二，游晋祠，从众，看了圣母殿及其中的塑像。我更感兴趣的反而是入门后右手一方的唐槐以及圣母殿前左方的周柏，是年寿使之不只高大，而且稀奇。《晋祠铭》在书法史上占一席地，也看见了。其三，乔家大院，房屋坚实精致，以及布局的严整，就是在北京，也应该叹为稀有。站在院里，四面望望，还可以想象百年以前富庶大家庭的生活情况，男男女女，出出入入，都是旧的，也会有多种苦乐吧？总之都过去了。其四，平遥城，我们看的是西门，有瓮城，雄伟完整，只是没有城楼。登上城头看，城很大，能看到远远的雉堞。望中的街道也古香古色，据说还保留明清时代的旧貌，可惜时间不充裕，未能去看。说起旧貌，不由得想到国内数不尽的完好的城，只是因为迷于破旧，连北京的周围六十八里的在内，都拆了。拆，容易，手中有权，一声令下，可是，万事都在变，人的头脑也会由火热变为清凉，烧退之后，来了平静，不会想到祖先的遗产吗？已化为空无，后悔就来不及了。其五，黄河的壶口瀑布，布之上，黄涛滚滚而下，险恶到使人几乎不敢正视，可以说是天下奇观。这次往山西，所见不少，如果排名次，当以此处为第一。也就可以领悟，与自然相比，人力终归是微弱的。其六，由洪洞县治东行二三十里，汽车盘山路而上，到广胜寺。建筑好，尤其山门内的琉璃塔，十三级，高四十多米，造型很美。有下寺，在山下北部，未看，返京，与卫建民（洪洞县人）闲谈，始知有名的"大行（即太行山的太行）散乐忠都秀在此作场"那幅壁画就在下寺。其七，明代风尘女子苏三的悲欢离合故事是根据实事编的，所以看苏三监狱就比看大槐树多有感慨。也是听卫建民说，县衙的大堂二堂，以及其西侧的监狱，都是明朝初年建筑，"文化大革命"中县政军管，革委会的头头某人也是迷于革，一声令下，都拆了。其

867

后革之风过去,为旅游卖票,重建了监狱,形貌追往昔,却不再是苏三住的那一个。一个监狱,小节,但小事可以通大理,是权太大而知过少,就容易胡来,引来悔之晚矣。

以上所记之游都是大举;还有几次零碎的,既然题目是记游踪,也就应该提一下。以时间先后为序,共三地,大同云冈石窟,新安东关看白洋淀,通县张家湾。先说云冈石窟,是与大学同学王造年兄结伴,于1982年8月28日到大同,29日去看的。窟多,佛像多,那尊最大的大得惊人,可以想见其时费了多大力量。这次前往,我有记,重点却是说遗憾,之一是没有找到李凤姐当垆那样的酒馆,之二是住在起火老店而没有起火(文题即名《起火老店》,收入《负暄续话》),真是往看佛而离佛门太远了。

接着说看白洋淀。那是北国的水乡,早想去看看而没碰到机会。是1977年年底,在我这里度过后半生的岳母病故,火化,骨灰仍存在北京。活人眼目,入土,并与配偶并骨,是优厚的待遇,于是于1982年9月下旬,由我们夫妇和死者的一个侄儿乘长途汽车,恭送到白洋淀旁的大北流村(在淀的西北方堤外),下葬。此地在新安镇北十里,大事已毕,偷闲于27日到新安看看。出东门下堤就是淀的码头,也许这一天有集市吧,停在水边的小船多到数不清,心里想,到苏州,到吴江,情况也不过如此吧。

再说游张家湾。张家湾在通县城东南十几里,是早年南粮北运卸粮的码头,我在通县上学六年,视通县为第二故乡,却没到过张家湾，一直引为遗憾。遗憾更是"勿言难"，于是惊动了北京市政协的贾凯林女士，还殃及池鱼，惊动了通县政协，由他们招待，于1993年10月29日乘汽车去看。徐秀珊女士陪同前往。久不用，当然不会是昔年的形势，但石桥以及残存的城还是明代的，桥东西还有水塘，也许就是所谓湾吧？捎带着还看了那块我认为必不真的古董曹雪芹墓碑，因为沾上点"红"，安静地躺在一间房里的玻璃罩下。

　　写至此，算算，我这欣赏"好事不如无"的人，只是近年，也竟走了七八处，信哉，说了就照办之难也。

滥竽上座

这个题目,或说这个题目所指之事,一再沉吟之后才鼓起勇气写。想不写,是因为述说自己的世俗视为光荣的经历,有夸官之嫌,会使大方之家齿冷。可是不写,又有违这本书的据实留影的精神。两难,求"允执厥中",其实也就是时风所谓坦白,决定这样下笔:事,查有实据,不隐避;可是同时要说明,点头,是打鸭子上架的结果,而上架之后并未站稳,所以总是感到惭愧。

座有上下,想当不会在周口店的生活以后吧?有所谓政治之后自然更要这样,高到帝王,坐要南面,其下的臣妾就只能两旁侍立。出门上车也不例外,如信陵君接侯嬴,表示谦逊,要"虚左"。座分上下,与平等的信念不合,所以世纪一个一个过去,终于产生了消灭阶级的理想。但这又谈何容易,比如依例应该坐上座的人,有个应该消灭阶级的讲话,报纸或电台当作新闻发表或播放,讲话前就要加"重要"两个字;小学教师向学生讲德育如何重要,这"重要"两个字就只能放在德育之后,而不得放在讲话之前。同理,求好理想实现,要做,此意出于坐上座的人之口,要称为"指示",小学教师限期交作业就不这样称谓。所以应该赞叹,伟哉,座分上下之为用也,之长寿也!赞叹,还可以加个微末的理由,是桑榆之年,因为写了些不三不四的文章,印了几本不登大雅之堂的书,有些人闲情难忍,起哄,我竟也分得一杯羹,就是说,有些可以得世俗之名的事,常有人找上门来要求做,而做了,也就挣来一些或大或小的上座之名。名,求,是俗事,不想求而得,仍是俗事,何以"未能免俗"?总的说,我是世俗(取不能忘情之义)人,住在俗世。分着说就多了,只举一个例,比如一种报纸的副刊是个老朋友的外孙女编的,入门叫一声姥爷,让写刊头,你能拒绝吗?鸭子无能力上架,无奈打的力量常常太大,抗不了,只好上。上的架各式各样,依祖传大罪恰为十的惯例,只收十种。

其一是评介人、评介书。书是人写的,著文说某书好,值得看,是非全面地评介人,为减少头绪,也可以并入写人一类。由八十年代早期拼凑《负暄琐话》起,评介人的文章我写了不少,说评介,因为所写之人经过选择,大致说所言,就都是灶王老爷上天,好话多说。不过,至少我自己认为,虽然是好话,却都是实话。有些读者也是这样看吧,所以,耳闻,少数也眼见,领其带的才子,高其跟的佳人,等等爱名不减于爱意中人的,就以为上我的笔端可以增些光彩,于是而委婉表示,甚至送来他或她的小传(或加大作),希望不久或退一步有朝一日,某版面就真见到他或她的大名。这情况表示,至少在希望上我的笔端的人的眼里,我的座位上移了,由"食无鱼""出无车"

871

升为"比门下之车客"。真是这样吗？我仍是未能免俗，想取得正面的证明，有那么一天，面对我写过的赵丽雅女士，就问她，是否因为我写就增加了光彩。她说不知道有没有人真把她看作柳如是（我在文中曾称赞她可以比柳如是之身不高而才高），却有人来看她的脚。我追问看后说了什么，她说："只是说：确是大，张先生说得不错。"至此，我可以寄语希望上我笔端的，即使真能上，也只能捞个大脚片之类的特色而已，推为上座，总是所费太多了。

其二是命令用宣纸、毛笔写点什么，小捧是留作纪念，大捧是装裱后悬之壁间，以光斗室云云。念，光，可见在降雅命的人的心目中，我的地位已经与街头巷尾的赵老大、钱二丫头不同。真有什么差别吗？单说写毛笔字，雅名曰书法，我就惭愧至极。惭愧，是因为，虽然也面对碑帖临过几天，却至今仍是书不成字。这原因和苦恼，记得写过两篇小文，《左撇子》和《学书不成》（都收入《负暄三话》），已详细表过，不重复。可是不管你怎样哀哀上告，降雅命的人竟是视而不见，听而不闻，仍是或来信，或登门，甚至求我不敢抗命（情况万端）的人代言，总之万法归一，都要遵命完成任务。也曾想发表个歇业声明，择黄道吉日焚笔砚，可是再思，立即感到不妥，因为据传闻，启功先生有封笔之说，我也如此云云，不是等于自封为书法家了吗？只好沉默，以婉言谢绝为原则，相机行事。且夫原则，性质同于冠冕的口号甚至主义之类，很少是说了算数的，于是，例如，有那么一天，接到一个年轻姑娘由四川自流井寄来一封信，其中说她没有钱，不给钱，求我写点字成不成，我只能立刻回信，说我向来不卖字，你不给钱，我更要写。结果还是写，写，写，而据说，也曾眼见，这地道的涂鸦，有的真就爬上堂室之壁了，这是本不想爬，更不敢爬，而就爬上去了。

其三由涂鸦接着往下说，是还有题写刊头和书名一类事。新的时风，报刊栏目，如琉璃厂之古董铺或书店，牌匾要是名人，如翁同龢、沈尹默之流，所书，才显得气派，还外加一项，勤换，名人之人和字如老鼠过街，才显得编的人来头大，有办法。在这种新形势之下，我有时也就被拉去，从众过街，入啜香茶数口之后，以报刊消长日的诸读者之目。涂鸦，得制版，入未知数的读者之目，依俗世的评价逻辑，总是坐在上座了。题写书名不像题写刊头之多，其中却有使我无地自容的，想这里记一笔，立此存照。是一本有关启功先生的书，名《汉语现象问题讨论论文集》，来由是启功先生于1991年在香港出了一本《汉语现象论丛》，到1995年，北京师范大学中文系主持召开了"启功先生《汉语现象论丛》学术讨论会"，会后把有关的论文集到一起，交文物出版社出版，就成为这本书。书排印，制封面，要题写书名，当然应该找启功先生，可是他不写，说因为是吹捧他的。不知哪位天才灵机一动，想到我，就降下雅命。我陷入两面受敌的惨境：写，这是有关启功先生的书，不敢拿笔；不写，这是"吹捧"启功先生的，不敢拒绝。再思三思，终归是不从命事大，只好忍痛写了。这次是大痛，乃苦之尤，记一笔，大慈大悲的君子可隅反也。

其四是为别人的大作写序文。记得开卷第一回是北京大学中文系的陈熙中先生驾临我的蜗居，求为他和张明高先生注释的日本合山究选编的《明清文人清言集》写序，其时是1990年。因为依不成文法，写序之人要是名家，名和实都在著书人之上，为即将问世的书加一顶高帽，书的身价，连带著者的身价，才可以提高，我受宠若惊，固辞，不得，勉强写了。想不到此门一开，尤其近几年，就不断有人找上门。书的性质五花八门，上至论"朝闻道"之道，下至谈"饮食男女"的红烧鲤鱼，都有。质量也是上上下下，十个手指不能一边齐。再打打时间算盘，有的大作篇幅也大，粗粗翻一过就不止一天两天。总之是不容易。可是登门的有各种来头大的因缘，有的，也曾想抗，有困难，还有些，干脆就不敢抗，结果总之是一样，只好写。写之后，稳坐在书之前，怎么样呢？只有才女靳欣传来一点点反应，我给她自费印、送而不卖的《傻话集》写了序。有人看了这本书，见到她，说了这样一句："你还认识这老头子！"说认识，本意是幸呢，还是不幸呢？那就有待于看到郭象注、成玄英疏之后才能知晓了。

其五是有各样的主持人，约到各种场所，去讲前面不能加"重要"二字的话。以前说过，五十年代初，我的饭碗由中学课堂移到出版社的编辑室，乃一生的大幸事，因为可以不面对群众。面对群众有什么不好？是动口，要当机立断，不得体就驷马难追；而且群众为多数人所组成，人多，所好不同而势众，就最难伺候，也就最容易提心吊胆而不讨好。躲开，轻松（只就不面对群众说）了几十年，想不到时移事易，又来了不写于课表的讲，而且次数不少。次数多带来花样多，如面对的人，数目可以少到十几或几十，可以多到只有天知道（如在电台）；程度，低，不知道，高，知道，有教授。讲的内容，限于我的腹内所有，也可以庄重，讲怎样读经史，或轻松，讲怎样写报屁股文。讲的时间，极少数，十分八分钟，大多数，两三个小时。再说说讲之前，主持人照例要说一通广告体的话，讲完，照例有鼓掌（未必热烈）。前有吹，后有鼓（古昔倒过来说，曰鼓吹），我为什么还不踊跃前往呢？掏心窝子说，至少在这方面我有自知之明，是肚子里既少值得听的，又说不清楚。推想有抬杠之瘾的人会说："既自知矣，为什么还去献丑？"这一问给我带来辩解甚至诉苦的机会，抽象说是予岂好讲哉？予不得已也。具体说呢，只举两次为例。一次是到北京大学中文系去讲，约讲的理由是：您是由这里走出去的，只是在校同学想看看您，也不能不回来吧？另一次是到东城区教育局组织的什么会（一部分青年语文教师参加）去讲，约的招更绝，是让一个与我有多次共酒饭之谊的人通知，某日某时在社里等，一同到东城一个地方去，问去做什么，答路上告诉你。总之，种种堂皇理由，或再加巧机关，近些年就真的多次被人推向上座（或说正座），依照不同的命题，乱说一通。乱说就难免跑野马，不合规范。也举一个例，是到海淀区为一些语文教师讲有关作文的问题，我一阵犯了老毛病，想言志而忘记载道，就说教师精批细改作文是自费精力，无用。说之时，看看听者的反应，教师面上现出笑容，校长、主任等则肃穆如对严君,可见即使所讲不完全是空话,也必无用。不过说到用,它也未尝不可以摇身一变,径直说是化为对我有用。比如一次到唐山讲,就借此机会看到长兄那一支侄辈的劫(地震)后余生。还有重大的,是在我的残生中占重要位置的一些人,其中有的是在讲的场所结识的。

其六是为评高级职称的人写鉴定。这更是有坐上座之名和位(或称谓)的人才能办的,可是竟也写了几次。高级职称清一色,副教授,我行礼如仪,先看送来的大作,然后举特色,说优点,抄清,交差。结果,我得照规定应收纳的数十元,关系小;关系大的是能不能起作用,即来求写的人由非高级转为高级。事后传来消息,是有成效者少而无成效者多。可是数十元不能退,也关系不大;关系大的是转过年来,也许仍是失意的那一位,又送来大作,求再写。这是仍旧推为上座,如何处理呢?时风兼世故限定,只能用曾文正公对付太平军的办法,曰"屡败屡战"。

其七是飞来各种高帽。高帽就性质说有两类:升乔木的,如总经理、董事长之类;有降幽谷的,戴上,去接受批斗或游街是也。我"文化大革命"中受过批斗,不止一次,幸或不幸而未戴后一类高帽。至于前一类,出乎意料,近些年却未掏钱买而送来不少,以由虚到实为序说一些。新的时风,在与白纸黑字有关的范围之内,得一顶高帽像是非常容易,比如你写一篇小文,说"救命"与"救火",表意的路数不同,你就可以挣一顶语法学家的帽子;同理,你说某大作的某处,用逗号不如用分号,你就可以成为语文学家。就是由于高帽廉价大甩卖，我这无本钱买的也就收得不少顶。语法学家、语文学家之类以外，因为曾谈禅，成为佛学家，曾谈人生，成为哲学家，曾诌打油诗，成为诗人，等等。其后或简直是同时，觉得这分号性质的还不够高，干脆扩张为总店，曰学者，曰作家。有的人受小说笔法的污染，喜欢加修饰语描画，这顶高帽就变为著名学者，著名作家。这一下子，到头了吧？曰不然，还有白纸黑字范围以外的。一种曰顾问，同样型号的若干顶。也是新风，顾问都是既不顾又不问，所以可以看作无所谓，城门大开，来者不拒。还有一种曰社长，就与顾问不同了，是要参加会，或说活动。这是多有交往的一个小友靳飞出头，联络一些京剧界的人，为挽救京剧，成立一个票社，由他做主，先斩后奏，我就成为三个社长之一的京剧票社的社长。又为了挽救，要由社长带头，表现为都有精气神，有活动我就不能不参加。费了些时间，却也有所得，是通京剧的浮名。我不骗人，有机会就表白所知甚少，可是头上有一顶社长的帽子，听者以为是谦逊，反而觉得必所知甚多。其结果，演员，包括旦角而女的，也愿意来亲近。这使我想到远年看戏，视坤角如在天上，就不能不援笔作高帽之赋了。赋完了还干什么呢？我想最重要的是借老伴之镜（因为自己没有）照照，看眼睛是否还在眉毛之下。

其八是印象记、访问记之类常见于报刊。这早期是涓涓之水，多半是相识之人所写，或吹所作，或兼吹执笔之人。依照戈培尔假话多说几次就成为真的之定理，未必都假的话断续见于版面，就更有诱惑的力量。心里少定盘星的一些编辑大人坐不住了,无人投稿就自己组织,或干脆上门访问,然后记述所见所闻,送上版面,以表示自己能目不遗珠。就这样,近些年,我看到不少这类吹嘘的文章,对我少所知的人呢,不得不耳食,就想象我真是有高造诣,坐上座而无愧的人了。其实呢,听了许多灶王老爷上天式的好话之后,我并没有扔掉自知之明,这明是——勉强说,可以引两句古语,略加改造,这就成为,怠于"学",也是"然后知不足",不敢"欲寡其过",过就更是"而未能"减少;改为用今日的大白话说,是所知甚少而失误很多,如是而已。

其九是访问记之类还不只爬上报刊版面,竟挤入电视荧屏。任人皆知,在这电气化的年头儿,出名有各种渠道,而效率最高的是上电视,所以,据说,有人不惜一掷万金,只图自己的尊容在荧屏上晃一下。可是我,虽然未能如禅门古德,已经破名利之关,却很怕电视台的编辑大人来录像,原因仍来自自知之明,是容貌衰朽,很不好看,语言钝拙,很不好听。还有不好看、不好听之后的,是万一入高雅人之目之耳,以为我是寻找机会招摇,报以冷笑,所失就太多了。可是主持电视某栏目的人却另有一算盘,而且经常是有了目标,就势在必得,决不退让。对人,尤其有公关之才之能的,我是弱者,所以理想虽然是蜷缩于陋巷寒斋,实际却有时也到电视荧屏上晃动。这用时风且世俗的眼看,是由上座再升,成为上上座了。自然,任何事都有得失两面,我上电视也不能例外,即也有所得,是一次在医院,排队等照什么部位,主管照的人提前叫我进去,而且面带笑容,我正疑惑不解,她说:"我认识你,在电视上见过。"我大为得意,回家向老伴汇报,如金榜题名后之对花园赠金的小姐,不想老伴冷冷地还了一句:"我看不病比什么都强!"就这样,这上电视唯一的收获也吹了。

其十是被动地效大学者大作家之颦,也印了总为一堆的"作品集"。不名为全集,是因为阎王老爷还没来请,就还会写些不三不四的。出版社愿意印,心里想的都是什么,我不能确知。至于我自己,同意印,则是百分之百的私,至少是没有想到公,这私是写这些,究竟费了不少力,能够合印为集,不与草木同腐,总是好事。可是也带来不安,是有的人曾买分的,花了钱,又买总的,是花了重份,就是不枉驾我的寒斋同我算账,我清夜自思,终是不能不有愧于屋漏吧?

就这样,上座,椅子十把,我是想坐也得坐,不想坐也得坐。坐而不言,不合"吾无隐乎尔"的圣道;言,说什么呢?只能说,常常是如坐针毡罢了。

又迁

据说,美国人喜欢搬家,不知道是不是这样。至于我们,祖先以农为本,生命安置在耕地上,是习惯于老死在"五亩之宅"的,所以视离乡背井为大苦事。但时移则事异,近些年来,限于我所见的城市,像是这困守田园的风气也在变,是否心之所爱,不同的人有不同的情况,可以观其大略,是很多人在搬家,适应此新形势,也就出现了新事物,曰搬家公司。我是最怕搬家的,原因:是一,因旧而熟,"三宿桑下""生恩爱",舍不得;二,习惯成自然,包括面对稿纸,抬头可见的窗外的鹊巢,等等,都不愿意变;还有三,搬家是麻烦事,尤其九字号的,多少总有些书,搬之前要上绑,搬之后要松绑,必费大力,所以怕。三种原因之中,前两种是唯心的,可以存而不论;后一种是唯物的,就不想存也得存,不想论也得论。而论,不要说真搬,就是想到搬,也不得不为自己的择术不慎而慨叹。比如提高到"道",守清规的和尚云游四方,随身只是三衣一钵;下降到"俗"也是这样,我们家乡形容穷光棍汉,是"拿起烟袋就搬家",其负担之轻又在和尚之上矣。

还是说自己的搬家。自"七七事变"衣物丢光之后起,由北京大学附近的中老胡同迁白塔寺韩文佑兄家,再迁自租的两间房,都是殆等于没有什么什物,可是妻室之外,增加了一个女儿。1938年春由白塔寺迁往鼓楼西的鸦儿胡同,什物仍是很少,只是裴庆昌大哥借一辆平板车就拉过来,人却又增加一口,在家乡无依无靠的岳母。在这后海北岸的家住了差不多三十二年,省吃俭用,不断写文章,用少得可怜的余资换有限的必用之物和无限的可有可无之物(主要是书),日积月累,到1969年冬迁往北京大学8公寓,负担就超过迁入时候不知若干倍,以至不能不扔掉一些东西(主要仍是书)。其时我在干校,即使不是自顾不暇,也是想顾顾不了,心急之外,只能写安慰性质的信,说有困难就扔,不要舍不得。幸而孩子大了,有能力处理一些麻烦事,结果是费时一个月,扔了些像是可以不要的,还是搬完了。在8公寓住了六年多,于1976年春迁11公寓,我在家,路近,像是没费过多的力就搬完了。11公寓,先是两大间,到1983年扩充为两大一小,我们夫妇虽然仍住一大间,却可以用书去争些地盘,总之什物(主要仍是书)还是不断增加,就地盘说越来越挤。挤,挤,挤,急中生智,才想到向我的单位求助之法,正赶上单位在城外几处建了住房,我有最优越的条件,无房户,就未经过大周折,分得三室一厅的住房。听说在北郊马甸一带,是楼房,比原住的四层高四倍。不理想,因为所想望是城内靠城根,墙内有枣树的平房小院。为心平气和,立即找出干校打更的更友吴道存兄的度日之道,是"已成为事实,你还想它干什么"!我真就不想它,也就未去看。房是1993年5月分得的,应我的请求,不受电梯可能出问题的多疑压力,在三层,比原住的二层不过"更上一层楼"。又过半年,即同年的11月,拿到房门的钥匙,据了解世态的人说,这才算成为定局。定之后,由孩子去忙乱,清扫,不必商量,室无纤尘之后如何装修,要商量。我住,我做主,是反潮流,不装修,因为地变为光滑甚至软绵绵,四壁及顶上变为亮堂堂,不习惯,怕白日写不出文章,入夜不能梦见周公。孩子听话,照办,我不只省了钱,还创造了本楼的吉尼斯纪录,是一百多家,未装修的只有我一家。到1994年年初吧,万事齐备,许多家往里搬,我则按兵不动,因为实在是怕,怕我心目中的翻天覆地,也有些故土难离。

夏天,挨过去,秋天,又将溜过去,没有理由再拖了,一再沉吟,最后才决定于10月2日东迁。准备三天,借纸箱,求亲友中的年轻人,装箱,等等。心目中的翻天覆地变为实际的,一直乱到迁之日的早晨,搬家公司的车来,共三辆,单是纸箱就六十多,都请上车,人也上去,冒大风东行,才把乱带到新居。我们夫妇是第一次入此屋,看孩子的安排,由北面入室门是个十平方米的厅,以厅为坐标,东南面的屋大,并有阳台,分给老伴,以便孩子来容易周转;东面的屋中等,分给我,做书房兼卧室;南面的屋小,可灵活使用。家具,包括新添的两个大书橱,都照图纸摆,很快就绪。大难是各种什物(书最多),要打包,开箱,大大小小,各归其所。这不能速战速决,尤其书上架，要考虑常用不常用、类聚等条件，只得慢慢来。计由孩子帮忙，断断续续，整理了两周，才未胜利而结束。说未胜利，是因为也小有损失，幸而关系不大，看作没有那么回事可也。

住进来，急于想知道的是食息之地在天地间占什么位置，大话换为小话，是在所谓北京城占什么位置。已知在德胜门外，则以明清之城为依据，在城内是不可能了，既成事实只好不想它。不过人，只要还有一口气，是不会放弃希望的，于是起用李笠翁的退一步法，看看能不能在元朝大都的城内。大都城北面比明清的城大得多，我昔年骑车曾经出入土城（即大都城北面偏西的健德门），而且知道马甸在健德门内，也可能，我这新居仍在健德门以内吧？如果竟是这样，我就想烦人刻个印章，曰"元大都健德门抱关者"，以表示我虽然未能在一地定居，却没有被押出国门。怀抱这样的希望，东迁后的次日清晨就学习先进人物，调查研究。知道住所在马甸之北，出街的西口后先南行，约走一华里，很懊丧，路的左旁，高大的土岭上草木丛杂入目，毫无疑问，乃元大都北城墙也。也是毫无疑问，就是以元大都之城垣为依据，我仍是被押出国门了。如何自慰？双管齐下，起用退一步法兼阿Q精神，赶紧选石，求王玉书挥铁笔刻个闲章，曰"元大都健德门外之民"，刻成后常用，以表示我虽然被押出国门，却有修养，能处之泰然。

其实呢，说泰然，正如至上人物之一再栽跟头，还是表示不在乎，只是无可奈何罢了，哑巴吃黄连，苦在心里，自己是知道的。不只自己知道，有关的人像是也知道。比如又是小友靳飞策划，东迁的再次日，北京电视台来录像，主题就不是贺乔迁，而是舍不得离开北京大学。舍不得的心情，用惜别来表现。于是驱车燕园，如演剧，登门告别。人不能多，我选定近邻季羡林先生和远邻北大商店的小佟（文兰）。季先生在家，未排练而演得很得体，送出楼门，握手欠身，并祝新居能适意。往北大商店则不巧，小佟很少休息这一天却未上班，以致想留她个握手欠身之影而未能如愿。

还有不如意的，见于迁后不久写的一篇杂文《更上一层楼》，为省力，抄几句现成的：

这里还是集中说由四合院或大杂院而变为更上一层。前面说感到有所失，究竟失了什么？我想来一次小题大做，由三才方面立论，是天、地、人，三个方面都有所失。先说天，忽然想到《庄子》，《逍遥游》篇有云"天之苍苍，其正色邪（耶）?"这问题是大空地上仰面抓来的，像我现在的更上一层，没有活动的空地，所见之天只是残破的一小块，苍不苍就难得想到了。同理，也就不能如屈原之作《天问》，因为说"西北辟启，何气通焉"，天会反问："你看不见西北，怎么知道的?"再说地，四合院，大杂院，都称为院，是因为有个（或不止一个）院子，能使人享受地利。这有形而上的，语云天覆地载，人不可忘本，就应该离地近一些。而更上一层就不然，离地远了，脚不能踏地表，就减少了托靠感。还有形而下的，又可以分为实利的和诗意的两类。只要院子不过于小，就可以种果树，如鲁迅所写，"一株是枣树，还有一株也是枣树"，或学陶渊明，任它"三径就荒"，到秋风起的时候，在草丛中听秋虫叫，是实利的。念别人的，"庭院深深深几许"，念自己的，"丁香小院共黄昏"，心片时之内飞到柴米油盐之外，是诗意的。可是变为更上一层，就都完了。最后说人（略）。

有所失，甚至感到许多值得珍重的都完了，则这一次的迁，入"乔"一类就不合适了吧？

但是人生难得开口笑，应该还是李笠翁，退一步，那就改为说适意的。想了想，居然凑了三项。一是究竟面积增加一些，人，且不管，专说书，是座位增加，以前许多只能蜷缩于墙角的，今则可以大摇大摆地走出来，坐在可见天日的地方了。二是我自己分得一个斗室，有时面对稿纸，有时面对可以深谈的什么人，就有了闭关的便利。还可以加个三，是有时不坐斗室而需要到社里去干点什么，就可以不再挤公交车，并买票。因为往返都有班车。

也有适意的，应该向大人先生之流学习，只看这一部分，只说这一部分。那么，飘飘然了，像是就该问一问，会不会还有"又迁"之事？据深通世态的人说，在以斗争为纲的"伟大"时代，迁居几乎都是落难之后,比如由四五室变为半室;现在时移纲变,迁居几乎都是腾达之后,比如由大杂楼变为独用楼。推想这总结性的话必不错,则根据早已荒疏的三段论法,我必不能腾达,也就不会再有迁居之事。但愿如此,阿弥陀佛!

心坏了

因病，我于1995年住了两次医院，主观上，自己的祸福比国家兴亡还重大，也就想说说。标题像是有点怪异，这里先说说来由，是第一次因心律不齐住安贞医院，其时启功先生因腿疾住北京医大所属什么医院，都是病中有闲，借现代科技的电话之光，不面对而侃了不少，只说其中我认为最精彩的是：

启：我们的心都坏了（曾因心脏有病住医院）。

我：正是心都坏了，您是先坏的，我是后坏的。

承认心坏了，绝妙，可惜没有今代的临川王刘义庆，不能掇拾入《世说新语·言语》篇。遗憾要设法补偿，人微言轻，没有别的办法，拿来作一种碎影之题吧。

接着说心坏（当然只能用唯物主义）的实况。也是冰冻三尺，非一日之寒。可是小寒起于何时，因为自己非官而且大，没有保健医生如影随形，连放屁不能响也记录在案，也就只能说不知道了。大寒呢，自己有记录，是1989年的11月25日，我住在北京大学朗润园，早晨六时左右起床，照例下楼西行，到湖北岸散步，中间夹一段跑步。这一天跑，刚一举步就感到无力，而且紧接着就想找个地方坐坐。心生疑虑，不通医学也会想到或与心脏有关，摸脉，立刻找到原因，是不只跳得快，而且间隔不均，常常紧连着跳几下。对于有病，我惯于多信天道，即不跑医院，坐于斗室或卧于斗室静待转机。这一次还是走老路，虽然有同楼的通医学的人怂恿往医院，我仍是卧床等待转机，未往医院。静待了一昼夜，转机未来。又静待了一昼夜，即到27日凌晨，转机仍未来。我有些怕，不是因未往医院而后悔，是自己依据常识而判断，显然是心脏工作能力下降，不再能担当支持我出门挤公交车、入门写不三不四文章的重任，我此后将怎么活下去呢？也只有起用祖传的认命之法，走着瞧。正在这样自慰，出乎意料，到上午九时，忽然感到来了转机，最突出的征象是由浑身无力变为像是各部位都有余力。摸脉搏，果然复了原，均匀而不快了。我的静待转机的办法胜利，也就不多想有关心脏的问题了。

说胜利，实际并没有彻底胜利，因为那次开卷第一回之后，1990年到1994年，共五年，总反复有二十次以上。都是乍来乍去，时间比第一次短，有的短到只是一二十分钟。说与医务室，给一种治心律不齐的药，吃一些，有效无效自然难于证明，幸而即使光临，不久辞出，影响不大，人之性，日久，任何不适意的事也会变为无所谓，总之我就淡然视之了。想不到这偷安的局面未能长此延续下去，是

1995年的4月4日，周二，我照例要进城，早起，收拾，提起书包，忽然感到无力，气短。如见故人，熟识，知道是心律不齐反复，沉吟一下，老皇历，以为不久可以恢复，还是挺着，登上班车入城了。到社里，我自己不谨慎，求个年轻人去医务室拿治心律不齐的药，可能这位年轻人绘影绘声，于是而医务室的大夫，而社里的高级人物，都知道了。来询问，我说老毛病，不久就会平复。可是这一次，老皇历竟不灵，也因为入城的几天照例不得闲，人来人往，未多休息，过了一昼夜，未恢复，又过了一昼夜，还是未恢复。时间拉长，超过第一次，想亡羊补牢，于6日晚回家，卧床休息。更想不到，7日晨，已三昼夜，8日晨，已四昼夜，仍不恢复。常来电话问情况的社里出于关心老职工的厚意，不再迁就我的天道主义，来车来人，把我送到主要对付心脏病的安贞医院。检查，给些药，本来可以吃吃看，想不到由另一个渠道又来了厚意，是有个亲戚在中华医学会，神通广大，当天下午，未办住院手续，就把我推进高干病房。这之后是想住也得住，不想住也得住，我也就只好仍是已成事实，不想它了。

其后是住进去之后，恕我比喻不伦，也许与住监牢有类似之处吧，就不再有自由。医院也有惯例，你在门外，不管，入了病房之门，就要检查各部位，由头顶到脚跟。而时间的安排自己不能知道，所以每日早饭（还有不许吃早饭的时候）之后，就要如住监牢之等待开庭（旧曰过堂），也就有点忐忑不安。检查，有如过关，有的容易过，有的不容易过。幸而未借助于鸡鸣狗盗，都顺利过去；意外，还受了两次表扬,一是除"心坏了"之外,一切都正常;二是夹鼻孔,口中插圆桶,吹一种什么,力量不小。不过表扬是表扬,最后判决,还是不能不依法并查有实据。经过三位专家诊断,作了结论。有垂头丧气的一面,是如此年岁,心律不齐不能治愈;还有扬眉吐气的一面,是慢慢适应,关系不大。我守医院的清规戒律,绝对服从,如此如彼而不问所为何来。到近尾声的时候,忍不住,问了两个问题。一个问专家,说我还有一本书没写完,能不能继续写,答没关系,可以写。还有一个问病房大夫,问这一次出去戴不戴帽子,如果戴,戴什么,她答得简明干脆,冠心病。就这样,住了一个月零一天,于5月9日,仍以住监牢为喻,不是无罪释放,是假释待审吧,出院了。

住院的生活也有值得说说的。医院的设备不坏,病房的东门外有个不小的花园,内有假山、水池,种各种花木,正是暖春,牡丹开得很好。早晨空气好,可以到那里散步,温习我的蹩脚太极拳。因练太极拳,结识个病友,某中专的女教师王妙华,原来我们住得很近,出院后还有些来往。这是新相识;旧相识,依世风要来问病,就为数很多。我感激,但是,不是对人,是对事,也不免有些意见。这是都不空手来,必大包小包,谈一会儿,放下,走了。我怎么处理?水果之类,我不吃,不敢转赠护士等人,据说这算犯规。只好嘱咐家里,几乎天天要来人,往家里运,到那里再想办法。还有,据说是由外国学来的,送入口之物,级别不够高,要改为送入目的,曰鲜花。我不赞成这类新玩意儿,因为据说,很贵,而在我的眼里和心中,却是百分之百的无用,不如一个烧饼,只是人民币三角,却可以吃。可是人家的高(高抬我之高)意,要谢,谢完了还是要处理。陈之案头?过于多,放不下;过一两天,如佳人之年老色衰,更不好办。又一次急中生智,斗胆走向病房的值班室,问送鲜花算不算犯规。答不算,我如罪犯闻大赦之令,再有鲜花入门,待送者出门,立即转往值班室。所以想在这里说一下,估计我是还会住院的,诸相知相识,肯枉驾,我感谢,只是恳求都空手而入,如果必欲从旧风或新风,持礼物,那就买个烧饼吧,惠而不费,我加倍欢迎。

出院了,依常情,应该算作完事大吉,然而不然。在病房的后一半,感觉食欲减退,而且像是越来越厉害。以为是少活动,身体不需要,希望出院后能渐渐恢复。可是出了院,过了些时候,上饭桌,不想吃的情况有增无减。我还没有为此深思,家里人沉不住气了,把学医在张家口医学院工作的大女儿叫回来。拉我到光多的阳台上去检查,以目验目,发现眼内泛黄色,疑是黄疸。又过三五天,胳臂的皮肤也泛黄,不必疑了,断定是黄疸。立即找原因,肝受损是确定的,何以肝会受损?最容易想到的一种可能是肝炎。为确诊,跑医院,安贞、北医,都说不像。那么,是什么呢?起用归纳逻辑的求因法,这不是,那不是,只剩下一种可能,是药中毒。住院,吃的一种西药名地戈辛,有毒,每天早晨吃一片(其实很小),已经吃了五十一片,发现黄疸后问两个专家,都说量过大,像我这年岁,应该半片。原因大致定了，治法单纯，吃养肝退黄药。合中外兵力，恨病吃药，一天不知道吃多少种。若干次。何以恨？无力、无食欲之外，最难忍的是皮肤发痒，难入睡，有些地方挠得血染内衣。真想不到，出院之后反而病重了。也就只能静待，待药力和时间送来转机。从5月9日出院算起，大折腾一个多月，病情才有消减之象，只是不快。为增加静待的坚忍力量，我又拿起笔，断续地写一些。记得是过完了8月，这次的意外之灾才算是未胜利而结束。——也可以说有个胜利，从俗，露脸的事要外扬，这里记一笔。是正急于"扫黄"的时候，来探病的人中，不止一位，劝我接受气功疗法，并说，如果我同意，他（也有她）可以带某某大师来。我说我不信，好心人责我过于主观，说应该实践之后再下结论。我的怀疑主义受到挑战，一时无名火起，决心应战，说，可以尝试一下，但要先提三个条件，一是不给钱，二是发功不附带条件（如说，因为你不信，也可能不灵），三是见效要立竿见影，比如至多三天，黄尽退，如果真能够这样，我保证写文章，公开承认怀疑是错误，应该信受，现在当下，我昼夜二十四小时在家恭候，希望随时光临云云。至此，我不得不说一句胜利冲昏头脑的话，是直到我黄已退尽，也没有一位能发功扫黄的大师光临，我也就不必执笔，公开承认错误，而改为电告于光远先生，说同他一样，我也胜利了。

再说另一次的住医院。是10月下旬的29日，我游完正定、赵州、邯郸诸地之后，乘汽车由石家庄回到北京，赶上大风降温，室内尚未供暖，感冒了。这次的表现特殊，不发烧，只是咳嗽，而且越来越厉害。又把大女儿叫回来，守着我。渐渐，夜里不能躺了，因为躺下咳嗽更厉害，呼吸困难。已经连续五夜，听肺部，有发炎征象。天老爷，我这年岁，肺炎！孩子急得联系医院，几处，都不如意，不得已，才向我的一个熟人在总参工作的求援，这一次诚则灵，于11月8日上午住进三〇五医院，总有一个女儿陪床。治法主要是打点滴，据说是先锋五号。效果显著而快，十天左右就完全平复。这个医院房屋高大，病人不多，安静，又因为有孩子为料理杂事，生活比较舒适。与安贞医院相比，只是没有那样的花园。可以面东望见一个花园，因为东邻是北海。这次住院，来探问的人不多，因为遵医嘱，肺发炎不宜于多说话，有些人电话中问地址，挡驾了。共住半个月，出了院。可是病来病去，关于病的面目，我却未能看清楚。病床上挂个号牌，姓名之下还有一行字，是"肺炎恢复期"。这代表医院的诊断，可是咳嗽很厉害，尚未点点滴滴，怎么就到了恢复期？又出院之后，一个医学专家问了我的病情，说是一种流行病，名"支原体肺炎"，并且说，这种微生物有遗毒，须咳嗽停止后一个月才能消尽。果然，出院之后总感到未能如往常，直到12月下旬才复了原。究竟是什么性质的肺炎呢？七品芝麻官郑板桥说"难得胡涂"，以我这老朽之病验之，胡涂也并不难得。

总是都过去了，明白不明白也就无所谓。但一年终了，刺绣文不如倚市门，也要算算总账。这是大病三度，住医院两次，连折腾在内，受了不少苦，耽搁了不少时间；所得呢，不过是"心坏了"而已。但是古人云，"往者不可谏，来者犹可追"，那就追来者，希望猪去鼠来，不再住医院吧。

先我而去

题目的意义甚明,是有的人比我先离开这个世界。显然,这"有的人"就要加些限制,不然,无限的我知之而不挂心的人就会闯进来。这限制就是"挂心"两个字,如果有兴趣作笺注,可以加细说,是很希望能够并肩走到生命的尽头,可是他先走了,我老了,记不清旧事却又难忘旧事,而每一想到就感到凄凉。此亦残年之重要心境也,依本书的体例,应该说说。人几乎都是前面提到过的,这里虽然是用老眼看,也难得避重复。补救之道是偏重说怀念,点到为止。人凑了十二位,整整一打,下笔,以辞世时间的先后为序。末尾加说一位,情况与那十二位不一样,不是为己,是为人,人者,为数不少,茶余酒后,喜欢听听别人的异性间的牵扯,以遣自己的有涯之生者也。以下入正文。

一、梁政平,1951年5月29日作古。相识的因缘,交往,前面都已表过。这里只说,我一生,可以称为"知己"的朋友不算少,可是心情上视之为家庭的一员,却只有他一个。他过早地走了,四十多年来,我在人海中颠簸,多有苦,间或有乐,愿意有个人分担,总是最先想到他。近两年来，我们老夫妇离开女儿独立度日，风晨雨夕，感到冷寞，看看四壁，就禁不住想，如果他健在，他就会坐在不远的椅子上，那该多好。

二、李九魁，1967年3月8日或9日作古。关于他，我不只在前面写过，而且列为专题，用他的别号，曰"李也鲁"。他走了近三十年，我总是怀念他，是因为：一，他为人厚，有时甚至近于迂；二，对我厚，够得上患难与共；三，"文化大革命"中他被赶回老家，精神受折磨，仍不忘故旧，以致死于车站的候车室，想到就不能不心酸。而又常常想到，单说1995年10月下旬在赵州桥畔的一次，是东南望，知道不远就是他的家乡宁晋，记得曾约我到那里看看，现在是人琴俱亡，近在咫尺也没有去看看的勇气了。

三、刘旌勇，1969年1月26日作古。同于李九魁，我也是写过他，而且列为专题，曰"刘佛谛"，两次，一次入《负暄琐话》，又一次，在这本书的前面。一再写他，原因之小者是他在"文化大革命"中受赶回老家的威胁，服毒自杀，死得惨。原因之大者是通县师范学校毕业之后我们多有聚会，合得来。关于聚会，记得最清晰的是五十年代到六十年代，我住在鼓楼以西，他住在鼓楼以东，一街之隔，周末的晚饭，座上一定有他。他记忆力好，健谈，乐观，题材为严肃事也不忘幽默。我和他都只能喝一点点酒，一杯下肚，面上泛红，谈开天旧事或红色新事，相视一笑，就颇有同苦同乐的温暖感。现在呢，我听医学家的高论，晚饭时饮白酒半杯或黄酒三杯，如果是周末，看看对面，就不由得想到他。我还有酒喝，所失却太多了。

四、曹家琪，1973年2月27日作古。他死于"文化大革命"时期，受迫害是间接的，因为父被批斗致死，母被赶回老家，身心交瘁，才患肾炎，终于不治的。他为人直而厚，有才，且通世态，与我深相知，所以我虽然长于他十几岁，却得他的帮助很多。可是也是早走了，我有时像是走到十字路口，为道多歧而举棋不定，就更容易想到他。不能向他请教了，还能说什么呢？不得已，请《庄子》代说几句：

庄子送葬，过惠子之墓，顾谓从者曰："……自夫子之死也，吾无以为质矣，吾无与言之矣。"

（《徐无鬼》）

五、王勤，1977年4月（日不明）作古。我出身寒微，相知的人中也以穷苦的人为多，而如果聚既相知又穷苦的人于一堂，学时风之什么赛，得冠军的一定是他。他一生住在一个偏僻的小村，食不能饱，衣不能暖，也就一辈子没混上个女的。独自住一间隔为两间的土房，入夜，一灯如豆，他会想些什么呢？据他说，是我十几岁的时候在他们村头的地里干农活，他才十岁八岁吧，常来找我玩。其后就劳燕分飞，但他没有忘。一晃到了七十年代初，即过了半个世纪，我未衣锦而还乡，又见了面。他身大变（虚损多病）而心未变，仍把我看

897

作田垄间的兄长。他怜悯我的情况,渴想伸出救援之手,有时送来一些他种的菜,量不多,可是我知道,这是他仅有的一点财富,应该拿到市上换钱的。我在家乡断断续续住了一年多,见面的次数不少,当然想周济他,可是没有力量。又是一晃,十几年过去,我的经济情况有变化而需要反而减少,有力量周济他了,他却不能等,走了。常常想到他,死者不能复生,有时颇希望改为住在《聊斋志异》式的世界里,那就可以多烧些纸钱,让他到阴间的什么酒家,去吃一顿饱饭吧。更伤心的是我已经不信有这样一个世界。

六、王树棠,1981年12月21日作古。仍由不衣锦而还乡说起。新风,住处以都市为上,农村为下,因而由都市移住农村,一般认为,或是倒霉,如插队之类,或是犯了错误,如戴了什么帽子之类。吾老矣,不再有资格插队,而且是回老家,脑子里装有斗争逻辑的人自然就推出,一定是犯了什么错误。然后是根据新风的处世奇术,要划清界限。我称之为王老哥的他就不然,街头邂逅,一眼认出,就拉到他家里,道幼年在药王庙小学同坐一书桌的旧事,并不用言语而明确表示,要把照顾我的复杂担子担起来。其后,至少是心情上,在家乡,我就不再是孤苦无依。幸或不幸,我未能在家乡长住下去,自1976年起,我不再回去,1979年年初回去移回户口,见了最后一面,其后未满两年,他就往生西方净土了。他往生之前,每逢节日,我都寄给他一些钱,以表示我没有忘记他那个简陋小屋,只是力不足,量不能大。现在呢,有力量多寄些,可惜他已经不能见到,世间事多是这样，念及不禁慨然。

七、裴庆昌，1984年1月2日作古。他字世五，长我两年零一个月，我习惯称为世五大哥或裴大哥。我们关系近而且深，有旧习俗的来由，是在小学，曾由刘阶明老师主盟，还有邵殿起，三个人结为金兰之契。还有实况的来由，是除了小学毕业后，有些年未见之外，自三十年代初在北京重聚起，直到他作古，我送他到八宝山止，我们几乎没离开过。记得前面说过，感情深，死生契阔，最使我念念不忘的，是我已经鹤发苍颜，不断执笔写些不三不四的文章，他还是把我看作少不更事的小弟弟，日子多了不见就不放心。见，大多是在他的住处，晚饭时候，面对，手持酒杯，听他忆旧论新，真像是走入"不知有汉，无论魏晋"的境界。可是他走了，听说他住多年的洪洞会馆的房子，因马路加宽也拆了，有时想到昔日，晚饭桌旁面对，饮白酒、吃小米面窝头的情况，就不禁有时乎时乎不再来的悲痛。

八、李耀宗，1986年8月20日作古。我们是大学同班同学，自1931年起，不止一次，或同住，或同工作，可以说，半个世纪以上，都是互相扶助过来的。他性格偏于柔弱，也就重感情，有时受些挫折，甚至受些气，不会直言直语，就面对墙角落泪。对我的苦乐，也是很关心而不表现于语言。八十年代初，他帮我编注了三本《文言文选读》，本来还可以共同干点什么，不幸他得了脑疝之症，突然下世。记得分最后一次稿酬，他已经走了，我送到他家，与他的夫人陈淑贞晤对，说到他的为人，一生克己忍让，也受了不少窝囊苦，都落了几滴泪。

九、齐璞，1987年5月29日作古。如裴世五大哥，我们也是因同乡而相识。他长于我一岁或两岁，可是在小学不同学。印象是最初相见，他已经是药王庙小学的教师。其后他入了警务学校，毕业后先在铁路的魏善庄站工作，然后到天津，仍在警界，解放后受了些处分，改为到中学教语文课。由他教小学时期算起，半个世纪以上，我们虽不住在一地，来往却很多。他性格严谨，好文，重交谊，尊重我，视我为第一知己。晚岁，他健康不佳，心境也不好，就更希望同我会面，多谈谈。可是我忙，只能秋天去天津一次，中秋（他这一天生日）的中午在他家共酒饭。已成惯例，这一天上午，我们夫妇由小花园步行一段路，向右拐入唐山道，必远远看见他挂杖站在门口，向街口瞭望。午后辞别时也一样，到街口我们向左拐，他还是站在门口看着。他走了，想到他瞑目前的心境，我未能在他跟前，无论为他想还是为我想，都是无法补偿的遗憾。

十、杨功勋，1988年8月24日作古。怀念的这些人里，只有他，是我在堂上讲、他在堂下听认识的。那是1936年暑后，我在进德中学为人代课，至多一个月吧，建立了师生关系。其时我自然不记得他，后来仍是不记得，以何因缘就有了来往。他是山西洪洞县人，具有山西人的地域特性，细致稳重，保守少变，因而敬我为师长，数十年如一日。其实我长于他至多只是十岁，既然他执弟子礼甚恭，我也就只能待之如半友。他也读书，但文的方面先天后天都不高，所以如其先君，走了货殖的路。知道我穷苦，有好的入口腹之物，如山西醋、陈年酒之类，必尽先给我。近些年来，我们老夫妇倚老卖老，每到老伴的诞辰（我的算作附庸，合并到一天），家里就聚餐一次，至时他们夫妇必登门，提着寿桃之类，举杯前行礼如仪，祝寿。自他走后，至时家里人仍聚餐，就不再有行礼如仪之事了。他在世时，常同我谈及洪洞县的旧事，大槐树和苏三监狱之类。不久前我去看，在洪洞宾馆举杯时想到他，不由得悲从中来，心里说，真想不到，他却先走了，不能陪我在他熟悉的地方转转，如果他有知，也会落泪吧。

十一、刘慎之，1991年4月12日作古。他辞世后，我曾以"刘慎之"为题，写了他（收入《负暄三话》）。我怀念他，主要是因为：一，性格温厚，像他这样的，世间稀有；二，视我为《后汉书·范式传》中说的"死友"，我们心中都怀有深深的知遇之情。他受家教，通国学，不像我，诌打油诗，说"何如新择术，巷口卖西瓜"，却未能改行。他是真改了行，解放后成为花木工人。可惜是天不假以健康，内脏多病，而且逐渐加重，入八十年代，就只能闭门坐斗室或卧斗室，服药，希望下降不过速了。记得是八十年代末，他住在前门外华仁路他的长女家养病，我们夫妇曾去看他一次。不久他迁回他的住处，新街口外文慧北园，我还常常想到他，只是因为忙，又无代步，就未能去看他。直到他作古之后，问他家里人病危时的情况，才知道常说，就是想我。他仍视我为"死友"，我却未能，至少是素车白马，送他走，几年来每一想到，就为愧对这样一位"死友"而痛心。

十二、韩文佑，1991年7月24日作古。他长于我一年有半，就年岁说是货真价实的兄长，可是换为看品德和学识，我应该称他为师长。我们是在天津南开中学结识的，多有来往是1936年夏回到北京以后。共书，共酒，共苦乐，共是非，至少是心情上，成为同生共死的朋友。五十年代前期，他调往天津师范学院（后改为河北大学）任教，来往不能如以前那样多了，可是韩伯母仍旧住在北京，他有时要来探亲，我天津亲友多，有时要到那里去，来来往往，就仍旧可以聚会，饮白酒，为半日之谈。"文化大革命"时期，韩伯母病逝，我们二人恭送往东郊平房火葬场火化，他回天津就以莫须有的特务嫌疑被赶入牛棚。"文化大革命"之后，如许多牛棚中人，又经一次解放，名誉恢复，可是健康却一去而不复返，也就不再到北京来。幸而我还能挤公交车，至少每年的中秋要到天津住几天，也就一定要去看他，比如中午到，总要次日走，为的是能够挑灯夜话。这样的聚会，最后一次是1988年10月，也是住一夜，挑灯夜话。其时他的身体已经很不行，秋风送爽之后就不敢下楼，因为一着凉就感冒，一感冒就要输氧。他住在南开区的西湖村，记得是住一夜的次日上午，我们夫妇辞出，往南，行由径，入天津大学去看倪表弟。他们夫妇送到天津大学界，我们走出很远，回头看，他们还是在那里站着。没想到这就是最后一面。此后我们就没有再到天津去，因为他走了，就不再有勇气在南开一带徘徊。如何悼念他呢？写，想到他的品德和学识，我们的情谊，感到太难，所以直到一年之后才完篇。写完，念念，觉得很不够，力止于此，也就勉强收入《负暄三话》，希望对我还能起些鞭策作用，即处顺境的时候不敢忘其所以是也。

最后写加说的一位，杨沫，她小于我将近五年，于1995年12月2日作古，反而比我先走了，也可以说是意外吧。过了二十天，即同年同月的22日下午，在八宝山举行遗体告别仪式，我未参加。相识的，不相识的，不少人，有闲心在这类事情上寻根索隐，希望我说说不参加的理由。我本打算沉默到底的，继而想，写回想录之类，应该以真面目见人，又，就说是小人物（指我自己）吧，关于史迹，能多真总是好的，所以决定到最后破一次例，说说。而人事，也如河道之有源有流，欲明其究竟，就不能不从源头说起。时间长，为避免繁琐，尽量简化。

站在最前的是合和分。合是常，分是变，好事者更想听的大概是变。可是变会带来伤痕，触及难免不舒适。又关于致伤的来由，前面"婚事"一题里已大致表过，所以这里从略。

其后是抗战时期，我们天各一方，断了音问。解放以后，她回到北京，我们见过几面。五十年代，她写了长篇小说《青春之歌》。主观，她怎么想的，我不知道；客观，看（书及电影）的人都以为其中丑化的余某是指我。我未在意，因为：一，我一生总是认为自己缺点很多，受些咒骂正是应该；二，她当面向我解释，小说是小说，不该当作历史看。听到她的解释，我没说什么，只是心里想，如果我写小说，我不会这样做。

"文化大革命"中外调风正盛的时候,是北京市文联吧,来人调查她。依通例,是希望我说坏话,四堂会审,威吓,辱骂,让我照他们要求的说。其实这一套恶作剧我看惯了,心里报之以冷笑,嘴里仍是合情合理。最后黔驴技穷,让我写材料,我仍是说,她直爽,热情,有济世救民的理想,并且有求其实现的魄力。这材料,后来她看见了,曾给我来信,说想不到我还说她的好话,对于我的公正表示钦佩。可见她是以为我会怀恨在心的。我笑了笑,心里说,原来我们并不相知。

但对人,尤其曾经朝夕与共的,有恩怨,应该多记恩,少记怨。直到九十年代初,有关我们之间的事,我都是这样对待的。所以八十年代前期,我写忆旧的小文,其中《沙滩的住》(收入《负暄琐话》)末尾曾引《世说新语》"木犹如此,人何以堪"的话,以表示怀念。

七十年代末,我们的唯一的女儿与我有了来往,连带的我们的交往也就增多。都是她主动,因为她是名人,扯着名人,尤其女名人的裤脚,以求自己的声名能够升级,我是羞于做的。她像是也没忘旧,比如送我照片,新拍的几张之中,夹一张我们未分时期的,并且说明,因为只有一张,是翻拍的。

是八十年代后期,有个我原来并不认识的人写了一篇谈她早年感情生活的文章,触及上面提到的伤痕,她怀疑是我主使,一再著文申辩,主旨是我负心,可憎,她才离开我。这些文本,都是关心我的人送来,我看了。我沉默,因为:一,对于斗争我一向缺少兴趣;二,我不愿意为闲情难忍的人供应谈资；三，她仍然以为我心中有恨，所以寻找机会报复，这是把她自己看作我的对立面，移到我的眼里，她是失之把自己看得太重了。

但就是这样，我还是淡然视之。她像是也没把这类扬己的文章深印于心。比如九十年代初，我的一本拙作《禅外说禅》出版，她还让女儿来要。记得我给她一本，扉页上还题了"共参之"一类的话。

其后过了有两年吧，又有好心人送来她的新著，曰《青蓝园》。是回想录性质，其中写了她的先后三个爱人。我大致看了看，感到很意外，是怎么也想不到，写前两个（第三个不知为不知）仍然用小说笔法。为了浮名竟至于这样，使我不能不想到品德问题。有人劝我也写几句，我仍然不改沉默的旧家风，说既无精力又无兴趣。可是心里有些凄苦，是感到有所失，失了什么？是她不再是，或早已不再是昔日的她。我也有所变，是有一次，写《唯闻钟磬音》，真成为"随笔"，竟溜出这样几句："如有人以我的面皮为原料，制成香粉，往脸上擦，并招摇过市，我也决不尾随其后，说那白和香都是加过工的，本色并不如是。"

至此，具慧目的读者必已看出，她走了，我不会去恭送。但这里还想加细说说。是遗体告别仪式的头一天晚上，吴祖光先生来电话，问我参加不参加。我说不参加，因为没接到通知。其实内情不如此简单，且听后话。是仪式之后，我接到女儿的信，主旨是生时的恩恩怨怨，人已故去，就都谅解了吧。我复信说，人在时，我沉默，人已去，我更不会说什么。但是对女儿更应该以诚相见，所以信里也说了"思想感情都距离太远"的话。所谓思想距离远，主要是指她走信的路，我走疑的路，道不同，就只能不相为谋了。至于感情——不说也罢。回到本题，说告别。我的想法，参加有两种来由，或情牵，或敬重，也可兼而有之。对于她，两者都没有。而又想仍是以诚相见，所以这"一死一生"的最后一面，我还是放弃了。

情网

我嘴不严，有时同人谈起写回想录的事，说结尾部分还想写个名为"情网"的题目。人之性，或人之习，都惯于把自己的这一张网藏起来，却希望别人的晾在房顶上，以便他（也有她？）能够前后左右兼上下相看个够。于是而有人说，他就等看这一篇。我这里先说一点点会使这样的诸公诸婆、诸才子诸佳人扫兴的话，是我写这样一篇，意不在传播桃色新闻，或坦白自己的隐私，而是想如高级人物所常自负，代表无数的人，说说由生到死的旅途中，己身在这方面的定命，以及（我设想的）应该如何看待。在定命之下，人，包括叱咤风云、自以为不可一世的人物，都是弱者，所以跪倒在观世音菩萨像前，跪倒在石榴裙下，就没有什么可笑的，也就没有什么可看的。但仍是人之性或习，他或她就是喜欢看，天赋人权兼自由，没有人能够阻拦，遗憾的是都不晾在房顶上，想看而很难看到。所以我敢奉劝空有恨的诸君，还是退一步，把注意力由主要是"事"移到主要是"理"上。理不偏不倚，既关乎男又关乎女，可是限于我，觉得女性的心是最难测度的，不敢强不知以为知，所以下面的乱说乱道，基本上是穿着长袍马褂的人想的，穿石榴裙的人以为不对，算作我没说可也。

想由人都是弱者说起。弱，来于有所想而未必能做到。想，有幻梦性质的，如把金星拉到屋里代替灯火便是；下降，想做皇帝，坐羊车游三宫六院，也可入此类。再下降到实际，希特勒想征服天下，杀尽他看着不顺眼的人，虽有可能，却终于以自己的灭亡而结束。还是说常人，饮食男女，顿顿想吃对虾，难；见如花似玉而动心，求对方心也动，更难。最后还有个大难，是不论贵贱，不论贫富，不论贤愚，都在劫难逃，"服食求神仙，多为药所误"，不能长生不老。这不能，那不能，而又难于万法皆空，所以是弱者，时时需要得到扶助。扶助主要，或说只能来于"人"，所以就不能不珍视别人的"善意"。善意在心，表现于外则成为各式各样连数学家也算不清的行动，轻到分赠一块水果糖，重到带来衣物，心甘情愿在一起过日子，等等，皆是也。

行动过多，说不尽，账多不愁，不再算。单说善意之为一"类"感情，像是还可以因程度甚至性质的差异而再分类。怎样分才合适？显然应该去问心理学家。远水不解近渴，我想也来一次实用主义，只分为两类：温情和柔情。所谓实用主义，这里是指自我作古，所分虽未必合适，却能说明我的心所想。先说所谓"合适"，是指：一，实情确是可以分为这样两类；二，温情和柔情两个名称，读者看到，理解与我的所想没有过多的差异。两者，我都拿不准，也就只好放下，只说我的所想。所想来于所感，是同为善意的感情，在不同的场合，对不同的人，觉得程度甚至性质有明显的分别：有的浅，有的深；有的泛泛，有的专一；有的游离，有的系心。想给两类定性，并标个不同的名称。力不足，到佛门去求援，居然在赵州和尚那里受到启发，先抄原记载：

尼问："如何是密密意？"师（赵州和尚从谂）以手掐之。

尼曰："和尚犹有这个在。"师曰："却是你有这个在。"

（《五灯会元》卷四《赵州从谂禅师》）

男以手掐女，生密密意，意在心，因密密而难说，甚至不可说，我称之为柔情；相对的另一类，也属于善意，但可说，是明明意，我称之为温情。温情粗，不能织成网；柔情细，化为丝，能织成网，是"情网"。情网力大，生密密意的人落入容易，想跳出来就难了。

何以会有此种悲（？）剧？西方某哲学家相信凡是实然的都是应然的，对这样的形而上我没有那样的信心，所以只承认是必然的。必然，用我们老话说是来于"天命之谓性"。天何以会这样命，我们不知道，但既已命，就成为定命。自然也可以设想抗，或真抗，如佛家之求顿悟以舍情欲，不过求而能得，或有之矣，总是太难了。那就还是"思凡""下山"，回到"率性之谓道"，即"顺"。而对于顺之所求，只计实然，我们还是可以说说的。这方面的问题，即生柔情，落入情网的来由，或所求，直到所得。我也曾如坐在菩提树下，翻来覆去想过，未能获"苦集灭道"四圣谛的佛果，却得了由唯物到唯心的三级

909

跳。皆推想之理也，依次说说。

其一是"根本说"，花花世界，为什么要多产柔情，或干脆坦白，爱恋之情？解说之前，要向一切迷于诗意的人，或竟是一切人，告罪，因为追根，我就不得不把天上的仙女如许飞琼之流拉到地上，看作同于赵钱孙李家的二丫头，或说得更露骨，"朱雀桥边野草花（动词，开花）"，有什么可看的？不过是急着生殖而已。这"生殖"就是天机，"天无私覆"，所以同样适用于人。我的理解，一切生命的定命是说不清理由地求扩张和绵延，可是"年寿有时而尽"，如何扩张绵延？所以才"不孝有三，无后为大"，要续香烟，即生殖。这样说，求能生殖是重要或最重要的"天命之谓性"，有大力，这大力的心理方面的表现就是产生柔情，"求之不得""辗转反侧"。

真是感到遗憾，竟把"心有灵犀一点通"推往妇产医院。不好再说下去，还是改为说其二吧。这其二可以由人为万物之灵的自豪感说起。承认有灵，这灵的重要表现是由唯物而走向唯心，或者说，可以暂时，甚至长期，不计物质之本而上升为精神。"母爱"就是个好例，由酷爱追根问柢的哲学疯子或科学疯子看，爱有终极目的，是传种，由凡事计其利的某些俗人看，爱是养儿防老，可是那位母亲却什么也不想，就是爱。而结果呢，母亲和孩子就都感到温暖，提高了说，是会觉得这个世界是可留恋的。柔情就更是这样，能使世间的多冷酷变为或短期或长期地有温暖，也就与人以力量，能够在牛棚中还有勇气活下去。

其三，还可以再上升，更加"精神"。这是想，生命只此一次，既得之，就应该珍视，而世间的旅程总是多有坎坷，如果没有柔情，就像是植物只有枝叶而不开花，沙漠中没有绿洲，庭院深深中只有柴米油盐而没有诗。这样看，人生可以有价值，这价值的不小的部分是由柔情来。

柔情与婚姻有多纠缠、难于厘清的关系。旧时代，婚之前有父母之命、媒妁之言而没有柔情。扩大为社会风气，男本位，是许纳妾、嫖娼而不许恋爱。婚之后呢？可以确说的是有的人仍是没有，如著名的才女谢道韫，说"不意天壤之中乃有王郎""恨乃尔"，就更谈不到柔情了。另一些人，如王昌龄的"忽见陌头杨柳色，悔教夫婿觅封侯"，李清照的"香冷金猊，被翻红浪"，算不算有柔情，至少我是不敢断言，因为断之前，先要确定两项：一，是不是必须"密密意"和"求之不得"才能算；二，盼夫婿、伤别离，其情能不能算"密密意"和"求之不得"。本之宁缺毋滥的原则，我们至少要存疑。同理，新时代的婚姻，高其跟的佳人前面走，领其带的才子后面追的时期，算作有柔情，没有问题；洞房花烛之后，尤其生一个宝贝疙瘩之后，二人降为臣下，看小皇帝脸色度日的时期，有时"情动于中"，能不能算柔，也就最好是存疑了。

疑带来不好办。也可以转为好办，是缩小范围，只说可不疑的。这是把情网拉紧些，只收确是"密密意""求之不得""辗转反侧"的。或说得更明确，是指不在婚姻之内的。不在婚姻之内？旧道学的程朱陆王及其信徒无论矣,就是新道学和假道学,也将斥为伤风败俗,热心口诛笔伐吧?我的想法不是这样。理由也许是不伟大的,是生柔情,落入情网,乃是来于"天命之谓性"的不得已,至少是就常人(非常人的"浮屠不三宿桑下",亦道也)说,为常人设想,就只能"率性",或径直承认最好是"率性",即生柔情就任其生。推想各种道学都会反驳,立意可以严,是认为还是"男女授受不亲"好;可以略放松,是认为可以情动于中,但要不忘节制。对于严的主张,我们也可以反驳。理由有应然的,是有文献足征以来,人人头上有"曲礼"的大帽子压着,以致绝大多数人就不能过有柔情的生活,这是合理的吗?理由还有实然的,是这样的大帽子也未能造成"从一而终"的大一统,数不尽的偷偷摸摸且放下不表,只说高级人物且有诗为证的:一个是北魏胡太后,爱杨大眼的儿子杨白花,杨惧祸逃往南朝,她作歌辞抒恋慕之情,有"含情出户脚无力,拾得杨花泪沾臆"之句;另一个是清初的著名文人朱彝尊,爱妻妹冯氏,写《风怀诗二百韵》,并说宁可不吃文庙的冷猪肉,也要把这首长诗编入文集。再说略放松的"节制"。节制通常指不过度,如"唯酒无量,不及乱"是;至于"男女授受不亲"就成为戒酒,乃根除也,已经大大超过节制的范围了。其实呢,现在说这类反驳的话已经失之过时,因为"男女授受不亲"早已变为并肩挤公交车,贴胸跳交际舞。那么,"不亲"放弃了,能不能柔情还"从一而终"呢?由宏观方面(包括一切对)说,是最好(理想也)能这样;由微观方面(只包括一对)说,是希望(也是理想）能这样。可是很不幸，如一切理想，必与实际碰，而一碰，因为实际过于硬，粉碎的经常是理想。有关柔情的实际是，社会之命如牡丹，只开一次，自然之命如月季，可开多次。自然与社会碰撞了，结果呢，远年，不说它了，近年，很明显，社会如司马懿的大兵，有倒退四十里之势。很糟吗？可惜是自然非人所造，也就不能因有些人感到糟而有所变。

这是定命，如果认为糟，就要想办法。老办法，恢复"曲礼"的统治力，办不到了。用什么新法呢？这个问题太大，我不敢碰，也不想碰，还是谦退些，只说实然范围以内的。举目看实然，纵使如雾里看花，也依稀可见，有为数不少的人，曾经生柔情，或说落入情网，而且未必是一次。"数不少"，究竟是多少，或说占百分之若干，只有天知道。"未必是一次"，究竟可以上涨到什么程度，更是除本人以外，只有天知道。天知，人不知，是因为，如前面所曾说，这样的用情丝织成的网，都深藏在心里，而不晾在房顶上；至多用"无题"诗的形式，哼几句"蓬山此去无多路，青鸟殷勤为探看（读平声）"，迷离恍惚，让你看到，欲知而不能知，闷得难受。也许就是因为闷，才有浓厚的兴趣等待看我这推想会把网晾在房顶上的一篇。我会不会晾，暂且不说，我倒想先问问，即如这位想看的诸公之一，或诸婆之一，或诸才子之一，或诸佳人之一，心里就没藏着这样的网吗？说没藏着，请拿证据来！我却可以拿出个逻辑家未必首肯的反面证据，是如果你自己心里没有，就不会如此急急地想看别人的。这些抬杠的话看似闲

913

篇儿，实则有大用，是表明，据我的外观和内省，人都在生柔情、落入情网的定命之下，也就都有这方面的经历，与其开门看别人的不能清晰，还是闭门，吟诵"此恨绵绵无绝期"，当作一种崇高的享受吧。

看作崇高的享受，可是藏在心里，秘而不宣，是怎么回事？此情况是千百年来久矣夫，成为问题，也就分量加重。记得我不止一次想过，古人说"饮食男女"，何以饮食可以摆在明面上，有关男女的事，许多不能摆在明面上？来由是什么？所求是什么？试着找些答案，都未能圆通，知难而退，也就不再想。还向反面进一步，是承认习俗的权威，虽感到有所失而不敢造反。这所失，我在一篇小文《老温德》（收入《负暄三话》）里曾经说到，是人的一生，经历写成史传，所述几乎都是外面的，至于内心深处的活动情况，就秘而不宣，带走了。这一部分，价值可能更大吧，可是竟是一片空白。这样，由《史记·五帝本纪》算起，四库史部的财富，所失就太多了。

那么，就发雄心，立壮志，"往者不可谏，来者犹可追"，自我作古吗？重复一遍，曰"不敢造反"，因为人生于社会，是社会动物，不当轻视社会习俗的力量。再有，比如像写小说一样，说我在某地见到某佳人，立即神魂颠倒，拜倒在超短裙下，佳人始则沉思不语，时间拉长，终于为我的情痴所动，变为微笑云云，履行电视剧的老套，有什么意思呢？所以以下反求诸己，还是不写小说，不演电视剧，谈柔情，谈情网，虽是以诚相见，却仍是重理而不重事。

我是常人，而且是庄子所说"其耆（嗜）欲深者其天机浅"的常人，也就没有孟子那样的修养，"四十不动心"。说句掏心窝子的话，是到了桑榆之年也未能不动心。这样，借天之力，未夭折，借地之力，今天在这里见到这一位，明天在那里见到那一位，日久天长，由十而百，由百而千，而心则永远如止水，显然是不可能的。这由正面说是，我曾生柔情，即落入情网。入网，非自投，乃出于定命之下的不得已，其理由前面已经表过。为了靠山更多些，还想由己身扩大为说说常情。先扩到最大，包括男男女女，"何莫学夫诗？"风诗第一篇有云，"窈窕淑女，君子好逑"，如果你念的那个本子只有上句，没有下句，你会怎样？消极，感到有缺漏；积极，拿起笔添上。这就可见，人同此心，心同此理，都认为"窈窕淑女"之后应该有"君子好逑"。再扩到范围小些，不要男男而只要女女，敢问，头发烫得弯弯的，眉毛描得细细的，嘴唇涂得红红的，身上花枝招展，着尖头高跟鞋，走路学时装模特，如柳条在春风中摇曳，所求多种，其中就没有"仁者心动"吗？如果有，天不生情网，人不一滑而落入，就太对不起"天将间（读去声）气付闺房"了。理由不一，结论却只是一种，是我之曾生柔情，曾落入情网，乃上合于天，下合于人，坦白承认，并不觉得脸上无光、心中有愧的。

各种道学，出于"仁者爱人"之诚，也许会说："你的笔也走得太远了！"谢谢，可是我还想走得再远些，说说柔情之箭的所射，还有不是当代的。只说心影最清晰的两位。一位是明末清初的柳如是，箭射向她，不是因为她是风尘女子，而是因为她才过于高，我所欣赏主要是表现于书札的，为地道的晋人风味。读这样的书札，很爱，就不能不联想到写的人，就算作爱屋及乌吧，也就很爱。另一位是清朝乾隆年间苏州人，沈复《浮生六记》所写的女主人陈芸，她明慧，温婉，经历坎坷，早亡。没有著作传世，可是如沈复所记，是常人中的非常，就很可爱。我不隐瞒思慕的感情，1976年春季在苏州住半个月，常到沧浪亭里转一转，就是因为沈复家在沧浪亭旁，里面有不少陈芸的足迹。

语云，不要替古人担忧，还是以回到现时为是。仍是老规矩，主要是说说（我的）有关情网之理。想触及两个方面，所由来和所求。先说所由来，即培育柔情的土壤。异性，用不着说，除非心理属于变态。年貌当然重要，但也要承认，情人眼里能够出西施。才和学呢？如果两项相加是一百，我，也许还能代表为数不少的人，认为，才应该占百分之八九十，因为明慧是由才来的，不明不慧，引起柔情的能力就下降了；至于学，多，高，换来学位和高职称容易，换来柔情反而不容易，此不少女博士之所以成为"嫁不出去的姑娘"也。与年貌同样重要或更加重要的是性格，最好是温婉，仍比作土壤，温是有和风送暖，婉是肥料、水分都合适，柔情的种子自然容易萌芽，很快成为壮株，就欲不"隔座送钩"而不可得了。

再说所求。情和理宜于分别说。发乎情，简单，是投之以柔情，希望报之以柔情。但正如一切希望，能否如愿，还要看多种关口能不能都顺利通过。最难闯过的一关当然是对方也生柔情。对方，非己力所能左右，所以对应之道就不如或不得不变发乎情为依于理。依于理,可以不放弃(严格说,放弃也是非己力所能及)柔情而相机处理。这机是对方的态度,可以总括为上中下三等。上是也生了柔情,即随着也落入情网,那就成为同在一网之中,微笑、眼泪等都"与朋友共"了。中是对方未生柔情,而对于飞来的柔情,也是缘于人之性,官尚且不打送礼的,况粉黛佳人乎,也就会有感谢之情生于心,表现于外,可以称为理解,甚至谅解。这样,己身一人在网里徘徊,虽不免于惆怅,但想到意中人能解,引用退一步法,也就可以勉强得知足之常乐了。下是对方硬是不理会。有多种情况,缥缈的一端是人在天上或天外,质实的一端是投之以火球,报之以冰块,总之结果是一样,可望(甚至是可想)而不可即。如何对待?我的想法,可以学习堂吉诃德,把这样的意中人看作杜尔西内娅吧。

所求,反求诸己,也会碰到得不得的问题。这方面,想看此篇的某公某婆,某才子某佳人,所希冀就与我之所做有了较大的距离。所希冀是我写流水账,依时间顺序,一笔不落。我呢,只能概括说,有所得,而且分量不轻,那是,整体,在冷寞的旅途中看到生意,在严酷的环境中得到温暖;零碎,笔下,不三不四的文字堆中,有些诗文,我所偏爱,大多是在柔情的动力之下写出来的。

至此,应该结束了,忽然想到佛门有三世之说,能不能兼想想未来呢?未来在不定中,想就宜于表现为希望。那就说说希望,是弥留之际,如果天佑下民,应有人在身旁,"执手相看泪眼",这人就最好是与情网有关的。

自我提前论定

经验世界，事皆有首尾。人的一生也是这样，锦衣玉食，或居陋巷，食不饱，也都要有个结尾。可能为人所独有，到结尾，回头看看，还不免想到是非功过，曰论定。有多少人曾想到自己的是非功过呢？因为很少人如昔之张宗子，写《自为墓志铭》，今之启功先生，写《自撰墓志铭》，也就难于知道。语云，盖棺论定，这论定都是己身以外的人写的，因为，即使如昔人所信，灵魂不灭，盖棺之后，也要忙着往阴曹地府，听阎王老爷去论，去定，自己就无能为力了。出于别人的论定，有优点，是旁观者清；但也会有不足之处，是所知终归不能如己身之多，还可能守"君子成人之美"的古训，隐恶而扬善。这样说，是自己论定也有优点，所以想利用还能拿笔的方便，捷足先登，试试。

旧和新都有遗传之说，所遗所传主要是天命之"性"。就理说，比如所得于父者为二分之一，母也是二分之一，到祖父母、外祖父母成为各四分之一，上推，渐减，但无论减到如何少，终于不能成为零，所谓"万世不绝"是也。不过转为实际，也可以只追到父母。我的父母都是旧时代的农村人，就性格说，我论定，父是"直"，母是"谨"，我的一生碌碌，也许与这样的授受有关吧？不能确知，只好推开，说确知的。

如买西瓜，先挑个大个儿的，曰立身处世。关于立身处世，圣贤加理想，是要辨义利，争上游，万不得已，宁可舍生而取义。我是弱者，没有这样的魄力，所以应进的时候，不敢走陈胜、吴广揭竿的路，应退的时候，未能走伯夷、叔齐采薇的路。这样进退两失据，所求为何？也只是保命，看着妻也能活，儿女能生长而已。有人说，此乃千千万万人之所同然，似可不必内疚，但生而为人，总当取法乎上，每念及此，就不能不感到惭愧。

其次是治学，我幸或不幸，碰到上学的机会，而小学，而中学，而大学，大学毕业以后，而教书，而编书，又来于兴趣，而买书，而看书，而写书，可说是一生没离开书。可是说到所得则非常可怜，是没有一门可以够得上"通"，更不要说"精"了。我想，这是因为生来不是读书种子，以致面虽多对书而心"浮"，浮则难免游离，于是而"杂"，而就如老伴所评："样样通，样样稀松。"稀松带来多种恶果，只说个最难堪的，是有时被人推上讲台，面对诚心诚意的若干人，应该拿出点像样的，可是肚子里没有，就不能不悔恨昔年的"无所归心"了。

再说一种是，纵使略有所知，也常是知之而未能行。这种情况，分说细小的，难，也不必要，想说个总而大的，是多年来深信老子的

"为道日损",至少对于我,乃"朝闻道"之道,可是碰到实际,就总是如西方一句谚语所说:"也知道清水好,却还是经常在浊水里走。"知而不能行,有时心里是苦的,还有时化为希冀,如《蒲团礼赞》《唯闻钟磬音》之类的小文,表现的就是这种心情。希望能够坐蒲团,听钟磬音,正好说明我未能"为道日损",有什么办法?只能说是定命吧。

定命,无可奈何。然而荀子有人定胜天的想法,希圣希贤,也未尝不可以到檐头墙角找找,看看有没有"享之千金"的敝帚,可以拿出来让自己安慰,路人注目的。试试,居然也看到一些,不避自吹自擂之嫌,也说说。

仍是先说个分量最重的,是对人,或说人对人,我以为应该如何。这如何是重视平安幸福,而平安幸福,包括自己的,同样包括别人的。作为一种处世的准则,或说信仰,限于我自己,也是由来远矣。儿时,不少长辈的身教言教是。"志于学"以后读书,接触儒家,念"夫仁者,己欲立而立人,己欲达而达人""己所不欲,勿施于人""仁者爱人",觉得很对。其后接触佛家,见有"众生无边誓愿度"的话,纵使知道范围扩大,很难做到,但其心可敬,仍觉得很对。又其后,接触一些西方的,其中有个英国的边沁,讲道德,讲政治,追寻"善"的本质,说是"最大多数人的最大幸福",这是用科学格调的话述说东土的"仁"和"慈悲",我还是觉得很对。不同学派说的话不同,意思则是"一以贯之",用世俗的话说,不过是,小则人与人交往，大则求治平，都应该"对人厚"而已。我信服此理也是一以贯之，行呢，人微言轻，常苦于力有未逮，而心向往之则终身不变。表现于言和文也是这样，赞成与反对，决定于所行是与人以幸福还是与人以痛苦。

其次是前面说的"杂"，由另一个角度看，也带来善果，是"自己觉得"，对于事物的实虚、真假、对错、是非、好坏之类，有大致可用的判断能力。这方面，说句吹牛的话，也是一以贯之，所以就能够不随风倒。这一而贯，有来源，是价值信仰（如王道比霸道好）加思维方法（如特称肯定判断对，全称肯定判断必错），而选取的力量则来自康德说的"理性"。能选取，力量至大，地位至上，以致我自己也只能绝对服从。服从之后会不会有什么得失？曰有，而且不少，只说一时想到的。论定是辞赋的"乱曰"，应该多来点好听的。那就失只说一种，是容易不合时宜。得呢，想用形象化写法，凑三种。一是成立红卫兵之队，为某种"伟大"目的而去抄家，去杀人，我不会参加。二，有时动口成言，动手成文，求言之成理，纵使只能是公说公的理，婆说婆的理，也决不会出现，如说"定此处为曹雪芹故居，可见曹雪芹必住过"那样的荒唐。三，我一向赞赏戈培尔有关宣传的定理，假话多说几遍就成为真的，可是我却未能奉陪，而是千遍万遍之后仍是不信。

再其次，沿着假话往下说，是我回顾，不只说过假话，而且次数不少。各种形式的，由小组讨论谈体会到大会或长街喊万岁，都是。

予岂好说假话哉，予不得已也。至于近年来的写不三不四之文，非不得已，就一贯以真面目对人，不说假话。或说得更准确，是所想未必说（或无兴趣，或无胆量），而所说就必是己之所想、所信。

最后由写的"所"还可以说说"能"，即表达能力，也是自己觉得，有所想、所信，还能够说明白，使读者不费力。说，写，能明白，有什么可吹的？恕我不客气，是有不少人，拿起笔就想不同凡响，以致成文就不容易悟入，孤家寡人的与之相比，上下不敢说，总可以算作接近群众吧。

至此，譬如对镜，前前后后都看了，所见呢，就是意欲摆在案头的，也平常得很。无实，也就无名，启功先生自己论定，起于"中学生，副教授"，止于"身与名，一齐臭"，我是"大学生，未教授"，且无名，那就想都臭而不可得了。也没有什么悔恨的。岂止不悔恨，还想往对面再走几步，是关于自己的身价，已经由自己提前论定，如果有仁人君子，受吃糖瓜后的灶王老爷的传染，于本人驾临八宝山之前或之后，送来超出实况的浮名，我必谢而不受。此意，以前写《自祭文之类》（收入《负暄续话》）一篇小文，在结尾部分曾经谈及，因为说得较细致，较恳切，拉来助威：

还有其三，量可能最大，是仙逝突如其来，想拿笔已经来不及。来不及，悼词之类就只好任凭有成竹在胸的人写。

其结果，本来自己是想说"多不是"（汉高祖语）的，悼词中却变为全身优点；本来自己是想说一生懒散的，悼词中却变为一贯积极。好听是好听了，遗憾的是，人生只此一次，最终不能以真面目对人，总当是无法弥补的缺陷吧？为了避免这样的憾事，还有个或应算作下策的补救之道，是弥留之际，写或说遗嘱（如果有此一举），于分香卖履诸事之后，再加一条，是：走时仓猝，来不及自己论定，但一生得失，尚有自知之明，敢请有成人之美的善意的诸君不必费神代笔；如固辞不得，仍越俎代庖，依时风而好话多说，本人决不承认云云。

现在是自己提前论定了，就不再有"来不及自己论定"之事，可以放心了吧？也不尽然，因为世风之力过大，"草上之风"不偃是难能的。如何补救呢？只能恳求看过此篇的读者多信我说的，少听别人的溢美之词而已。

住笔小记

已经自我论定了,不好再写下去。回顾一下,从1994年1月15日动笔,到现在的1996年11月初,将近三年,"钻燧改火,期(读 jī,一年)可已矣",超过如此之多,不住笔就实在说不下去了。住也可以算作喜事,因为眼看既往,是迎来完成,眼看将来,就可以无稿债一身轻了吧?说起完成,还真是来之不易,记得是去年的这个月份,出游的乐生了肺炎的悲,要离开家去住医院,起驾之前望了望这未完成的卧于文稿上的碎影,心里想,也许不能完成了吧?而今年,也可算作意外吗,竟未生病,于是而紧抱着老习惯,早睡早起,一个题目一个题目拼,一直拼到自己升到上座,给站在下位的自己论了定。胜利不胜利不知道,总是完成了。虎头蛇尾不好,还应该说点什么吧?

俗话说,丑话说在前头,想先谈谈自己确知不足、推想看客也会感到不足的。是:一,我人平庸,经历也平庸,未曾中原逐鹿,也就写不出什么惊天动地的大事来;也未曾"钻穴隙相窥",也就写不出喜欢看艳情故事的人看了会过瘾的小事来。对不起,非不愿意写也,乃不敢编造也。二，另一项不足是由记忆力过于不佳来，写，由出生到执笔的现在，八十年以上，总当有些由著史的观点看较为重要的，可是，也许记忆的库存里已经找不到，就不想割爱也只能割爱了。这是说，难免有缺漏。缺漏还有从另外的渠道来的，那是记忆库存里虽然有，可是我看作细小，纵使推想有些人会更感兴趣，也仍是客随主便，略去了。三，同样是由记忆力不佳来，写，断断续续，将近三年，难免，写后面的，前面的早忘了，其结果就也是难免，轻的，重复，前面说了，后面又说；甚至重的，抵触，前面说是"清明时节雨纷纷"时候的事，后面却移到"西风愁起绿波间"了。还要加个四，是我写事，难免寓褒贬，表爱憎，而读者，如上饭桌，所好不同，有人爱吃甜的，会嫌我做的菜太辣，有人爱吃辣的，会嫌我做的菜太甜，这回只好自大且顽固一下，说拿起笔，只能写我之所信，别人看了信不信，是来于他或她之所信，各存其诚可也。

学今古的时风，无论评论什么，都要优点缺点并举。有什么优点可说吗？那就换为自己的如意想法，似也无妨说说。

这是其一，绘影，纵使碎，也终归是史，加上流年，时间拉长，史的意义还会增大。自然，人有大小，事有大小，我的，人和事，都小而不大，但是江海不择细流，为史部的库藏设想，作为史料，多一些总比少一些好吧？

其二，以上其一是给写找个堂皇的理由，其实由这个理由还可以派生个更像样的理由，是我带头，希望许多如我的小人物踊跃参加，造只许大人物写回想录的惯例之反。其后是,如果此壮举能够胜利,则我们的邺架之上,回想录一栏,就不只有丘吉尔、赫鲁晓夫一流人的,而且有清洁工赵老大的,喜串门、常骂街的邻居二大妈的,以及我的。只说邻居二大妈的,其可读性就一定不如丘吉尔的吗?我看未必。书斋、邺架之上,回想录,既有丘吉尔的,又有邻居二大妈的,这才是高级的精神文明,我们连年大喊而不可得者也。

其三,等邻居二大妈的,俟河之清,我没有这样的耐心,自己写了。也可以说说所图吧?当仁不让,就说说所图。我人微,可是年岁不微,生于大清帝国,活到社会主义,所经历,大至改朝换代,小至由绣鞋三寸变为38号尖头高跟,单说见闻,也是太多了。多,有同有异,就可以比较,也难免比较。比较的范围还可以扩大,直到地球的各个角落。所比可以大,至于治国,上宝座,有父死子继的,有多得选票的;可以小,止于齐家,搬到一起住,有父母之命、媒妁之言的,有花园、马路卿卿我我的,等等,等等。比,难免论是非,分高下,定去取,这就不得不有个标准。而说起标准,问题就复杂了,其中最难的一个是如何才能找到一个合用的。为了减少头绪,举我心目中的三个大户,传统、权威和理性。先要解释一下,这分类是方便说,深追则会发现,比如说,传统也是一种权威,用传统或权威为标准,用的人也必以为,如此选用正是信任自己的理性。这里是取其分,或者说,我设想的特点。以下说说各自的特点。传统力量大,以"丧死"为例,提倡并实行火化已经不少年,仍有不少人相信入棺土葬是优待，这是评高下，以传统为标准而不问理由。权威呢，有权有威，自然就更容易成为评定是非的标准。例可以举百科全书那样多，只举一个，是直至今日，不少人谈"红"，拿起笔还是反封建，反封建，我就始终看不出来，喜欢吃女孩子唇红的行为何以能够与反封建和平共处。不看事实而接受口号，这是无理由地相信权威，权最大即最正确是也。理性就不是这样，要讲理。讲理？太难了，就是容许讲，也不得不承认，公有公的理，婆有婆的理，或说见仁见智。这是说，找到个人人都首肯的理不容易。可是我们又决不可走到对面，不讲理。那么，要怎样建造这个理呢？我的经验，由原料方面说，除上面所说多见多闻并比较之外，还要，一，自己多有求是求好的深情；二，多读，看看古今中外的贤哲对于修齐治平等大问题是怎样想的。这多种"多"积聚，融合，会产生言之成理的一以贯之，以之为标准评论事物的是非、好坏，而不管传统，不管权威，就是信任自己的理性。那么，在这本书里，我述说己身之所经历，有时对人对事不免说些评论性的话，是不是都以理性为标准呢？曰，也只是心向往之而已。但愿望却是奢的，只说个分量最重的，是希望下一代以及下下代，由于看了我的以诚相见之文，就能够更加明白，为了群体的前途，个人的幸福，我们应该保留的是什么，应该废弃的是什么。可是语云，取法乎上，仅得乎中，那就退一步，说是仅供参考吧。

　　说完了，想起还有个老套，谢，也要说说。先要谢鼓励我写这本书的诸相知，没有这些位的鼓励，我是没有勇气拿笔的。其次要谢徐秀珊女士，她帮助我编了几种书，并做了许多杂事，使我能够有时间写这一本；单说这一本，由复印、校阅直到联系出版处所，都是她。再其次是走到封面，两位，出力大小不一样，谢就宜于分别对待：启功先生题写书名，我眼见，是谈笑间；毛国宣先生设计封面，我未眼见，用多大力量我不知道，总不会是"谈笑间"吧。

谢完，还要说个遗憾，是这样的对镜看自己的书，很希望有恩的，有怨的，都能看到，可是其中有些先我而去，新观点是九泉之下无知，我想呈座前，请指谬也做不到了。

图书在版编目（CIP）数据

流年碎影. 下 / 张中行著. — 北京：北京十月文艺出版社，2024.6
ISBN 978-7-5302-2293-5

Ⅰ. ①流… Ⅱ. ①张… Ⅲ. ①张中行（1909-2006）—自传 Ⅳ. ①K825.6

中国国家版本馆 CIP 数据核字 (2023) 第 032396 号

流年碎影　下
LIUNIAN SUIYING　XIA
张中行　著

出　　版	北 京 出 版 集 团
	北京十月文艺出版社
地　　址	北京北三环中路6号
邮　　编	100120
网　　址	www.bph.com.cn
发　　行	新经典发行有限公司
	电话 010-68423599
经　　销	新华书店
印　　刷	河北鹏润印刷有限公司
版　　次	2024 年 6 月第 1 版
印　　次	2024 年 6 月第 1 次印刷
开　　本	880 毫米 ×1230 毫米 1/32
印　　张	15
字　　数	305 千字
书　　号	ISBN 978-7-5302-2293-5
定　　价	128.00 元（全 2 册）

如有印装质量问题，由本社负责调换
质量监督电话　010-58572393

版权所有，未经书面许可，不得转载、复制、翻印，违者必究。